学前儿童语言教育与活动指导

主　编　金　丽　田立萍　曹守利
副主编　盛　丽　韩　宠　安丽微
主　审　陈亚囡

哈尔滨工业大学出版社

图书在版编目（CIP）数据

学前儿童语言教育与活动指导／金丽，田立萍，曹守利主编． —哈尔滨：哈尔滨工业大学出版社，2022.6
ISBN 978-7-5767-0184-5

Ⅰ.①学… Ⅱ.①金… ②田… ③曹… Ⅲ.①学前儿童-语言教学-教学研究 Ⅳ.①G613.2

中国版本图书馆 CIP 数据核字（2022）第 111596 号

策划编辑	常　雨
责任编辑	苗金英　宗　敏
封面设计	李爱平
出版发行	哈尔滨工业大学出版社
社　　址	哈尔滨市南岗区复华四道街 10 号　邮编 150006
传　　真	0451-86414749
网　　址	http://hitpress.hit.edu.cn
印　　刷	廊坊市鸿煊印刷有限公司
开　　本	889mm×1194mm　1/16　印张 12.25　字数 335 千字
版　　次	2022 年 6 月第 1 版　2022 年 6 月第 1 次印刷
书　　号	ISBN 978-7-5767-0184-5
定　　价	48.00 元

（如因印装质量问题影响阅读，我社负责调换）

前 言

语言是人类保存和传递社会历史文化经验的载体，同时也是一种交际和思维工具。人们通过语言来了解事物，表达思想感情，完成与他人的沟通。在重视彰显个性、表达自我的今天，语言能力对个人发展显得尤为重要。人际交往能力、语言表达能力、阅读能力和书写能力是一个人的基本能力素质。幼儿时期是人一生中语言发展的最佳时期。幼儿只有具备了一定的语言素质，可以正确运用语言，才有全面发展的可能性。

人生百年，立于幼学。学前教育是基础教育的基础，是国民教育的组成部分，是一项重要的民生工程。办好学前教育，关系亿万儿童的健康成长，关系千家万户的切身利益，更关系国家和民族的未来。近年来，学前教育的发展已成为人民群众关注的焦点，受到党中央、国务院的高度重视。《国家中长期教育改革和发展规划纲要（2010—2020年）》明确指出，"把发展学前教育纳入城镇、社会主义新农村建设规划""到2020年，普及学前一年教育，基本普及学前两年教育，有条件的地区普及学前三年教育"。《国务院关于当前发展学前教育的若干意见》（国发〔2010〕41号）强调要把发展学前教育摆在更重要的位置。

课程建设是学校教学建设的重要内容之一，是教育建设的基础，是保障教育教学质量的关键环节，而教材建设则是课程得以实施的保障。我们要根据学前教育近几年的发展现状和改革方向，结合学前教育改革的深入发展和教学实际，以全新的理念和实用的内容培养学前教育专业学生的综合素质，提高其文化水平、艺术修养、职业技能、实际操作能力及创新能力。因此，学前教育的专业教材应突出学前教育专业的特色和发展方向，具有指导性、针对性、实用性和趣味性。

本书遵循《幼儿园教育指导纲要（试行）》的基本精神，贯彻"育人为本、实践取向、终身学习"的教育基本理念，力求全面、系统地反映学前儿童语言教育理论研究和实践的最新成果，体现出时代性、科学性和可操作性的特点，面向整个学前儿童语言教育，突出幼儿阶段语言教育，结合幼儿园语言教育工作的实际，具有较强的针对性、可操作性和实用性。

本书由鞍山师范学院金丽，辽宁民族师范高等专科学校田立萍，辽宁特殊教育师范高等专科学校曹守利担任主编；鞍山师范学院盛丽、韩宠、安丽微担任副主编，鞍山师范学院陈亚囡担任主审。杨悦、马雨娜、于莹、慕永婷、张炎等参与了本书的编写。全书由金丽统稿、定稿、通读。

在本书的编写过程中，编者参考了部分教材和相关著作，以及其他优秀学前教育专业老师的一些实践案例，在此一并表示衷心的感谢！由于编写时间与编者水平有限，书中可能还存在纰漏与不足之处，恳请广大师生、专家和读者批评指正。

编者
2022.01

目录

项目一　学前儿童语言教育概述 …………………………………………… 1

　　任务一　学前儿童语言教育的基本概念 ……………………………… 1
　　任务二　学前儿童语言教育的研究对象与目标 ……………………… 4
　　任务三　学前儿童语言教育的方法 …………………………………… 11
　　任务四　学前儿童语言教育的意义 …………………………………… 14
　　任务五　学前儿童语言发展 …………………………………………… 17

项目二　学前儿童语言的学习 ……………………………………………… 21

　　任务一　学前儿童语言获得的理论流派 ……………………………… 21
　　任务二　学前儿童语言学习的特点 …………………………………… 29
　　任务三　学前儿童语言学习的途径 …………………………………… 31
　　任务四　学前儿童语言教育观 ………………………………………… 36

项目三　学前儿童听说活动 ………………………………………………… 40

　　任务一　认识学前儿童听说活动 ……………………………………… 40
　　任务二　学前儿童听说活动的语言教育目标 ………………………… 44
　　任务三　学前儿童听说活动的设计与组织 …………………………… 47
　　任务四　学前儿童听说活动案例与评析 ……………………………… 51

项目四　学前儿童谈话活动 ………………………………………………… 58

　　任务一　认识学前儿童谈话活动 ……………………………………… 58
　　任务二　学前儿童谈话活动的形式 …………………………………… 62
　　任务三　学前儿童谈话活动的设计与组织 …………………………… 64
　　任务四　学前儿童谈话活动案例与评析 ……………………………… 70

项目五　学前儿童讲述活动 …………………………………………………… 76

任务一　认识学前儿童讲述活动 …………………………………………… 76
任务二　学前儿童讲述活动的主要类型 …………………………………… 79
任务三　学前儿童讲述活动的设计与组织 ………………………………… 83
任务四　学前儿童讲述活动案例与评析 …………………………………… 85

项目六　学前儿童早期阅读活动 ………………………………………… 92

任务一　认识学前儿童早期阅读活动 ……………………………………… 92
任务二　学前儿童早期阅读的关键经验 …………………………………… 97
任务三　创设良好的阅读环境 ……………………………………………… 98
任务四　学前儿童早期阅读活动的设计与组织 ………………………… 100
任务五　学前儿童早期阅读活动案例与评析 …………………………… 110

项目七　学前儿童文学活动 ……………………………………………… 119

任务一　认识学前儿童文学活动 ………………………………………… 119
任务二　学前儿童文学活动的特征 ……………………………………… 124
任务三　学前儿童文学活动的主要类型 ………………………………… 128
任务四　学前儿童文学活动的设计与实施 ……………………………… 144
任务五　学前儿童文学活动案例与评析 ………………………………… 148

项目八　学前儿童日常生活中的语言教育 …………………… 159

任务一　日常交谈中的语言教育 ………………… 159
任务二　活动区角中的语言教育 ………………… 163
任务三　学前儿童语言教育需要家园配合 …………………171

项目九　学前儿童语言教育的评价 …………………………… 174

任务一　认识学前儿童语言教育评价 ………………… 174
任务二　学前儿童语言教育评价的原则 ………………… 180
任务三　学前儿童语言教育评价的途径 ………………… 182

参考文献 …………………………………………………… 185

项目一　学前儿童语言教育概述

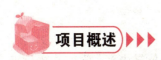

学前儿童语言教育是一门专门研究0～6岁儿童语言发生、发展及其教育的学科，是师范类及其他高等院校培训学前教育工作者尤其是幼儿园一线教师的一门应用型科目。它通过探索和发现学前儿童语言学习中的现象，揭示其中所蕴含的规律，并运用这些规律对学前儿童实施有效的教育，来促进学前儿童语言能力的提高。本项目主要介绍学前儿童语言教育的基本概念、学前儿童语言教育的研究对象与目标、学前儿童语言教育的方法及意义、学前儿童语言发展等方面内容。

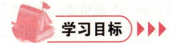

◆理解学前儿童语言教育的相关概念；
◆了解学前儿童语言教育的研究对象与目标；
◆掌握学前儿童语言教育的方法；
◆理解学前儿童语言教育的意义；
◆根据学前儿童语言实际发展水平，制定适宜的语言教育目标。

任务一　学前儿童语言教育的基本概念

一、语言的本质

关于"语言是什么"这一问题，语言学、心理学、哲学、社会学等学科领域都进行过探讨与争论，相关专家做出了不尽相同的解释。目前，关于语言本质的主流观点有3种：语言是音义结合的符号系统；语言是人类最重要的交际和思维工具；语言是一种信息传递系统。

（一）语言是音义结合的符号系统

语言是人类所特有的用来表达意思、交流思想的工具，由语音、词汇和语法构成一定的符号系统。所谓符号，可以是一种记号、标记或信号。语言代表一定的意义，它是按照约定俗成的方式确定下来的，当一定地区的社会成员在长期的生活过程中经常使用某个音或词来表示某个事物时，这个音或词所代表的意义就会被确定下来。在语言这一符号系统中，词汇是构成语言的主要元素，掌握的词汇越多，表达越丰富流畅，语言水平越高；语法则是用词造句的规律，能使语言具有条理性、具有意义；语音是语言的声音，只有通过语音把要说的内容表达出来，才能将信息传递出去。

正是由于词汇、语法和语音都是约定俗成的，人类语言不能自发产生，只有通过后天学习才能掌握。每一个儿童最初学习语言，都离不开充满语言交流的日常生活环境，也需要成人不厌其烦地教导，如告诉他"这是什么""那是什么"。否则，仅依靠自然成长的话，儿童仍不能说出他人能理解的词汇，更无法获得能够与他人正常交流的语言。如果儿童从小就被剥夺与他人进行语言交流的机会，让其置身于缺乏语言刺激的环境中，即使他的听觉和发音器官都很正常，也不能学会与其他人交流的语言。

（二）语言是人类最重要的交际和思维工具

语言是人类最重要的交际和思维工具，人类表达思想和传递感情都要依靠语言。学前儿童与成人或同伴在交流时要用到语言，在形成自己的思维时也要用到语言。语言是学前儿童的交际工具和思维工具。

要理解语言的本质，必须正确理解语言与思维的关系。思维会帮助我们组织和加工语言。例如，要向别人描述一件事情，我们首先会在头脑中同时再现事情的整个过程。语言会对思维的过程产生一定的影响。我们思考某个问题时会同时使用语言来作为思维加工的工具。例如，幼儿在画画时，会一边画一边自言自语，"先画一个太阳，再画一只气球，气球飘走了……"很明显，此过程中幼儿在运用外部语言帮助自己思考，用语言来规划自己的行动顺序和过程。有时，他们也会用语言提醒自己，如在搭积木的时候，他们会说："要把大块的积木放在下面，小块的积木放在上面，否则大楼会倒塌……"对于成人来说，则会更多地采用内部语言来思考。

（三）语言是一种信息传递系统

语言是传递信息的重要媒介。人们之所以要说话，通常是为了表达自己的某种想法，传递某种信息。根据语言学家的分析和研究，人们使用语言通常是为了对事物进行陈述、描述、判断和推理。而且语言所传递的信息最准确且最丰富。例如，"哭"这样一个简单的动作，我们的汉语中就有"哽咽""啜泣""流泪""号啕大哭"等多种表达方式。每一种不同的表达方式都能生动地刻画出哭者的神态。

二、语言和言语

日常生活中，语言和言语经常被混用，但在研究言语交际过程中，区分语言和言语这两个概念是十分必要的。语言和言语是两个彼此不同而又紧密联系的概念。

（一）"符号系统"与"交际过程"

语言和言语的区别最早由瑞士语言学家索绪尔在《普通语言教程》中明确提出。索绪尔认为，语言是指特定语言的抽象的语言系统，即语言材料和语言规则，也即心理学上所说的"语言"（language）；言语是指个体根据所掌握的语言知识表达思想进行交流的过程，即实际的话语，心理学称之为"言语"（speech）。言语实际上就是语言的传递过程，它既包括听、读等感受和理解的过程，也包括说、写等表达的过程。语言只有通过言语活动才能体现它作为交际、交流工具的职能，成为"活的语言"；而言语也离不开语言这个工具，两者相互联系、密不可分。

语言是人类社会中客观存在的现象，是一个音义结合的语音、词汇和语法的体系，是社会上约定俗成的符号系统。语言是以语音为表达载体，以词汇或字形为基础构成元素，以语法为结构规律而构成的体系。言语，是人们运用语言基本元素和语言规则进行交际活动的过程，是"实际的话语"，是语言的传递过程，也就是人们说出的话和听到的话，又叫"话语"。言语交际的具体过程，实际上就是言语产生（编码）和言语理解（译码）的过程，是在社会交往中运用语言的过程。

语言和言语两者互相影响，相互依存。一方面，言语活动是依靠语言基本元素和语言规则来进行的，个人言语活动的效能如何，受到他对语言掌握程度的制约，因此离开了语言，就不会有言语活动。另一方面，语言也离不开言语活动。语言是人在具体的言语交际中形成和发展起来的，并且任何一种语言都必须通过人的言语活动才能发挥它作为交际工具的作用。

（二）"社会现象"与"个体现象"

语言作为社会上一种约定俗成的符号系统，属于一种社会现象。它对使用某个语种的人来说是统一的，在同一语系中，无论多少人说话，其中都会反复出现同样的音义结合体和同样的规则。如果把所产生的话语中具有整体性（同一性）的成分（音素、音节、语素、词）和规则抽象出来，就可以概括成一个完整的系统。例如，我们每一个人都掌握一种语言（称为母语或者第一语言），通过这种语言，我们能够表达自己的思想，听懂别人用这种语言说出的话语，理解别人要传递的信息。如果要进行交际的双方掌握的不是同一种语言，信息就无法传递，思想就无法交流。掌握了同一种语言就是掌握了一种共同的语法系统和词汇系统，通过这种共同的系统，人们才能互相交流。语言作为社会规范中约定俗成的符号系统，其变化是缓慢的。每种语言都具有发音、词法、句法方面的一整套规则，这些规则一经产生，就有着较大的稳定性。

言语则是一种个体的心理现象，它针对交际场合中的具体个人而存在，是个人运用语言规则表达思想的结果，带有一定个体主观地反映和表述客观事物的印记。某些个体之间的言语不仅因偏离发音和语法结构而互有区别，而且同一个人的言语在不同的场合、不同的需要之下表现出来的言语方式和风格也各有不同。如同样邀请他人来自己家中做客，每个人的表达方式大都不一样。言语作为一种个体现象，无时无刻不在变化。

教师在语言教育中既要遵守语言的规定性，又要考虑个人的言语风格和言语习惯。语言有其约定俗成的社会规范性和统一性，教师在进行有目的、有计划、有组织的语言学习和与儿童用语言进行交往时，既要规范儿童的发音，指导儿童表达用词要恰当、合乎语法规则，又要充分考虑儿童具有独特个性的言语风格和言语习惯（这是由于儿童具有不同的语言环境和不同的语言经验）。如有的儿童语言表达较简洁，常常用省略句。如果是在日常生活中，当听者对儿童所表达的意思明白无误的时候，我们一般不要求儿童一定要说完整的句子。但在语言学习情境中，特别是学习句型或练习造句时，就必须要求儿童把句子说完整。

（三）"工具"与"工具使用"

语言是人们在一定社会环境中进行交际活动的一种工具，是个体在不断交往中逐步将其抽象出来，不断加以规范化、系统化的结果。而言语则是人们学习和应用已有的语音、词汇和规则进行交际的过程，可以说言语是对语言这种交际工具的具体使用。

要想真正地掌握语言这一工具，必须在实践中不断地练习使用这一工具。对儿童来说，只能在具体的言语环境中，通过个别的、具体的词和句子的学习，才能具备一定的言语能力，学会与人进行交流，逐步掌握语言的普遍规则。而言语有许多变体，其最大的特点是它的多变性和应用性，如一个词的语言意义是固定的，但它的言语意义往往随着交际情境的不同而有所变化。正因如此，教师在语言教育过程中，既要有规范语言模式的示范，又要有各种变体的示范。语言的规则有其相对稳定性，教师在语言教育活动中首先应示范正确的表述方式，但不能只是让儿童反复机械地模仿，而应允许儿童对同一内容进行不同形式表述的示范，如"池塘的荷叶上有一只绿色的青蛙"，可以同义演绎成"一只绿色的青蛙坐在池塘的荷叶上"，或者引申演绎成"一只绿色的青蛙在池塘的荷叶上唱着歌"等，从而培养与训练儿童的创造性语言。

三、语言能力和语言运用

乔姆斯基认为，语言能力指的是在人的大脑中形成的一种能够按照本族语的语言规则把声音和意思联系起来的能力，即语言使用者对语言内容内在规则的了解；或者说语言能力是指某一语言共同体中的每个人都可以理解并说出重新组合的句子的能力；或者说是掌握该语言所有话语的基础代码，理解和生成新的、合乎语法的句子的能力。语言能力只是描述语言中的规则，这些规则怎样应用，就构成了语言研究领域的另一个重要领域，即语言运用的领域。语言运用是语言能力的实际运用，是指在一定的语言环境中对于语言的具体运用，即在交际中说出或听到的话语。

语言能力和语言运用并不直接对应，应该区别开来。语言能力是语言运用的基础，语言运用反映了语言能力；但是，语言运用并非语言能力的简单反映，也不总是语言能力的确切反映。语言运用牵涉许多非语言因素，并受到这些因素的影响，特别是一些心理因素，如记忆力、注意力、情绪等，如果这些心理因素影响了语言运用，说话者就会说出不合语法的句子，或者出现口误。比如有人由于紧张把"我不擅长唱歌跳舞"说成"我不擅长跳歌唱舞"。

语言能力是在语言运用的过程中发展起来的。我国《幼儿园教育指导纲要（试行）》中也对幼儿语言运用提出了相关要求，其中明确指出："语言能力是在运用的过程中发展起来的，发展幼儿语言的关键是创设一个能使他们想说、敢说、喜欢说、有机会说并能得到积极应答的环境。"因此，学前儿童语言教育不能仅仅是学词语、讲故事、读儿歌，而应该是在各种正式和非正式教育活动中为幼儿创设语言运用的情境，锻炼儿童在不同情境中使用不同的语言，这样才能让幼儿的语言得到真正发展。

任务二　学前儿童语言教育的研究对象与目标

一、学前儿童语言教育的研究对象

学前儿童语言教育是研究学前儿童语言发生发展的现象、规律及其训练和教育的一门学科，是高等师范院校学前教育专业的一门应用型学科。学前儿童语言教育是学前教育理论体系的重要组成部分，也是学前教育实践中不可或缺的内容。《幼儿园教育指导纲要（试行）》明确指出，语言教育是幼儿园五个领域之一。因此，对于学前教育工作者来说，学习学前儿童语言教育是非常必要的。学前儿童语言教育有广义和狭义之分，对于学前儿童语言教育概念的界定，理论界经历了一个从狭义理解到广义确定、逐步完善的认识过程。

（一）狭义的学前儿童语言教育

狭义的学前儿童语言教育是以3~6岁儿童早期掌握母语的听说训练和教育作为研究对象，并对3~6岁儿童加强口语听说方面的训练。之所以把"3~6岁儿童"作为研究对象，原因之一是，在很长的一段时间内，我国的学前教育就是指幼儿园阶段的教育，即3~6岁儿童的教育，这一传统界定由来已久；原因之二是，在很多人看来，母语是人们掌握的第一语言，而且认为母语的学习方式主要是自然获得，也称母语获得或第一语言习得，它不同于第二语言的学习，教育在其中并不起多大作用，于是3岁前儿童语言教育就被排除在学前语言教育之外了。在儿童期，除有严重的语言学习障碍外，一般儿童都能成功学会母语中的口语。在现有的教育条件下，绝大部分儿童还应学习母语的书面语，即一出生就应该进行早期阅读训练；有条件的儿童还可学习一到几门外语。随着科学技术的发展和社会教育观念的进步，即使是学习语言有障碍的儿童，也将不同程度地接受语言康复教育。

狭义的学前儿童语言教育，无论是在研究对象方面还是对学前儿童语言学习的看法方面都不全面。而且对年龄的限定不仅不利于儿童早期语言的一体化研究与教育，也不利于学前儿童语言的健康发展，更不利于在实际教育工作中对学前儿童语言的具体指导，不利于学前儿童语言的健康全面发展。

（二）广义的学前儿童语言教育

广义的学前儿童语言教育把0~6岁学前儿童的所有语言获得和学习现象、规律及其教育作为主要研究对象，具体来说就是研究0~6岁学前儿童语言的发生发展过程、特点与规律，并在此基础上探讨如何对0~6岁儿童进行听、说、读、写等能力的专门化培养，从而有效促进儿童语言发展的一门学科。

广义的学前儿童语言教育，其"广义"体现在3个方面。其一，从儿童的年龄范围来看，广义的学前儿童语言教育根据"学前教育就是指从出生到6岁前的儿童教育"这一新的界定，将0~3岁儿童语言的发生发展与教育纳入进来，这将更有利于系统地研究儿童语言的发生发展规律，并有利于为促进儿童语言的发展制订出系统的训练计划。其二，从培养目的来看，广义的学前儿童语言教育着重于儿童语言运用能力的培养，以提高儿童运用语言进行交际的能力。在使儿童积极运用语言认识世界、形成自己的思想的同时，还致力于促使其接受文化的陶冶。这种语言教育在促进学前儿童语言发展的同时，又为儿童提供思维的培养、情感的陶冶、文化的传递以及交际的机会。其三，从培养方式来看，广义的学前儿童语言教育更强调学前儿童语言教育应当在认识世界和社会交往的过程中展开。苏联教育家苏霍姆林斯基认为，大自然是思维和语言的活的源头，儿童在与大自然的互动中，获得智慧、思想，在思维和表达的过程中发展了语言。儿童语言的发展也离不开社会交往，其中同伴行为对儿童语言发展起着主要的影响作用，因而发展儿童的语言，还应当多为儿童提供与同伴以及成人交往的机会，从发展儿童的社会性入手。总之，儿童语言教育应该在促进学前儿童语言发展的同时，为他们提供培养思维、陶冶情操、传递文化以及交际的机会，使儿童积极地运用语言认识世界，在形成自己的思想的同时，也接受文化的熏陶，这对丰富和发展儿童的语言是相当重要的。

二、学前儿童语言教育的目标

　　教育是培养人的社会活动，是有目的、有计划地对受教育者施加影响，使受教育者在认知、情感、行为等方面发生变化的过程。教育目标是构成教育实践活动的第一要素，没有教育目标的活动是不存在的，教育目标的确定往往会促使与之相适应的教育方式和方法的产生，教育目标在教育活动中占有重要地位。任何一个阶段、任何一个领域的教育都必须首先明确本阶段要使受教育者产生哪些变化，获得什么样的发展成果。在学前期，我们的教育要达到什么目的、获得什么样的效果、促使儿童发生什么样的变化是每一位学前教育工作者必须关注的问题，在设计和策划学前儿童的教育活动时，更离不开明确的教育目标。《幼儿园教育指导纲要（试行）》中也明确地指出："幼儿园的教育活动，是教师以多种形式有目的、有计划地引导幼儿生动、活泼、主动活动的教育过程。"因此，在教育过程中，幼儿教师的一项重要任务就是要恰当地确定教育活动目标。具体到学前儿童语言领域，学前教育工作者必须明确要求：通过几年的教育，要使学前儿童语言获得怎样的发展、达到什么样的水平等。学前儿童语言教育目标是学前教育总目标在语言领域的具体化，它指出了通过学前儿童语言教育所要达到的预期效果。明确学前儿童语言教育目标，更好地把握学前儿童语言能力发展的方向，能更好地指导幼儿教师确定学前儿童语言教育中的内容，以及所采取的方法和途径，同时它也是评价学前儿童语言教育活动的重要依据。

（一）学前儿童语言教育目标的制定依据

1. 社会对人才的要求

　　任何社会对其成员都有基本要求，教育作为一种社会实践活动，必然有其一定的社会文化背景。教育的本质是由教育者对受教育者实施一种有目的、有计划、有系统的影响，以便把受教育者培养成为社会需要的人。离开了一定社会的要求去制定教育目标，则有可能在本质上违背教育规律。在我国现有的条件下思考学前儿童语言教育目标时，有关社会要求可以从下面3个角度来展开。

　　（1）教育目标应反映我国社会现阶段的价值观念。一方面，马克思主义关于人的全面发展的教育思想指导着我们应充分认识在儿童全面发展过程中语言的重要作用，使我们意识到语言是儿童德、智、体、美全面发展的不可缺少的组成部分；另一方面，我们对学前儿童实施传统文化教育时应将传承了几千年的中国优秀传统文化继承下来，因此通过语言教育来承担优秀传统文化传递的任务是十分重要的。

　　（2）教育目标要适应我国生产力发展水平对人才培养的要求。近年来，我国科学技术和生产力迅速发展，要求教育所培养的人才不仅能掌握现代技术，具有良好品德、良好心理素质，还要具备良好的交往能力、吸收新信息的能力和创造能力等。人类社会发展到今天，语言作为交际工具、思维工具和学习工具，其作用越来越重要，已成为高素质、高水平人才不可缺少的基本能力。上述要求促使我们在学前儿童教育中应充分重视语言教育，并需要据此制订语言教育的目的计划。

　　（3）教育目标还需要具有一定的超前性。学前儿童语言教育是为我国社会建设培养主力军，因此教育目标要考虑未来社会的发展需要。

2. 学前儿童语言发展的规律

　　教育的对象是人，教育目标的制定必须充分尊重儿童的发展规律。学前儿童语言教育以促进学前儿童语言发展为根本目的，因而必须尊重学前儿童语言发展的规律。这就要求教育者在制定教育目标时，要注意遵循学前阶段儿童的语言发展特点和需求，并据此来设计教学方案。有关儿童语言发展的研究成果已经为我们提供了各种信息，使我们能够理解儿童语言学习的阶段过程和不同阶段的特点及需要。因此，在制定学前儿童语言教育目标时，我们可以根据儿童的实际情况来确立促进其语言发展的方向，因为不符合儿童语言发展特点和规律的教育目标，难以促进学前儿童语言的发展。依据学前儿童语言发展的特点和规律制定学前儿童语言教育目标，应该坚持以下两个原则。

（1）儿童的发展是整体发展的过程，各个方面的发展都不是孤立存在的，而是相互影响、相互促进的整合性发展过程。因此在组织语言教育活动的过程中，除了要关注儿童语言能力本身的发展，还要考虑儿童其他方面的发展，提出的目标应该是综合性的，包括情感、认知和技能等方面的要求。

（2）儿童的发展是具有年龄特点和个体差异性的，不同年龄段的儿童其认知结构与认知能力不一样，并且同一年龄段的儿童在发展水平、学习风格方面也有很大的不同。因此，教育工作者在确定语言教育目标时要考虑儿童的年龄特点和个体差异。《幼儿园教育指导纲要（试行）》指出，幼儿园教育应尊重幼儿的人格和权利，尊重幼儿身心发展的规律和学习特点，以游戏为基本活动，保教并重，关注个别差异，促进每个幼儿富有个性的发展。在确立语言教育目标时，教师最基本的做法是清楚地了解本班儿童的具体语言发展特点，通过研究每一个儿童发展的特点，提出更富有个性发展的语言目标，科学地确立适应每个儿童发展的语言教育目标。

3. 学前儿童语言学科自身的特性

任何一门独立的学科之所以有别于其他学科，主要取决于它内在的本质的规定性，即该学科的本质属性，它不仅在理论上规定了该学科的研究对象、目的和任务，而且在实践中也规定了该学科的教学目标和评价标准的制定以及教学原则和方法的选择。语言作为一门学科及学前教育课程中的一个方面，有其独特的教育功能和逻辑结构，学前儿童语言学习也有其特殊性。所以，在制定学前儿童语言教育目标时必须充分考虑语言的学科性质。从早期语言教育的角度来看，语言既是儿童学习的对象，又是儿童学习其他内容的工具，儿童语言是在个体与环境的相互作用，尤其是在语言交流中获得和发展的。语言的本质是交际，通过语言交际来培养儿童的语言综合运用能力，则成为学前儿童语言教育的根本目标。依据学前儿童语言教育学科的特点制定教育目标时应注意以下几个方面。

（1）应明确针对学前儿童而言，语言知识的传授不是语言教育的根本目标，儿童语言运用能力的发展才是学前儿童教育的根本目标。

（2）应注意语言教育目标的整体性，除了包括语言知识的学习、语言技能的训练，还应关注儿童情感态度、学习策略以及文化意识等方面的综合发展。

（3）应在教育目标中充分体现语言学科的逻辑结构和学前儿童学习语言的循序渐进特征，把二者有机结合起来。

（二）学前儿童语言教育目标的层次结构

学前儿童语言教育目标主要分为3个层次，即学前儿童语言教育的总目标、年龄阶段目标和具体活动目标。

1. 学前儿童语言教育的总目标

学前儿童语言教育的总目标，又叫终期目标，是学前儿童语言教育任务要求的总和，是学前儿童语言教育所期望的最终结果。它是学前教育总目标的一个组成部分，同时也是对学前儿童语言发展提出的任务要求，具有较强的特殊性和相对的独立性。正如儿童语言发展在全面发展中有着不可替代的作用，学前儿童语言教育的总目标在学前教育总目标中也具有独特且重要的地位。

学前儿童语言教育的总目标统领着语言教育活动探索的方向，有助于教师清晰地选择、合理地设计各种语言教育活动，形成基本活动方案；有助于教师在组织教育活动的过程中灵活调整活动计划、活动形式和活动方法，使教育活动朝着有效、有序、多元的方向发展，更好地满足幼儿的学习需求。因此，在设计语言教育活动中，教师要时刻将学前儿童语言教育的总目标放在心中。

2. 学前儿童语言教育的年龄阶段目标

学前儿童语言教育的年龄阶段目标属于第二层次目标，是总目标在各年龄段的具体体现，也是对不同年龄儿童语言发展提出的具体要求。要使学前儿童达到语言学习的总目标，需要在实践中一步一步地将不同阶段的目标落实到不同年龄段儿童身上，这样才能够循序渐进地促进儿童的语言发展。尽管儿童语言发展表现出一定的共性和连续性，但将语言教育目标分解为不同的目标要求，对每一年龄阶段儿童逐步形成提高要求的具体目标，这是年龄阶段目标的一个特点。例如，同样是培养儿童口语表达能力，不同年龄段的儿童有不同的要求，体现了螺旋上升的规律。对0～1.5岁儿童的要求是能说出几个常见物品的名称；对1.5～3岁儿童的要求是能说出自己的姓名和年龄，能用简短的句子回答别人的问题；对3～4岁儿童的要求是能用简短的语言表达自己的请求和愿望，能在集体面前讲述自己感兴趣的事；对4～5岁儿童的要求是能用完整的句子较连贯地讲述自己的经历，会有表情地朗诵和复述，能用准确的语音大胆、清楚地说话；对5～6岁儿童的要求是能用适度的音高、音量和准确的语音说话，在适当的场合主动与人交谈，主动表达自己的意思，连贯讲述一件事或一幅图片，有表情地朗诵或表演等。不同年龄阶段幼儿语言发展特点不同，各年龄阶段的目标要求也不同。

为了便于针对不同年龄阶段的学前儿童进行相应语言教育，教师必须明确学前儿童语言教育的年龄阶段目标。每一个年龄阶段目标都建立在上一阶段语言发展的基础上，同时又略高于这个年龄阶段儿童现有的语言发展水平，才可以促进儿童语言能力的真正发展。

3. 学前儿童语言教育的具体活动目标

学前儿童语言教育的具体活动目标属于第三层次目标，它是指在某一具体的教育活动中要达到的目标。应当说，具体活动目标是与语言教育的总目标、年龄阶段目标保持一致的，是总目标与年龄阶段目标的分解和具体化，语言教育正是通过每一个具体活动落实到儿童身上，因此，具体活动目标的积累便构成了年龄阶段目标乃至语言教育的总目标。每一次具体活动目标的实现，都向完成语言教育的年龄阶段目标和总目标迈进了一步，其中要注意避免3个层次目标的脱节问题。一般而言，总目标和年龄阶段目标由专门的机构制定，但具体活动目标需要教师自己策划设计。通过具体活动目标的积累，最终实现学前儿童的语言教育的总目标，具体活动目标要依据总目标和年龄阶段目标来制定，具体包括情感、认知、能力3个方面目标的制定。

具体活动目标有时是一次活动中要完成的任务，但也有可能是一组相近的活动或一个主题系列活动的目标，它们使具体的教育内容紧密地联系在一起。无论哪一种活动，都含有一定的要求并通过教师的活动计划和教育实践得以体现。当教师根据年龄阶段目标选定语言教育内容、确定语言教育活动时，教师还需要就本次具体教育活动设计语言教育活动目标，以指导有目的、有计划地组织实施整个活动过程，使每个儿童通过语言教育活动都能有所收获、有所发展。确定学前儿童语言教育的具体活动目标，是语言教育活动设计中最重要的步骤。它的恰当与否，将会对整个活动设计产生决定性影响。

总之,落实学前儿童语言教育目标,是一个由高层次目标转化为多个低层次目标的过程,也是一个由抽象到具体的过程。在教育实践过程中,教师应该把握好各个层次教育目标的内涵及其相互关系。要根据各个层次目标选择相应的教育内容,确定恰当的教育方法,以防不同层次教育目标的脱节,更不能忽视教育目标而随意选择内容和方法。只有深入透彻地理解语言教育目标,才能使之落实到每一个儿童身上。

(三)学前儿童语言教育目标的分类结构

分类结构指教育目标的组合构成。学前儿童语言教育目标具有一定的结构性,采用不同的分类标准,有着不同表现形式的分类结构。从学前儿童语言学习的角度看,其教育目标包括倾听、表述、欣赏文学作品和早期阅读4个方面。

1. 倾听行为的培养

在学前儿童阶段,培养幼儿倾听行为是十分重要的。倾听是儿童感知和理解语言的行为表现。就儿童语言学习和发展而言,倾听是一种不可缺少的行为能力。只有懂得倾听、乐于倾听并善于倾听的人,才能真正理解语言的内容、形式及语言运用的方式,从而掌握语言交流的技巧。

学前期培养儿童的倾听能力是非常有必要的。大量研究发现,3~4岁儿童神经系统发育不完善,听觉器官的听音、辨音能力较差,再加上发音器官的调节控制能力差,使得他们只能听懂一些简单句子,掌握一些常用词汇。4~5岁儿童基本能听清楚全部语音,能听懂日常应用的句子和一段话的意思,掌握词汇的数量和种类迅速增加,语言连贯性也在增强。5~6岁儿童能听懂更加复杂的句子,理解一段话的意思。学前儿童倾听行为的培养,重点应放在汉语语音、语调、语义内容的理解上。

通过教育,培养儿童具有以下几种倾听的技能:一是能有意识倾听,集中注意力的倾听;二是辨析性倾听,分辨不同内容的倾听;三是理解性倾听,掌握主要内容、连接上下文意思的倾听等。

2. 表述行为的培养

表述是以一定语言内容、语言形式及语言运用方式表达和交流个人观点的行为,是儿童语言学习和语言发展的主要表现之一。只有懂得表述的作用,愿意向别人表达自己的见解,并且具备表述能力的人,才能达到交流的目的。在学前儿童的语言活动中,表述的方式主要有个人独白、集体讲述、对话交谈等。

对学前儿童表述行为的培养,是语言教育目标的重要组成部分。学前阶段是儿童逐步掌握口头语言,并向书面语言过渡的时期。因此,学前儿童表述能力发展的重点在于学习正确恰当的口语表达方式,从语音、语法、语义、语用4个方面掌握母语的表达技巧,由简到繁、由短到长地提高表述能力。

3. 欣赏文学作品行为的培养

欣赏文学作品是感知、理解文学作品并尝试操作艺术语言方式的行为。学前儿童文学作品是由语言艺术构成的,带有口语的特点,却又不同于口语。儿童在学习文学作品的过程中可以增强口头语言和文字敏感性,较好地学习理解文学作品,初步感知不同类型文学作品的特点和构成。

欣赏文学作品行为对学前儿童书面语言的发展和其他方面的学习有特别意义,重点在于培养儿童综合的语言能力,增强儿童对语言核心操作行为的敏感性,如对语词排列的敏感性、对语词变化形成优美动听效果的敏感性、对不同情景语言运用的敏感性等。

4. 早期阅读行为的培养

早期阅读行为是指学前儿童从口头语言向书面语言过渡的阅读准备和书写准备。其中包括儿童知道图书和文字的重要性，愿意阅读图书和辨认汉字，掌握一定的阅读和书写的准备技能等。早期阅读行为的培养主要在于激发儿童阅读的兴趣，养成良好的阅读习惯，掌握早期阅读的有关技能。

随着信息社会的快速发展，加强早期阅读已经成为学前儿童语言教育领域的热点话题。大量相关研究表明，在学前阶段对幼儿进行早期阅读教育是必要的，也是可行的。

（四）学前儿童语言教育目标的具体内容

学前儿童语言教育目标的具体内容，是指对某一时期学前儿童语言教育目标的具体阐述。学前儿童语言教育目标的具体内容也可以从纵向的总目标、年龄阶段目标两个层次，横向的倾听、表述、欣赏文学作品和早期阅读4个方面进行相互交叉的具体的阐述。

1. 学前儿童语言教育总目标的具体内容

（1）倾听部分。懂得别人与自己说话时要注意倾听（认知目标）。喜欢听，并积极有礼貌地听别人对自己说话（情感、态度目标）。能集中注意力，有礼貌、安静地倾听；能听懂普通话，能分辨不同的声音和语调；能理解并执行别人的指令（能力与技能目标）。

（2）表述部分。懂得用适当的音量说话，有积极的表述愿望（认知目标）。喜欢与他人交谈，在适宜的场合积极、主动、有礼貌地与人交谈（情感、态度目标）。会说普通话，发音清楚，语调准确，能运用恰当的语句和语调表述意见和回答问题；能用完整、连贯的语句讲述图片和事件（能力与技能目标）。

（3）欣赏文学作品部分。懂得文学作品中运用的是规范而又成熟的语言；阅读和聆听文学作品能增长知识，明白事理，并能感受到语言艺术的美（认知目标）。乐意阅读和聆听文学作品，积极参与文学作品学习活动（情感、态度目标）。理解文学作品的内容，体会文学语言的美；初步了解文学常识；能用动作、语言、美术、音乐等不同表现方式，积极表达对文学作品的理解；学会编构故事、表演故事以及参加诗歌、散文的欣赏与仿编活动等（能力与技能目标）。

（4）早期阅读部分。懂得口语与文字、图书的对应与转换关系（认知目标）。对图书和文字产生兴趣，喜欢认读常见的、简单的独体汉字（情感、态度目标）。掌握阅读图书的基本方法；能集中注意力阅读图书，倾听、理解图书内容；能学会制作图文并配以文字说明；了解汉字的书写风格，主动积极地认读常用字；能按规范笔顺书写自己的姓名和一些常见的独体汉字（能力与技能目标）。

2. 学前儿童语言教育年龄阶段目标的具体内容

（1）小班。倾听部分：乐意听老师和同伴讲话；能听懂普通话；听别人说话时能保持安静，不打断别人的讲话；能够理解简单的日常生活指令。表述部分：愿意学说普通话，喜欢与老师、同伴及成人交谈；知道在集体面前要大声发言，在个别交谈时音量要适当；会用简单的语言回答问题，表达自己的请求、愿望、感情与需要等，能讲述图片内容和自己感兴趣的事。欣赏文学作品部分：愿意欣赏并初步感受和理解不同体裁的儿童文学作品；能独立地念儿歌，讲述简短的句子；能仿编较简单的儿歌、散文和故事等。早期阅读部分：知道可以用一段话来讲述一幅图的含义；知道每个字发音不同，所代表的意思也不同；喜欢听成人讲述图书的内容，并尝试自己阅读图书；学习正确的阅读方法，会按顺序翻阅图书，看出图书画面内容的主要变化。

（2）中班。倾听部分：能有礼貌地、集中注意力地倾听他人说话；能区分普通话和方言的发音；能理解多重指令。表述部分：积极学说普通话，发音清楚，积极、有礼貌地参与交谈，不随便插话和打断别人的谈话；说话的音量和语速适当；能用完整句子较连贯地讲述个人经历以及图片内容；能大胆、清楚地表达自己的请求、愿望、情感和需要等。欣赏文学作品部分：初步了解儿童文学作品的不同体裁及其构成因素；在理解作品经验的基础上，会初步理解和归纳作品的主题与作者的思想感情脉络；会有表情地朗诵诗歌、散文和讲述故事等；能根据作品提供的线索进行想象和创造，编构作品内容，仿编诗歌和散文等。早期阅读部分：知道口头语言和文字的对应转换关系；能集中注意力倾听成人讲述图片中画面的文字说明，理解书面语言；能独立阅读图书，理解画面内容；对画面的文字感兴趣，主动学认常见的汉字。

（3）大班。倾听部分：无论在集体场合还是个别交谈，均能认真、耐心地倾听他人的倾诉；能辨别普通话声调、语调和语气的不同变化；能理解并执行复杂的多重指令。表述部分：坚持说普通话，发音准确、清楚，能主动、热情、有礼貌地用正确的交流方式与人交谈；在不同的场合，会用恰当的音量、语速说话；能连贯地讲述某件事以及对图片和物品的认识；能主动、大胆地使用适当的词、句、语段来表达，乐于参加讨论和辩论，敢于发表不同意见。欣赏文学作品部分：理解幼儿文学作品的不同体裁及构成因素；在教师的帮助下，分析作品中的特殊表现手法，体验作品的思想感情脉络；有表情地朗读故事、童话、诗歌和散文。能独立创编或与同伴共同创编故事、诗歌和散文的完整内容或部分内容。早期阅读部分：理解画面内容，会对画面的内容通过恰当的扩句和缩句来合理表述；会保护和修补图书；会用绘画自制图书（可以让幼儿绘制画面，幼儿口述画面内容，教师或家长代笔记录画面的文字说明）；对学习与阅读文字感兴趣，积极学认常见的汉字；初步认识汉字的间架结构和书写风格，会用正确笔顺书写自己的姓名以及常见的、简单的独体字。

任务三　学前儿童语言教育的方法

学前儿童语言教育方法是教育工作者根据儿童语言发展的理论和规律，引导幼儿获得语言知识、技能而使用的方法。学前儿童语言教育常用的方法有示范法、练习法、游戏法、视听讲做结合法和表演法等。

一、示范法

（一）示范法的含义

示范法是指教师为幼儿提供语言学习的范例，让幼儿在良好的语言环境中模仿学习的方法。示范可以由教师亲自进行，有时也可以采用录音进行，还可以让语言能力发展较好的儿童来进行示范。

（二）运用示范法的要求

1. 教师言语示范要标准规范

教师正确的言语示范对儿童来说就是标准和样板。因此，教师在进行言语活动时，首先要发音正确，用词恰当，响度适中，让儿童听得清。其次要使用简单易懂的句式，讲述生动形象，朗诵声情并茂，体态文明自然，表演传神逼真，书写规范优美，阅读方式恰当，为儿童创设良好的语言环境，为儿童模仿学习创造条件。

2. 教师言语示范要适时适量

教师进行示范的时机要恰当，针对幼儿难以理解的内容，要及时进行反复示范、重点示范，让幼儿有意识地模仿。对于纠正性示范则要酌情处理，如果幼儿在讲述过程中发错了音，不要急于打断幼儿进行示范，否则会打断幼儿的思路，影响讲述的流畅性和完整性。另外，由于幼儿注意力集中的时间短，记忆容量有限，因此教师的示范要适当。对于内容较多的部分，应根据情况分步示范、完整示范、重点示范。

3. 教师要灵活运用隐性示范

教师在进行示范时，可以明确提出让儿童模仿，运用显性的方式，这主要是针对一些难点和重点。对于一般的语言知识，教师可以采用隐性示范的方式。例如，在活动过程中，教师以参与者的身份与幼儿平等地进行活动，让儿童在不知不觉中得到暗示，进行模仿。当然，具体采用何种方式，取决于儿童语言发展的水平和特点以及教学活动的实际情况。

二、练习法

（一）练习法的含义

练习法是指教师在语言活动中，有意识地让儿童多次使用同一个语言因素（如语音、词汇、句子等），或训练儿童某方面言语技能技巧的一种方法。主要以口头练习为主，强调语言运用能力的培养。通过练习，学前儿童可以加深理解语言教育中的有关内容，牢固掌握有关的语言知识，熟练运用语言技能。

（二）运用练习法的要求

1. 明确练习的目标

练习的目标要明确，提出的要求应具体，便于儿童理解和掌握，提高练习的效率。

2. 练习进度要适当

练习的进度过快，易引起儿童对语言学习的反感，失去对语言学习和表达的兴趣。因此要循序渐进，不可操之过急。

3. 练习方式多样化

由于练习是不停地重复相同的内容，极易引起儿童的疲倦和厌烦，因此要采用多样化、富有趣味的方式进行练习。

4. 尽量在理解的基础上练习

如果儿童理解了所要练习的内容，就会提高练习效率，同时也会增强练习的兴趣和表达交流的成就感。因此，应避免机械地重复同一练习内容。

三、游戏法

(一) 游戏法的含义

游戏法是指教师运用有规则的游戏,训练儿童正确发音,丰富儿童词汇和学习句式的一种方法。

(二) 运用游戏法的要求

1. 明确游戏目的,精心选择内容

教师设计游戏活动时,应明确游戏的目的是练习发音还是练习词汇的运用,然后根据目的确定游戏的内容。

2. 备足游戏材料,创设游戏情境

为了使儿童更好地体验游戏的快乐,应准备充足的游戏材料,如字卡、图片等。还可以根据游戏的名称和玩法创设游戏情境,如玩"小小图片店"的名词游戏时要挂一个图片店的招牌。

3. 精心设计游戏,增加趣味性

既然是游戏,就应该让儿童觉得好玩,对游戏的名称、玩法和规则等均应精心设计,吸引儿童,让儿童在真正感受游戏的趣味、体验游戏的快乐的同时,不知不觉得到语言的训练。

四、视听讲做结合法

(一) 视听讲做结合法的含义

所谓"视",是指教师给儿童提供直观具体的材料,让儿童充分地观察,帮助儿童理解语言,获得对语言材料的感知;所谓"听",是指教师用语言对学习对象进行描述、示范和启发,引导和组织儿童进行讨论,让儿童通过声音去感知和领会语言;所谓"讲",是指儿童在感知理解的基础上,充分地表述个人的认识;所谓"做",是指教师给儿童提供一定的想象空间,通过让儿童参与或独立地操作与所学语言知识有关物体的活动,进一步加深对语言的理解,使语言表达更具创造性。

(二) 运用视听讲做结合法的要求

(1) 教师所提供的语言教育辅助材料,应该是儿童在日常生活中接触过的、较熟悉的或符合儿童认知特点的材料。

(2) 教会儿童观察被讲述对象的方法,给儿童留有一定的观察时间和空间。

(3) 教师的提问要有顺序性、启发性,帮助儿童构思与表述。

(4) 根据儿童的实际语言水平,提出不同的表述要求,要求儿童在动手、动脑、动口的学习中获得语言经验。

五、表演法

(一) 表演法的含义

表演法是指在教师的指导下,学前儿童扮演文学作品中的人物,根据作品情节的发展,通过对话、动作、表情等再现文学作品,以提高儿童口语表现力的一种方法。

(二) 运用表演法的要求

(1) 表演法必须在儿童理解诗歌、散文、绕口令等作品内容并能熟练朗读的基础上运用。

(2) 鼓励儿童在故事表演中创新内容和增加情节与对话,大胆发展故事情节,恰当地进行动作设计和人物的心理刻画,让他们真正体验到表演的快乐。

(3) 认真布置表演场景,准备表演道具,让儿童以最快的速度进入角色并喜欢表演。

(4) 努力为全体儿童提供参与表演的机会,提高每个儿童学习语言的兴趣,为更多儿童提供表现自我的空间。

上述方法是学前儿童语言教育活动中比较常用的方法,教师在实际教学中,需要根据客观条件,结合儿童语言发展水平和语言学习的特点,依据活动目标和内容,灵活运用各种方法,有的放矢地进行语言教育。

任务四 学前儿童语言教育的意义

作为学前教育的一个重要领域,我国学前儿童语言教育的基本任务主要有:提供普通话的语言环境,培养学前儿童正确说普通话;创造一个自由、宽松的语言交往环境,培养学前儿童语言交往的习惯,提高学前儿童语言交往的能力;发展学前儿童的语言理解能力和表达能力;积极引导并提高学前儿童倾听和欣赏儿童文学作品的能力;激发学前儿童对阅读与书写的兴趣,培养学前儿童阅读与书写的习惯和能力,为学前儿童入学后的继续学习做好充分的准备。从一般意义而言,完成了学前儿童语言教育的基本任务就是更好地解释了语言教育"有什么价值"和"怎样实现它的价值"的问题。

一、探讨学前儿童语言教育的作用

探讨学前儿童语言教育,不仅可以促进学前儿童语言和行为的社会化进程,而且有利于学前儿童学习能力和认知能力的发展,提高学前儿童对语言的兴趣。

(一) 促进学前儿童语言和行为的社会化进程

语言教育的基本任务在于促进学前儿童语言能力的发展,所以其首要任务是使学前儿童发音清晰,词汇丰富,口语表达完善,语言交往技能得到提高。

在学前儿童语言教育中,学前儿童不断积累新的语音和词汇,不断吸收新的句式和表达方法,然后逐渐把他人的语言转化为自己的语言,用来表达自己的思想和情感,对他人的行为产生影响并完成各种交往需求。

学前儿童获得语言能力后，就能用语言与周围人进行交流。这种交流有助于学前儿童克服以自我为中心的言行，使他们能够主动地适应他人的行为，并在此基础上逐渐获得语言自我调节能力，使自己的情感、态度、习惯、行为等与社会规范逐渐接近并相吻合。首先成人用语言对学前儿童进行他律，然后学前儿童就可以用语言进行自律，形成一定的、较稳固的行为习惯。学前儿童语言和行为的社会化发展，使学前儿童社会交往的精神需要得到一定的满足。

（二）促进学前儿童学习能力和认知能力的发展

语言具有高度的概括性，语义内容也相当丰富。学前儿童对语言的加工与其他认知加工有许多相似之处，又不等同于其他的认知加工。语音需要理解，语法规则需要抽象和概括，语言则通过语词、概念向学前儿童传递间接经验，有助于扩大学前儿童的眼界，提高其思维和想象能力，也有助于学前儿童学习能力的发展。

在语言输出的加工中，学前儿童要把话语表达得正确、清楚、完整和连贯，也需要有感知、记忆、思维、想象过程的积极参与。随着学前儿童语言水平的提高，语言和认知能力的结合也渐趋密切。我国心理学家朱智贤教授认为，学前儿童语言连贯性的发展是学前儿童语言能力和逻辑思维能力发展的重要环节。由此可知，学前儿童早期语言能力的发展是他们认知能力发展的重要标志。

（三）促进学前儿童语言兴趣的提高

随着语言的不断丰富和语言交往技能的不断提高，学前儿童学习和运用语言的兴趣也越来越大。听和说的兴趣、自信和主动学习都有赖于语言听说能力的提高，而学前儿童一旦产生学习语言的兴趣，就会主动寻找学习语言的机会，学习更多的语言符号，尝试更新的语言技巧，语言的潜能就能得到充分发挥。这种兴趣不仅对学前儿童当前的语言学习活动有积极影响，而且会影响他们入学乃至成年后学习和运用语言的兴趣。

二、揭示学前儿童语言发展与教育的规律

充分描述学前儿童语言的发展过程是学前儿童语言教育学科研究的基础，但不是目的。学前儿童语言教育学科研究的重要目的之一是揭示规律，而只有在描述的基础上总结出规律，研究才具有科学的意义。

如果说学前儿童语言的发展过程是自然意义上"是什么"的问题，那么，揭示学前儿童语言的发展规律才是科学意义上"是什么"的问题。

当前学术界已经揭示了一些学前儿童语言发展与教育的规律，图 1-1 所示为部分学前儿童语言发展教育规律。

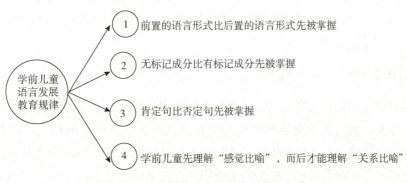

图 1-1　部分学前儿童语言发展教育规律

学前儿童语言教育主要针对图1-1所示的语言发展教育规律开展教育与训练。许多教育工作者在实际教学中也摸索出丰富的经验,揭示了学前儿童语言教育的一般规律,而且在实际应用中也取得了一定的成效。

但是,这些探索所揭示的规律具有一定的局限性,而且许多规律是在有限材料的基础上概括出来的,是否具有普遍性还有待于事实的检验。

三、解释学前儿童语言发展的过程及各种现象

从某种意义来说,科学的力量在于解释,解释是科学研究较高层次的追求。学前儿童掌握母语的过程可以分为以下5个阶段。

(一)出生后半年至1岁为喃语阶段

在这一阶段中,婴儿能不由自主地发出各种声音,但还不能确定这些声音表示什么意思,这就是人们通常所说的咿呀学语阶段。这时的婴儿能理解成人的一些面部表情和语调,如果成人板着脸对他大声呵斥,他就会号啕大哭。这时的婴儿已能对成人的某些手势和简单的指令做出相应的反应,如当成人说"笑一笑""谢谢""欢迎欢迎"等,他就会做出相应的动作。

(二)1岁左右开始说话,进入单词句阶段

幼儿开始说话的时间有早有迟,早的为10个月左右,晚的要到1岁半左右,最迟的是2岁前后;一般而言,女孩开始说话的时间要早于男孩。单词句阶段通常持续半年时间。在这个阶段,幼儿说出的句子由一个单词构成,随语境的不同可以表示多种意义。例如,"妈妈"在幼儿的语言中可以表示"妈妈,到这儿来""我要妈妈""妈妈抱抱我""妈妈,我要小便"等含义,也可能是"妈妈,我肚子饿了,我要吃饭"的意思。

(三)大约在1岁半进入双词句阶段

组成双词句的词可以分成两类:一类是轴心词,它们的数量少,使用频率低;另一类是开放词,它们的数量多,使用频率高。有的句子由"轴心词+开放词"构成,如要糖、爸爸好;有的句子由"开放词+开放词"构成,如走街上。

(四)大约在2岁半进入实词句阶段

实词句是只用实词不用虚词组成的句子,字数可以超过两个。例如,"妈妈班班"等,这种句子和成人发电报用词相仿,故称为"电报句"。在这个阶段,幼儿开始掌握语言的语法系统,但往往出现过度概括现象。例如,幼儿和母亲一起在超市购物,他会拉着妈妈的手说"妈妈买,妈妈买",至于买什么谁也搞不清楚。

(五)大约在5岁进入成人句阶段

这时幼儿习得语言的过程已基本完成,虽然他们掌握的词汇数量有限,但基本的语法结构已经掌握,已经能够分辨正确的表达方法和错误的表达方法,能区别语句的同义关系和歧义关系。这时,幼儿对语言的运用已不限于表示眼前的事物。他们已经能够谈论以前发生的事情,也能谈论他们计划要做的一些事情,甚至谈论一些实际上并不存在的事情。

幼儿似乎并不费力便能习得十分复杂的语言系统，这让心理学家感到十分惊奇并表现出极大的兴趣。为了解释这种现象，他们提出了各种理论，如古典行为主义者的"模仿理论"，乔姆斯基的"语言习得机制"，勒纳伯格的"自然成熟说"和"关键期假说"等。

这些解释有些已经被证明有严重的缺陷，有些只是目前还无法证明的假说。这些心理学家有关学前儿童语言发展的观点往往是一些推论，带有一定的片面性。

任务五　学前儿童语言发展

虽然儿童掌握语言的速度各不相同，但儿童的语言发展受生理机制成熟和认知能力发展的制约，有其固有的发展顺序和阶段。因此，了解学前儿童语言发展的过程及其特点，是开展学前儿童语言教育的基本依据，对学前儿童语言的发展有重要意义。下面分别从语音、词汇、语法3方面介绍学前儿童语言发展的特点。

一、学前儿童语音的发展

语音是口头语言的物质载体，是人类发音器官发出的表达一定语言意义的声音。学前期是语音发展的关键期，这一时期，儿童基本能掌握本民族的全部语音，并能有意识地辨别发音是否正确，模仿正确发音，纠正错误发音。

（一）儿童发音水平随着年龄增长逐步提高

1. 非自控音阶段（出生～20天）

发音器官为语音的发生做好最基本的物质准备。这一阶段新生儿的发音以哭声为主，也有一些咳嗽声和吃奶时的发音，这些声音绝大多数都是新生儿不能自己控制的，因此，可以称为"非自控音"。

2. 咕咕出声阶段（21天～5个月）

声音听辨能力有较大发展，有大量的"玩弄"声音的现象，有了最初的语音模仿和"对话"意识。

3. 牙牙学语阶段（6个月～12个月）

连续发音的节奏感加强，发音的形式变得丰富多彩，出现许多类似语言的语调。这一阶段的显著特征是婴儿模仿发音的能力大大提高。

4. 学话阶段（13个月～18个月）

连续音节和类似词的音节增多，能说出一些单词，无意义的音节减少，这是一个由无意义音节发展到词音的过渡阶段。

5. 积极言语发展阶段（19个月～5岁）

开始由单词句、双词句向完整句发展，集中的无意义的发音现象消失，发音和发出的词和句子整合在一起。但由于发音器官未成熟，会出现许多语音"错误"。

(二) 儿童声母发音比韵母发音错误多

学前儿童容易出现发音错误的声母主要集中在 z、c、s、zh、ch、sh、r、n、l 等辅音上，其中，z、c、s 容易和 zh、ch、sh 混淆，对 zh、ch、sh（舌尖后擦音）和 r（舌尖后浊擦音）的发音感到困难。研究者认为，学前儿童发辅音容易出错主要是因为辅音要靠唇、齿、舌等运动的细微变化，而学前儿童生理上不够成熟，还不能灵活地支配发音器官。由于学前儿童之间存在个体差异性，因此，针对学前儿童出现的发音错误，只要不是发音器官和听觉器官功能异常，成人都要根据学前儿童语音发展的特点进行适当的指导，既不能忽视也不能操之过急。

(三) 儿童语音发展受到方言的干扰与影响

有学者对我国10个省市3～6岁儿童进行研究调查，结果显示，儿童跟读成人发音的正确率高于儿童独自发音时的正确率，这说明儿童虽然具备了正确发音的能力，但是当地的语言习惯对儿童的正确发音产生了很大的干扰。同时，有研究发现，就算儿童成长在方言较重的语言环境中，只要父母双方或一方讲普通话，并且重视儿童的正确发音，其子女就显示出不同于当地儿童语音的特点，能讲标准的普通话，甚至可以抵消方言对自身发音的影响。

二、学前儿童词汇的发展

词汇即词的总汇。学前期是儿童词汇发展最迅速的时期，词汇量的增加也是儿童语言发展的一个重要标志。儿童词汇的发展主要表现在词汇量、词类和词义的变化等方面。

(一) 词汇量不断增加

3～6岁是人一生词汇量增加最快的时期。一般来说，3岁幼儿词汇量为800～1 100个，4岁为1 600～2 000个，5岁时增至2 200～3 000个，6岁时词汇数量可达3 000～4 000个。随着词汇量的迅速增加，儿童在入学前已经掌握基本的口语词汇，足以保证能和别人交流。同时，由于词汇的掌握很大程度上直接取决于儿童生活的语言环境，因此，儿童词汇量的掌握具有较大的个体差异。

(二) 词类范围不断扩大

随着年龄的增长，学前儿童生活的范围逐渐扩大，掌握的词类范围也不断扩大。学前儿童掌握的词类已比较齐全，主要是意义比较具体的实词，其中名词最多，其次是动词，再次是形容词，最后是副词。学前儿童也逐渐掌握了意义比较抽象的虚词，如连词、介词、助词等，但总量很小。

(三) 对词义的理解不断确切和深化

学前儿童对词义的理解比较笼统且具体。如一个1岁左右的婴儿把圆形物称为"球"，见到苹果、橘子等圆形物都叫"球"，常常用一个词表示多种对象，对词义的理解比较笼统，同时又是非常具体的，上述婴儿所理解的"球"，只是指圆形物体，这只是该词的某一具体含义，尚未掌握词的全部含义。但是，随着年龄的增长，生活经验的丰富，学前儿童逐渐向掌握词汇的全面语义发展，由词的单义向多义发展，由词的具体含义向抽象含义发展。

三、学前儿童语法的发展

语法是由一系列语法单位和有限的语法规则构成,是语言最为抽象的基础性系统,是语言的民族特点和一个人的语言能力最为基本的表现。所谓掌握了一种语言,在很大程度上是指掌握了一种语言的语法系统。由于所学语言的差异和学习语言的主客观条件不同,学前儿童语法系统的发展表现出一定程度的差异,但是有一个基本相同的发展过程和特点。

(一)从简单句发展到复合句

简单句是指句法结构完整的单句。2岁以后,简单句逐渐增加。学前儿童使用的简单句类型主要有:主谓结构,如"宝宝吃饭";谓宾结构,如"洗澡澡""坐车车";主谓宾结构,如"宝宝吃饭"。学前期虽也出现了一些复合句,但简单句仍占大多数。已有研究表明,2岁时复合句只占所有句子的3.8%,简单句占96.5%。由表1-1可知,学前期的简单句仍占大多数,随着年龄的增长,复合句所占的比例逐渐增加,直到学前晚期,仍然在20%以下。

表1-1 学前儿童简单句和复合句的比例

年龄/岁	简单句/%	复合句/%
3	96.2	3.8
4	88.5	11.5
5	87.6	12.4
6	80.9	19.1

(二)从陈述句发展到多种形式的句子

陈述句是儿童最初掌握的句型,整个学前期,简单的陈述句仍然是最基本的句型。随着年龄的增长,儿童逐渐学会其他形式的句子,学前儿童常用的其他句型主要有疑问句、祈使句和感叹句等,如"为什么要睡觉?""这花好美啊!"

(三)从无修饰句发展到修饰句

儿童最初表达的句子是没有修饰语的,如"宝宝睡觉""车走了"。随着年龄的增长,一些修饰语开始出现。有研究表明,2岁儿童已经开始说出一些简单的修饰语,如"两个娃娃玩游戏",但仅占20%;3~3.5岁是复杂修饰语句的数量增长最快的时期;4岁,有修饰的语句开始占优势。

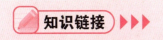 ▶▶▶

学前儿童语言发展的影响因素

语言的发展是一个非常复杂的过程,其影响因素众多。影响学前儿童语言发展的因素主要有以下几方面。

1. 生理因素

这里的生理因素主要包括3方面,一是整套发音系统,如口腔、声带、气管和肺等;二是大脑神经系统；三是感知觉系统，如视觉、听觉、味觉、嗅觉和触觉等。比如，视觉或听觉有障碍的儿童，学习语言会比正常儿童困难，这说明感知觉系统对儿童语言发展有重要影响。当然，生理因素只是为儿童语言发展提供了一种可能性和规定性，先天的这种潜在可能性和规定性，要在后天实现，自然要受到后天因素的制约和影响。

2. 心理因素

在诸多影响儿童语言发展的心理因素中，最重要的是儿童的认知能力。语言能力无论是印入性的（如听和阅读）还是表达性的（如说和写），都建立在对语言内容理解的基础上。也就是说，语言能力和认知能力有密切关系，语言能力是受一般认知能力制约但又有自己特殊性的认知能力。例如，如果儿童对语言中所描述的事物全无概念，又不理解词义，当他人说出一些物体的名称或描述形状时，他便会感到茫然，难以理解其内容。同样，他也不能用语言或文字去描述这些事物。因此，儿童如果缺乏认知能力和概念知识，当他听到别人说话时，便很可能产生理解错误，或者表达障碍。

此外，儿童的其他心理因素也影响其语言的发展，如个性品质。一般来说，性格外向、喜欢与人交往的儿童，其语言发展的速度较快。也有研究指出，女孩比男孩更乐于与成人交往，她们在做一件事情之前，往往要向成人请示。女孩和男孩这种心理差异及其带来的行为上的差异，是导致女孩语言发展快于男孩的原因之一。

3. 环境因素

除生理因素、心理因素外，儿童语言的发展还依赖于其生活的社会环境。社会环境因素很多，其中较为重要的是儿童周围的语言环境、儿童的生活体验和成人对待儿童的态度。后天的语言环境和成人有目的、有意识的教育，对于儿童语言的发展有着重要的作用。

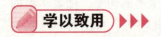

1. 语言的本质是什么？
2. 学前儿童语言教育的研究对象和含义各是什么？
3. 对于学前儿童来说，语言教育的重要性主要体现在哪些方面？
4. 简述学前儿童语言教育目标的层次结构和分类结构。

项目二　学前儿童语言的学习

项目概述 ▶▶▶

关于儿童语言学习的研究是一个古老的话题，各个理论流派都有关于儿童语言获得的不同的见解。了解关于儿童语言获得的相关理论，并在此基础上掌握儿童语言学习的特点与主要途径，对学前儿童语言教育具有十分重要的意义。可以说，掌握儿童语言学习的特点与途径，是开展语言教育活动的前提。此外，要对儿童进行科学的语言教育，还必须先树立正确的儿童语言教育观。通过本项目的学习，可以对上述内容有较为清晰的了解和把握。

学习目标 ▶▶▶

◆了解各个理论流派关于儿童语言获得的基本看法；
◆理解现阶段对学前儿童语言教育颇具影响力的教育观；
◆掌握儿童语言学习的特点和途径，灵活地选择和运用各种方法，为儿童创造学习语言的环境；
◆树立正确的儿童语言教育观。

任务一　学前儿童语言获得的理论流派

人类语言具有复杂的内部结构，儿童却能在短短几年内习得任何一种，甚至两种或两种以上的语言。这究竟是如何做到的呢？是什么原因推动了儿童的语言发展，儿童掌握语言是单纯的语言能力发展的结果，还是与个体的一般认知能力的发展有关；语言能力是儿童先天具有的，还是后天习得的；在语言获得过程中，儿童是主动的创造者，还是被动的接受者，这是长期以来吸引众多心理学家和语言学家热烈讨论的课题。探寻儿童的语言获得途径，多年来一直是摆在世界各国心理学家和语言学家面前的难题，由于学者们对这些问题所做的解释不同，因此形成了各种关于语言获得的观点和理论。这些观点和理论大致可分为先天决定论、后天环境论、相互作用论等几种流派，同时，每一流派中又有各种不同的主张。

一、先天决定论

先天决定论强调人的先天语言能力，强调遗传因素对儿童语言发展的决定性作用，认为儿童获得语言是先天禀赋在起作用，忽视乃至否定后天环境因素的影响。其中较有影响的理论有自然成熟说和先天语言能力说。

（一）自然成熟说

自然成熟说是由美国心理学家勒纳伯格提出的。他以生物学和神经生理学为理论基础，提出了如下核心观点。

1. 语言是个体的先天行为

1967年，勒纳伯格发表了《语言的生物学基础》一书。在该书中，他提出人类的行为分为先天行为和后天行为，并总结出了判断先天行为的6条标准：第一，这种行为在需要之前就出现了；第二，它的出现不是由主观因素决定的；第三，它的出现不是靠外部原因激发的；第四，获得这种行为往往有个"关键期"；第五，直接教授和反复训练对这种行为的获得影响甚小；第六，它的发展具有阶段性，通常与年龄和其他方面有关。根据这6条标准，勒纳伯格判定语言属于个体的先天行为。

2. 语言是人类大脑机能成熟的产物

生物的遗传素质是人类获得语言的决定因素。人类大脑具有其他动物所没有的专管语言的区域，所以语言为人类所独有。语言是人类大脑机能成熟的产物，当大脑机能成熟达到一定水平时，只要受到适当的外在条件的刺激，就可激活、诱发出潜在的语言能力，使语言能力显露出来。儿童语言的发展是受发音器官和大脑等神经机制制约的自然成熟的过程，不同民族儿童的生理发展是相似的，所以其语言的发展过程和速度也是相似的，儿童生理的发展是由遗传因素决定的，语言获得是由先天遗传因素决定的。

3. 语言发展有关键期

大脑功能成熟有关键期，语言作为大脑功能成熟的产物，它的获得必然有关键期。勒纳伯格根据对获得性失语症病例的研究，提出语言获得的关键期约从2岁开始，到11～12岁为止，过了关键期，即使给予训练，也难以获得语言。他还指出，在个体发育的最初阶段，大脑右半球支配语言能力，以后才逐渐转移到由左半球支配，即大脑的侧化。如果在大脑侧化前，大脑左半球受损，语言能力将继续留在右半球而不受影响。如果大脑侧化完成后，左半球受损，将会造成严重的语言障碍，语言能力可能终生丧失。

自然成熟说的某些观点，如提出大脑中存在语言中枢、语言获得有关键期等，得到一些相关学科研究的证实，有一定的科学性。但是它否定环境和语言交往在语言发展中的重要作用，将先天禀赋和自然成熟的作用提高到不适当的程度，这是有缺陷的。

（二）先天语言能力说

先天语言能力说又称"转换生成语法说"，是由美国语言学家乔姆斯基提出的。乔姆斯基注意到以下事实：儿童掌握本民族的语言异常迅速、极其完善和极富创造性；尽管语言环境不同，但世界各民族婴幼儿获得语言，尤其是句法结构的顺序基本一致，时间也大致相同；尽管各种句子形式不一样，但它们都有着共同的普遍语言的基本形式，即语法结构。他认为人类具有先天遗传的语言能力，儿童习得语言是一种本能的自然过程，经验和学习不是决定儿童能够说话的因素。这里的语言能力指的是语言知识，即普遍的语法结构。

1. 乔姆斯基的基本观点

乔姆斯基的基本观点是：决定人类能说话的因素不是经验和学习，而是先天遗传的语言能力。他观察到，儿童一般在5～6岁时就可以轻松地掌握母语。而这个年龄的儿童的智力还很不发达，学习其他知识（如数学、物理）还相当困难。同时，在儿童掌握母语的过程中，母亲或周围的人并没有对儿童进行系统训练，甚至也没有经常纠正儿童的语言错误。即便母亲纠正儿童的语言错误，这种纠正也常常不起作用。例如，3岁左右的孩子，即使母亲天天让他不要说"不拿动""不听懂""不啃动"之类的话，他还是办不到。但等到了4～5岁或之后，他便能很好地表达"拿不动""听不懂""啃不动"之类的意思了。再比如，让一个小孩和一只狗同时生活在人类的语言环境中，小孩可以习得语言，但和人类最亲近的动物之一——狗，却无论如何也学不会语言。因此，乔姆斯基认为，儿童自一出生就具有语言习得的"内部装置"，这是人类特有的遗传机制，属于正常儿童的"心理装置"。它使人们不需要经过刻意教导，就能轻易获得语言，表现出惊人的语言能力。

据此，乔姆斯基提出了自己的理论假设：人脑中有一种先天"语言获得装置"（Language Acquisition Device，LAD）。图2-1为乔姆斯基LAD的功能图示。

输入	加工	输出
基本的语言素材	LAD	内化的语法系统

图2-1　乔姆斯基LAD的功能图示

儿童语言的获得，是儿童通过自己的LAD的活动实现的。外界输入给儿童的原始的基本语言素材，儿童以生来就有的普遍语法为依据对其进行加工处理，亦即通过LAD进行复杂加工构成语法规则，转换成儿童内化的语法系统，从而逐步形成一种个别的语法能力。乔姆斯基在解释语言生成的内在过程时，指出语言具有两层结构：表层结构与深层结构。表层结构是直接感知句子的外部形式——语音、语法的结构；深层结构是理解句子的意义结构。儿童感知的是语言的表层结构，通过LAD的转化加工操作，转化为深层结构，对语言产生理解。词材料通过LAD的转化加工，可生成无数句子，于是掌握了基本语法形式的婴儿就能创造性地运用语言，说出他从未听见过的句子。

乔姆斯基认为，环境是促进婴儿语言获得的先决条件，但儿童所需要的获得语言能力的心理技能不是环境能提供的。他强调，正是由于LAD的存在，儿童才能只听到有限的句子，却能讲出无限多的句子，还能在短短几年中流利地运用语言。并且，处于不同的语言环境中的婴儿，在掌握音序、词序和语法结构的顺序和时间上基本一致。

先天语言能力说把儿童获得语言的过程描绘成一个积极主动、充满创造性的过程，认为儿童获得的不是一句一句具体的语言，而是关于语言的一系列具体的规则。这一系列具体的规则，能够使儿童听懂他从未听过的话，能够让儿童具有生成他从未听过的语言的能力。"语言获得装置"的功能，就像眼能视、耳能听的功能一样，在儿童发育到某一阶段，开始帮儿童分析周围语言，快速学习语言规则。所以，乔姆斯基认为儿童是天生的"小小语言学家"。

LAD的活动有一个临界期。过了临界期，LAD就会退化。所以，成人学习语言的能力不如儿童。但如果在临界期前没能使LAD发挥作用，即使后来给人提供学习语言的机会，他们也不能顺利发展他们的语言。

2. 对乔姆斯基先天语言能力说的评论

乔姆斯基的观点提出后引发了热烈讨论。甚至可以说，其最大的贡献就在于掀起了儿童语言获得研究的热潮。另外，乔姆斯基的理论从根本上转变了以往认为儿童被动模仿语言的看法，开始吸引人们注意儿童学习语言的主动性和创造性问题。

乔姆斯基并没有完全否认外部语言环境对儿童语言发展的作用。他认为LAD的潜能必须在环境作用下才能得到展开和显示，环境具有激发效应。同时，环境对引导儿童以何种语言作为母语起到了塑造效应。但乔姆斯基强调指出，虽然环境有以上作用，但它们只是促使语音系统的成熟，不是本质和决定性的，没有任何理由认为人的语言是后天获得的。乔姆斯基的理论对为什么儿童会有惊人的语言能力做出了简单的解释。但是，他的理论也受到了一些批评。

第一，乔姆斯基语言获得理论只是个假设，是思辨的产物。人脑中是否存在"语言获得装置"（LAD）是一个无法验证的假设。

第二，先天语言能力说非常强调儿童本身在获得语言过程中的主动性和创造性作用，但既然人类天生有一套现成的普遍语法规则系统，那儿童本身不需要再做什么探究和发现即能具备此项能力，这无异于走向了一个极端来否定儿童本身的主动性与创造性作用。

第三，对后天语言环境作用估计不够。乔姆斯基认为，后天语言环境只发挥了激发LAD的作用，语言环境作用被降到了最低限度。但许多研究表明，语言环境在儿童语言发展中也扮演着重要角色。

综合来看，勒纳伯格的自然成熟说和乔姆斯基的先天语言能力说有相似之处，都强调遗传的作用。这种理论无法解释本身听力正常而父母聋哑的儿童为什么不能学会正常人的口语，而只能使用聋哑人的手势语。同时，已有很多研究表明，不同生活环境和教育条件对于儿童语言发展和水平有很大影响，特别表现在词汇量、词类、句子数量和句子长度等方面。如果一切语言表现都是先天安排的，无须儿童多做探索、发现，那么儿童只要接受语言刺激，即可自然获得语言。但这显然是不可能的。可以说，先天论从某一个角度否定了儿童在语言获得过程中的主动性和积极性作用。最主要的一点，先天决定论忽视后天因素的作用，也就否定了语言教育的必要性。

二、后天环境论

后天环境论以美国心理学家华生等为代表人物的行为主义理论为依据，认为儿童语言能力是后天获得的，是学习的结果，强调环境和学习因素在儿童获得语言的过程中发挥着决定性作用。一般说来，后天环境论者认为语言同其他行为一样，是习惯养成的结果，否认或轻视儿童语言发展中的先天的或遗传的因素。根据对语言行为获得方式和途径的不同看法，后天环境论又可以分为模仿说和强化理论。

（一）模仿说

模仿说认为，儿童是通过对成人语言的模仿而学会语言的。模仿说可以分为早期的机械模仿说和后来的选择性模仿说。

1. 机械模仿说

机械模仿说也称为传统模仿说，是由美国心理学家奥尔波特于1924年提出的。他认为，儿童学习语言是对成人语言的模仿，是成人语言的简单翻版。机械模仿说认为儿童掌握语言是在后天环境中通过学习获得的语言习惯，是一系列"刺激—反应"的结果。

奥尔波特用社会学习理论来解释儿童的语言学习，强调语言模式和模仿的作用。他认为，儿童获得语言大部分是在没有强化的条件下进行的观察和模仿。他肯定语言范型对儿童言语发展的重大影响。他认为模仿和观察不仅可以产生模式行为的实际摹本，而且可以得出模式行为的基本原则，并利用这些原则创造出与该模式同样的全新行为。

模仿在儿童语言获得中的确发挥着重要作用，但这种理论也忽视了儿童本身的主动性和创造性，无法解释儿童在没有模仿范型的情况下，能够产生和理解许多新句子的现象。另外，在要求儿童模仿比已有语法水平较难的语法结构时，儿童不能模仿，他们总会用自己已经有的句法形式去改变示范句，或固执地坚持自己原有的句型。例如，问儿童："这个气球是谁给你买的?"他可能会回答"这是妈妈给你买的"。成人指出他说得不对并予以纠正时，他往往还会坚持重复回答说"这是妈妈给你买的"。这种现象也是模仿说无法解释的。

2. 选择性模仿说

为了弥补传统模仿说的缺陷，后来这一学派的怀特赫斯特又提出了"选择性模仿"的概念。选择性模仿是对示范者语句中的语法结构和规则的模仿，而不是对具体内容进行模仿，如"妈妈的裙子""妈妈的包""妈妈的化妆品"，最后变成了"妈妈的××"。儿童通过模仿获得的是语法框架，可以填写适合新语境的新词，依照这种结构造出的新的句子，这样儿童便表达了自己的话语。

选择性模仿说为模仿增加了新的内容，这种理论比较符合儿童语言获得的实际情况，但也不能充分说明儿童语言获得的过程。

与机械模仿说相比，选择性模仿说强调：第一，语言学习不必是一对一的完全模仿，成人语言活动与儿童的语言学习之间具有一种功能关系，只要在功能上相似，儿童有选择和创造的余地。第二，选择性模仿是在自然环境中发生的言语获得方式，而并非在训练和强化中进行的，因此成人与儿童双方的言语行为，在时间上既不是即时的，在形式上又非一一对应的。这样儿童获得的语言既有新颖性，又有学习和模仿的基础，因而儿童在言语学习中具有选择性和创造性。

（二）强化理论

强化理论是行为主义解释儿童语言发展的最有影响的理论，特别强调"强化"在儿童语言学习中的作用，认为儿童是通过不断地强化学会语言的。强化理论的主要代表人物是美国心理学家斯金纳。

1. 斯金纳的基本观点

斯金纳认为，语言行为与其他较为复杂的运动行为（如驾驶行为）毫无区别，都是一系列刺激和反应的连锁活动，每次反应都会成为下一项活动的刺激。同时，语言与人类其他行为一样，是可以观察和测量的，也是可以通过强化、训练、塑造或模仿逐渐形成的。

斯金纳把儿童的语言获得看成是"刺激—反应—强化"的过程。在这一过程中，儿童对一个刺激做出正确的反应，就会得到成人的强化（口头赞许或物质上的奖励），这就增加了儿童在类似情境中做出正确反应的可能性，这个过程就叫作强化。父母的赞许往往用话语表达，这些话语往往与情境相联系。例如，婴儿发出"mama"声音时，妈妈就会立刻出现，并用语词重复进行强化，使母亲的形象与"mama"声音之间建立暂时的联系。成人不断地对正确的发声加以正强化，对不正确的发声加以负强化，多次反复之后，婴儿就会通过联想准确地将"mama"与妈妈的形象联系在一起，"妈妈"这个词汇就被婴儿掌握了。当然，成人不是对儿童所有的反应都进行强化。当儿童模仿成人言行时，如果其言行正确，成人就会给予奖励，从而使得正确语言行为得到强化。而错误的反应由于得不到鼓励和奖赏，就会逐渐消退。通过这种选择性强化，儿童的语言行为越来越合理，直至获得与成人一样的语言能力。因此，强化理论认为，儿童的言语行为和其他行为一样，都是一系列刺激和反应的连锁活动，都是通过联想的原则，经过选择性强化而获得的，归根到底是复杂的条件联系系统的形成。

2. 对强化理论的评论

斯金纳的强化理论试图从理论上阐述儿童获得语言的过程，强调提供正确语言范例和正确强化的作用，对心理学界和语言学界曾产生过很大影响。强化在儿童语言发展中确实非常重要，但仅用强化理论解释所有语言获得现象，肯定是片面的。

（1）强化理论的有些观点不是从儿童言语行为的实际观察中得出的，而是从较低级的动物实验中得出的类比，人的语言行为必然不同于动物的行为。行为主义者把动物的行为与人的语言行为相提并论，用来解释儿童语言的发展，这是不合适的。

（2）强化理论把语言获得简单归结为"刺激—反应—强化"的结果，没有考虑环境因素和心理因素的影响。成人不可能对儿童每一个语言行为都给予强化，语言行为十分复杂，影响它的各种因素并非都是可观察、可测量的，也不是通过简单的刺激与反应就能产生的。

（3）强化理论不能解释儿童在语言获得过程中的创造性，因此，强化理论虽然有其合理的成分，但是忽视了儿童自身在语言获得中的积极主动性，不能解释儿童语言获得的全部事实。它过分强调儿童的无目的的反应和狭隘的强化作用，忽视了儿童自身在语言学习中的作用。

综合来看，后天环境论认为儿童的语言发展在很大程度上取决于后天的模仿和强化，而不是自然成熟，虽肯定了语言教育的作用，但解释却有诸多不足。例如，后天环境论不能解释儿童运用语言过程中的创造性和对语法规则具有敏感性的原因，不能解释语言获得"关键期"的存在原因等。

三、相互作用论

无论是后天环境论还是先天决定论的观点，都是较为极端、激进的。它们要么只强调后天因素而否定或轻视先天因素，要么只强调先天因素而否定或轻视后天因素，都难以对婴幼儿的语言获得做出满意的解释。而相互作用论主张从认知结构的发展入手，来说明婴幼儿语言发展的特点，认为婴幼儿的语言能力仅仅是大脑的一个方面，而认知结构的形成和发展是主体和客体相互作用的结果。先天能力和后天环境相互作用才使婴幼儿掌握了语言。这意味着，相互作用论承认人类天生具有其他物种不具备的语言能力，但同时又认为这种能力的显现与运用离不开良好的语言环境。相互作用论又分为认知相互作用论和社会相互作用论。

（一）认知相互作用论

认知相互作用论以瑞士儿童心理学家皮亚杰的认知发展理论为基础，认为儿童的语言发展是主客体相互作用的结果。

1. 认知相互作用论的具体观点

（1）认知结构的形成与发展是主体和客体相互作用的结果，儿童的语言能力是大脑认知能力之一，因此语言也是主客体相互作用的结果，也是遗传机制与社会环境相互作用的结果。儿童是在与外界事物的接触过程中建构起自己对世界的认识的。语言能力是儿童整体认知结构的一部分。首先，语言能力是儿童运用自身的认知技能与现实语言环境和非语言环境互动产生的结果。其次，儿童的语言发展与表现有赖于儿童整体认知能力的提高与良好表现。在儿童没有能力认识某个事物的情况下，他也无法用语言来描述它。最后，儿童语言结构的发展同认知结构的发展一样，都具有一定的顺序性。

（2）语言是一种符号，是人类用来标志或代表事物的一种符号。语言也是儿童许多功能符号中的一种，因此它与心理表象、象征性游戏、初期绘画、延迟模仿等其他功能符号一样，出现在感知运动阶段的末尾，即18~24月。它是在用一种象征或符号来代表某种事物。儿童开始发出语音时，是把一个对象的"名称"当作该对象的不可分割的一部分来看待的，随后发展到能用此部分称呼那些不在眼前的事物。当儿童能区分作为符号的语词和被标志的事物时，他便开始有了语言。

（3）认知结构是言语发展的基础，语言结构随着认知结构的发展而发展，具有普遍性。皮亚杰认为，认知发展先于语言发展。认知结构发展顺序有普遍性，语法结构发展顺序也有普遍性。个体认知结构来源于主客体之间的相互作用。皮亚杰特别强调主体作用于客体的活动和动作的意义。他认为动作协调即感知运动是认知结构的基础，也是语言的基础。语言能力作为认知能力的一个方面，它是儿童本身认知技能与现实语言环境和非语言环境相互作用的结果。

（4）儿童的语言结构具有创造性。皮亚杰认为，儿童不是通过被动模仿来掌握遣词造句的规则，他们在造句中不仅有概括性的同化作用，而且还有创造性。

2. 对认知相互作用论的评价

皮亚杰学派认知相互作用论吸收了"先天决定论"的合理因素，认为儿童的语言获得既要依赖于生理成熟，又必须具有一定的认知基础，从主客体之间的相互作用来说明儿童认识能力和语言能力的发展，反对语言获得的预成说、经验说，同时不排斥遗传机制、社会环境及儿童自身活动的作用，有其合理的方面，较为客观地反映了客观规律，避免了"先天决定论"的不足。认知相互作用论并没有把语言看成是先天产物，而是认为它是在非语言的认知基础上创造出来的，这对个体自发能动地获得语言成分、总结语言规则、创造性地建构话语做出了正确的解释。该理论过于强调认知对语言发展的作用，事实上，适合认知水平的语言学习，可为儿童提供大量信息，也可以促进其认知的发展。但这派学说在过分强调认知发展是语言发展的基础时，把认知发展对语言发展的关系看作是单向的、直接的，不免失之偏颇。另外，该理论忽视了社会交往与儿童语言发展的关系，至少没有将社会语言学习的因素从认知中区分出来。

（二）社会相互作用论

有一批学者的研究博采众长，他们承认语言发展要受到先天、后天多种因素的影响，认为先天的能力和社会的、认知的、语言的因素是相互依赖、相互作用的，是互为因果的，而且认为，语言发展在很大程度上是语言规则的获得。

社会相互作用论把儿童与语言环境看成是一个动态系统，认为儿童不是语言训练的被动受益者，而是一个有着自己意图和目的、积极主动的语言加工者。持这种观点的学者描述了儿童与照料者之间的双向互动过程：一方面，儿童会把一系列先天倾向带进语言学习的环境中，会暗示照料者提供恰当的学习经验，如对父母的话语做出积极反馈，以影响父母话语的复杂程度；另一方面，照料者也总是不自觉地使用一些特殊的语言形式（叠词、象声词）与儿童进行交流，使双方言语交流顺利进行，不会使儿童因为言语能力有限而受挫。社会相互作用论在对各种理论兼收并蓄和加以发展的过程中，由于吸收的方式和强调的重点不同，表现出两种不同的倾向：规则学习说和社会交往说。

1. 规则学习说

规则学习说是在乔姆斯基和行为主义双重影响下所产生的一种儿童语言发展理论。以布朗、佛拉瑟、伯科等学者为代表人物。这一学说认为，语言具有一定的结构，遵循一定的规则，语言的学习在很大程度上就是语法规则的获得。儿童学习母语是一个归纳的过程，而不是一个演绎的过程。儿童使用先天的语言处理机制，通过对语言输入的处理，归纳出母语的普遍特征和个别特征。简单说来，就是儿童根据先天具有的对语言的处理能力，从接触到的语言中发现规则的存在，继而应用这些规则。

规则学习说认为，儿童的语言学习，主要是对规则的学习。因此儿童语言在发展的早期，还有许多过分概括的现象。对规则的归纳，凭借的是工具性的条件反射，是"刺激—概括"的学习过程，是先天因素与后天因素的相互补充和相互影响。

规则学习说强调儿童的语言学习有先天能力的存在，认为儿童的语言学习是一种先天能力参与下的条件反射，语言的发展需要先天因素和后天因素的相互补充和相互依赖才能得到完善。但它较为刻板地强调对一种规则的概括，忽略了社会环境对儿童语言发展的影响。

2. 社会交往说

社会交往说是布鲁纳、贝茨、麦克惠尼等学者提出的理论主张。

该理论认为，个体语言获得的决定性因素是儿童和成人的语言交流。他们认为，语言获得不仅需要先天的语言能力，而且也需要一定的生理成熟和认知发展，更需要在交往中发挥语言的实际交流功能。因此，这一学说特别重视儿童与成人交往的实践，并认为儿童和成人语言交际的互动实践活动对儿童的语言发展起着决定性作用。以布鲁纳为代表的社会交往说强调语言环境对儿童语言输入的作用。有研究发现，母亲或其他成人向不同年龄儿童提供适宜儿童交流的语言材料，能促进儿童语言的发展；儿童对成人的反馈也决定了成人对儿童说话的复杂程度。因此，儿童和语言环境是一个动态系统，在这里，儿童不是被动的接受者，而是一个主动的参加者。

社会相互作用论的研究发现，成人对儿童的语义很敏感。在与儿童的交往中，成人会自觉不自觉地解释孩子的语义和扩展孩子的语词，即使孩子发出一个没有意思的声音，成人也会用词做出有意义的解释。成人也习惯于把儿童过于压缩的话语扩展成完整的句子，使孩子的语言深层结构融入相应的表层结构中，帮助孩子找到表达的方式。有学者发现，那些语言发展较快的儿童都有一个习惯于扩展孩子话语的母亲。而且，她们总是结合儿童当前的活动或状态说话，也就是说使深层结构、表层结构与语境密切结合、及时转换，这样，就使儿童较为容易学到如何运用语词和结构表达有关的意思。

社会相互作用论较为全面地反映了儿童在获得语言的过程中能动地建构语言的事实，强调语言的获得是在先天能力的基础上，通过后天儿童与环境的相互作用，尤其是与成人的语言交流发展而来。这种理论有很大的合理性。但有学者认为，社会相互作用论过分强调语言输入，而忽略了语言的心理过程。语言输入对儿童语言获得究竟起什么作用、起多少作用，还存在不少未确定因素。

综上所述，关于儿童语言获得的各派理论均有一定合理性，但又有各自的局限性和片面性。我们认为，先天和后天的因素在儿童语言获得中的作用应该是不相矛盾的。只有人类才能在一定的年龄掌握人类特有的语言，说明人类确实有一种获得语言的先天机制。但这种机制只提供了发展的可能性，要使这种可能性变为现实，就离不开一定的语言环境和教育条件，离不开儿童的实践，离不开儿童个体与社会环境的相互作用。语言发展必须以一般的认知发展为基础，但语言能力还具有其自身的特点，两者的关系不可能是直接的和单向的。从现有的研究水平看，所有理论还不能把儿童语言获得过程及其机制阐述到完善的地步，结论性的意见还未形成，争论仍将继续，有待于学者们进一步探索。

任务二　学前儿童语言学习的特点

一、语言学习是儿童语言主动建构的过程

儿童语言的习得过程是自己主动建构的过程，儿童在学习各种语言的时候并不是完全被动的接收者。

首先，语言的获得是儿童自身与环境相互作用的结果。虽然几乎所有儿童都能自然地获得语言，但如果没有相应的语言环境，语言获得便是不可能的。这种语言环境是在正常的日常生活中自然存在着的，即使成人并没有有意识地和系统地教儿童语言，但儿童能迅速地奇迹般地获得大量的词汇和句法等复杂的语言结构。儿童的表达欲望和交际需要会促使儿童搜集和挑选最适用的词汇和句子。尤其是当他发现是由于自己的词汇贫乏或者是语法错误引起对方的误解、阻碍交际的顺利进行时，儿童就会有强烈的学习欲望，会有意识地向成人学习，以提高自己的语言表达水平。

其次，儿童模仿语言是有选择的。儿童日常的生活环境为他们提供了种种语言范例，足以用来选择。但只有那些他们能够理解、能够模仿的语言，才会被有意识地挑选上，并被不断地加以模仿和练习。儿童不会不加选择地模仿环境中的各种语言范例。

再次，儿童会创造性地模仿语言。儿童不是简单地复制成人语言，而是根据自己的需要进行创造性的模仿。儿童将听到的语言加以改动，增添、减少或变换个别语言单位后作为自己的语言表达出来，而且能根据具体情境和交流意愿的变化而不断创造出新的从未听到过的语言，包括错误的和正确的。这种根据自己需要进行创造性和变通式的模仿，正是儿童主动参与语言建构的过程。

最后，儿童的语言也会对成人的语言产生一定的影响。成人在与儿童交流时，一定程度上考虑儿童对语言的接受能力和理解能力，从而调整自己的语言表达方式，使之更符合儿童的认知水平。这就是儿童对语言环境的反作用力。

二、语言学习是儿童语言个性化的过程

儿童模仿语言的过程既是其主动建构的过程，也是其个性化的过程。每个儿童都在依据已有的经验和已积累的语言与周围人交往，并从他人的语言中学习新的语言成分。在日常生活中，我们很少能看到两个说话完全相同的人——即使是同一情境、同一话题。就语言所反映的事物而言，谈论的主题与内容往往因人而异。

首先，儿童的语言表达形式都具有鲜明的个性特点。每个儿童在成长过程中所依托的语言环境

都是不一样的,既有的经验和语言的积累使得儿童在交往中带有鲜明的个性印记。即便为来自不同家庭的儿童提供完全相同的语言范型,因其各自的基础不同,模仿的结果也是千差万别的。这可以从其使用的句式、词汇、口头禅甚至是语调中体现出来。儿童特定的语言习惯显现其语言个性。

其次,儿童对语言话题的偏好同样呈现出个性色彩。儿童喜欢谈论自己感兴趣的话题,受到原有经验和个性特征的影响,每个儿童感兴趣的事物是不同的。例如,有的儿童对汽车十分感兴趣,他们会主动收集和学习关于汽车的名称,认识各种车的标识,在随成人外出时轻松地报出各种汽车的品牌;而有的儿童对恐龙特别着迷,他们会去翻阅各种有关恐龙的图画书和卡片,认识各种类型的恐龙,并能准确说出每种恐龙的习性。

最后,儿童在语言学习中表现出不同的特点,在学习过程中的速度、效果,运用语言交际的积极性也各有不同。

所以说,儿童语言学习的过程是极具个性化的过程。因此对儿童个体语言发展的特征应当充分关注。

三、语言学习是儿童语言综合化的过程

首先,儿童在学习语言的时候,是将语音和语义结合在一起学习的。语言本身是语音和语义结合的符号系统,反映一定的事物,儿童模仿成人的发音必须明白发音的含义是什么,也就是要理解语词所代表的一类事物,它反映事物具体的特征及意义、感情等,因此儿童学习语言的过程往往和他们认识事物的过程相联系。只有当他们真正对某一事物的特征有所认识时,他们才有可能真正理解代表这一事物的词语的含义。例如,只有对苹果各个方面的特征有所认识,并知道它属于水果时,儿童才有可能真正理解"苹果"一词的含义。

其次,语言学习也和儿童在其他领域的学习紧密联系在一起。例如,在科学领域的教育活动中,儿童在教师指导下进行各种科学探索活动时,不断与同伴和老师讨论相关的科学知识和科学方法,并且将自己的发现表达出来,与同伴进行交流。在这样一个过程中,儿童从教师处获得有关的科学概念和科学术语,在与老师和同伴的对话中,尝试用自己的语言报告自己的探索过程和结果,学习了知识和语言,这种科学探索活动为儿童提供了很好的语言教育机会。

最后,儿童的语言更多是从日常生活中习得。随着儿童社交活动范围的逐渐扩大和自身对外界认识的加深,语言伴随着儿童生活的每一步。儿童在日常交往中获得大量语言,这些语言内容涉及儿童生活的各个方面,从儿童自己的身体特征到心理感受,从儿童家庭到幼儿园再到社区,从各种自然物或自然现象到人际交往和社会常识……儿童的成长成熟通过语言的成长成熟表现出来。

四、语言学习是儿童语言循序渐进、逐步积累的过程

语言学习不是一蹴而就的,是一个日积月累的过程。儿童要想掌握语言,就要掌握语音、词汇、语法,并将其运用成熟,这要经历从无到有、积少成多、逐步完善等过程。儿童不是为了储备而学习语言的,也不是先学会基本功再进行实际演习,而是在使用语言的过程中逐渐掌握语言的。儿童学习和掌握语言需要一个过程,从一开始的听,发展到试着理解、试着表达,从不理解到部分理解,再到完全理解。例如,儿童经过长时间的耳濡目染和不断试用语言,会表现出突然的进步。这是语言从量变到质变的一个发展过程。其中不只是简单的积累,还有从简单到复杂的迁移。儿童逐渐掌握了语言,并且在不同的年龄阶段会表现出不同的特征。儿童时期语言的年龄特点是在他们还没有完全掌握语音的发音、词汇的选择、词义的理解、语法的运用时,常常出现理解错误、表达

错误的情况。这个时期与儿童交谈时，成人应照顾儿童的年龄特点，多用短句，多做描述，耐心地解释和补充会比不耐烦地打断和质疑更加有助于儿童提高说话的积极性。

这个时期教师应当多为儿童提供语言范例，多向儿童介绍各种各样的文学作品，丰富儿童的语言经验。儿童凭着自己的兴趣，对语言学习的投入带有明显的选择和偏向，感兴趣的就主动学，不感兴趣的就不愿意学。教师往往要反复多次才能让儿童理解和领会一篇文学作品的内容。对儿童进行语言教育也不能急躁，不要期望有立竿见影的学习效果，而要坚持与儿童多交流，并且要考虑儿童的年龄特点来开展教育。例如，多用短句，多做描述，语速放慢，语音清晰。当听不懂孩子说话时，要亲切地鼓励孩子，做一些补充或解释。教师要充分了解儿童语言学习发展的规律和特点，以此为指导，提出相应的教学目标和教学计划，帮助儿童在语言学习领域达到更高的水平。

任务三　学前儿童语言学习的途径

儿童学习语言可以有多种途径，可以说，凡是有语言参与的活动都可以成为学前儿童学习语言的途径。概括起来，学前儿童语言学习的途径主要有以下几种：在日常生活中学习语言，在游戏活动中学习语言，在专门的语言教育活动中学习语言，在其他领域教育活动中学习语言等。

一、在日常生活中学习语言

语言是日常生活中人们建立良好人际关系的工具，可以起到指导和调节人际关系的作用。从学前儿童语言学习角度来看，日常生活为学前儿童学习语言提供了大量练习的机会，他们可以学习在不同场合运用恰当的语言形式进行表达和交流，在真实的交往情境中理解、运用、练习和巩固语言。儿童日常生活中学习语言是在自然情境下进行的，有着自身独特的特点。

首先，日常生活中语言学习的内容比较全面。陶行知认为，生活就是教育，就是教育的内容。他的生活教育内容博大无比，是动态的，因生活的变化而变化，因而也是全面的。儿童在日常生活中要面对各种各样的事或物，如洗刷用品、超市购物、餐具、家具、各种食物、动植物、交通工具等。成人可以利用各种机会对儿童进行语言教育，向儿童介绍各种事或物，让儿童了解物品的名称、用途、颜色以及做事情的方法或程序等，在这些活动中，儿童自然地掌握了很多词汇，模仿了成人的表述方法，促进了语言的发展。例如，在超市购物时，家长可以给儿童介绍物品的种类、价格、品质等，同时告诉儿童超市购物的程序及付款方式，这样结合实例的谈话，儿童容易理解新词，积极性也很高，能够在自然状态下积累语言经验。

其次，日常生活中语言学习的过程随意而自由。家长和教师是儿童日常交往和语言学习的主要对象，可以利用儿童每天吃饭、睡觉、散步、玩耍、洗浴等机会与儿童进行交谈；利用接送儿童和环节过渡等时间间隙，家长或教师都可有意无意地与儿童进行交谈，这种活动有很大的自由度，时间可长可短，内容不固定，形式灵活多样。而在幼儿园中，教师也会利用各种机会随意与儿童交谈。幼儿在幼儿园的一日活动中有一半时间是生活活动，而幼儿往往在生活活动中需要等待，如午餐前、洗手时，另外还有午餐后、离园前的一些零碎时间，教师可以利用这些时间，组织一些形式灵活、内容丰富的语言活动，培养幼儿对语言活动的兴趣。例如，晨间谈话时，可以选择幼儿感兴趣的话题，如"快乐的国庆""我喜欢的小动物""我的名字""我喜爱的玩具""我喜欢的动画片"

"我的好朋友"等，这些话题都是幼儿熟悉喜爱的，有利于消除幼儿压抑、紧张、胆怯的心理，更好地促进幼儿语言能力的发展。再如，用餐时教师会要求儿童收拾好玩具、洗手，安静地坐到餐桌前；睡觉前会告诉儿童，要如厕、脱衣服、闭上眼睛不要说话等。在这些常规活动中，儿童很快就能理解各种指令的含义，儿童锻炼了听的能力，同时还能养好良好的生活习惯。这些常规活动是在一日生活中自然进行的，成人应该为儿童创造一个自由宽松的语言环境，支持帮助儿童积极与成人或同伴交谈，发展儿童的语言表达能力，同时使语言逐渐成为儿童在日常生活中建立良好人际关系的工具，指导和调节儿童人际关系。它们也为教师和家长对儿童进行语言指导提供了很好的机会。

最后，日常生活中语言学习没有必须达成的目标。日常生活中开展的语言教育活动是在自然情境下进行的，是在一定范围内的自由交谈，比较重视儿童学习的过程，不强调学习结果。其主要出发点是鼓励儿童敢说、能说、喜欢说，锻炼其听、说、读的基本技能，培养儿童学习语言的兴趣，使他们于潜移默化中受到教育和熏陶，增进知识经验。它是当前儿童获得语言经验的主要教育形式，也是帮助3岁后儿童学习语言的重要教育形式。在日常生活中对儿童进行语言教育没有过高的要求，可以根据每个儿童的特点确定活动内容和时间，更能体现教育的个性化特征。

总之，成人要抓住日常生活中的各种机会，对儿童进行语言教育，为儿童提供良好示范，并在活动中了解儿童的语言发展水平，提供有针对性的帮助。

二、在游戏活动中学习语言

对于儿童来说，游戏是最早、最基本的交往活动。游戏是儿童快乐而自由的实践活动，在游戏中儿童可以自由地支配自己的行动，愉快地与同伴交往、合作。作为思维工具和交际工具的语言，自始至终参与到游戏中，游戏为儿童提供了语言实践的良好机会和最佳途径。在游戏中，儿童与成人、儿童与儿童之间双向互动过程中的交往语言学习随处可见。可以说，交往语言的结构是在儿童主动参与活动的过程中建构的。在游戏中，儿童对交往语言的结构会不断进行调整和重组。语义、语法、语用和主体认知水平之间经常发生矛盾，处于不平衡状态，这种矛盾和不平衡就构成了儿童学习交往语言的内部动力，促使儿童不断地进行尝试和调整，在尝试中，儿童才有"顿悟""错位"和"创造"。周围人的各种反应，将使儿童不断产生成功与失败的体验，不断地从他人言行中印证自己的判断，适时调整自己的语言策略，从而更加主动地吸收、加工和输出交往语言信息，以达到相互交往中新的平衡。游戏中成人及同伴的积极参与会对儿童提出更多的挑战，也会使儿童在交往语言的结构的建构中更多地受益。

幼儿初期，在独自游戏中，儿童往往凭借语言支配来调节自己的行为。他们边想边说边玩，而这种自言自语，正是社会性交往语言产生的基础。教师要注意观察和倾听儿童的自言自语，予以正确引导。游戏中的自言自语是社会性交往语言产生的基础。儿童与同伴共同游戏，更是社会性交往语言实践的大好时机。游戏开始时的主题确定、游戏场地和游戏材料的选择、游戏角色的分配等，都需要儿童表达自己的观点，倾听同伴的意见。随着游戏的展开，逐步统一玩法和展开游戏的情节，如在"超级市场""娃娃乐园""家电维修""社区服务"和"献爱心义演"等游戏中，让儿童参与各种角色的扮演，自编自导游戏的情节，自然会产生与他人、与事物打交道的情况，诸如借玩具和工具、共同商量演出节目、给道具娃娃过生日、采购物品、乐园导游、问路、商品咨询等。正是在这些游戏过程中，儿童运用语言的能力得到实际练习。在游戏时，无论是儿童之间日常生活语言的交流，还是角色之间的对话，无不有利于儿童的社会性交往和合作能力的提高，同时，儿童的对答、应变、协调能力也得到很大锻炼；反过来，语言表达和交往上的成功，又会大大地调动儿童学习和使用语言的积极性，从而促进其创造性思维的发展。

此外，教师可以组织儿童按照一定的规则进行语言游戏活动，让儿童在玩中学习语言，获得游戏的乐趣，并在玩的过程中积累、巩固已获得的语言经验。这类游戏包括猜谜、根据声音猜人或物、连词游戏、拍手游戏等。在组织儿童进行语言游戏时，教师要注意：活动的重点在于游戏，让儿童充分体验游戏的乐趣；对儿童语言和规则的要求不宜过高；应充分调动儿童参与的积极性。在游戏的过程中，教师要充分调动儿童的各种感官，让儿童动手、动脑、动口，最大限度地利用已有经验参与活动。游戏过程中，在儿童熟悉游戏玩法后，教师要认真观察儿童在其中的语言表现，了解每个儿童语言发展的特点，以便进行有针对性的指导。

三、在专门的语言教育活动中学习语言

学前儿童在日常生活活动中和游戏活动中获得大量的语言信息，习得一些语言规则，这些信息和规则未经加工和提炼，因而比较零乱而不成体系。学前儿童只有经过专门的语言教育活动，才能将已有的零碎语言经验进行加工形成系统的语言知识。

专门的语言教育活动是按照符合语言教育规律组织的语言学习活动，是让儿童把语言作为学习对象来学习的重要机会，是实现语言教育目标的有效途径。专门的语言教育活动是依据语言教育目标，由专门的教师有目的、有计划、有组织地引导学前儿童系统规范学习语言的过程，它是专门为发展学前儿童语言能力而组织的活动，适用于2岁以上的儿童。这种专门的语言教育活动面向全班儿童开展，根据语言教育总目标和明确的语言学习要求来选择教学内容，开展相关教育活动。在这种活动中，教师多采用显性的方式指导儿童进行语言学习，对儿童提出学习要求；儿童也要有意识地进行语言学习，并按要求完成学习任务。专门的语言教育活动为学前儿童提供一种正式而规范的语言环境，学前儿童在教师引导下学习语言，获得规范的语言知识，培养良好的语言习惯。

（一）专门的语言教育活动的特点

1. 专门的语言教育活动是有目的的语言学习过程

专门的语言教育活动不同于一般的语言环境，它是根据儿童现有水平展开活动，有目的地丰富儿童语言发展的语言环境，有明确的指向性。儿童经过系统的语言学习，能达成一定目标。

2. 专门的语言教育活动是有计划的语言学习过程

其他非正式的语言学习都是没有计划的、随意的，儿童从中吸收到的语言信息也是零散的、支离破碎的，对儿童语言发展的影响必然是不全面的。而专门的语言教育活动则有总目标设计，有明确的语言学习要求，并围绕活动目标选择内容和方法，对儿童展开专门的语言训练。

3. 专门的语言教育活动是有组织的语言学习过程

在这种有组织的过程中，教师始终关注儿童已有的语言经验，并在此基础上，将选择的教育内容合理地组织起来，并采用显性的方式指导儿童进行语言学习，对儿童提出要求；儿童也要有意识地进行语言学习，并按要求努力完成学习任务。

（二）专门的语言教育活动的形式

专门的语言教育活动按照教育目标和内容的不同可分为谈话活动、讲述活动、听说游戏活动、文学活动等形式。

1. 谈话活动

谈话活动是根据学前儿童已有的知识经验，围绕一定的主题，在教师的组织下通过儿童与教师、教师与儿童以及儿童之间相互交流自己的想法和经验，形成一定认识，促进儿童提高口头语言表达能力和理解能力的一种形式。幼儿园各年龄阶段都可组织这类活动。谈话活动以凭借物为依托，旨在促进幼儿之间宽松、自由地交流。在形式、内容、方法、实施途径方面有别于其他活动，有其自身独有的特征。

2. 讲述活动

讲述活动是为学前儿童创设一个相对正式的口语表达情境或语言运用场合，要求儿童依据一定的凭借物，使用比较规范的独白语言来表达对某事、某物或者某人的看法。这种形式着重进行语言交流，强调语言运用的准确性，帮助儿童逐步获得独立构思和完整连贯表述的语言经验。学前儿童在全班儿童面前表达自己的所见、所闻、所思、所想，讲述对象可以是一张图片、某实物或情境，也可以是自己周围的人，可以来自现实生活，也可以来自文学作品，主要在于培养学前儿童进行语言表达的胆量，学习表达的方法和技巧，促进儿童独白言语能力的发展。讲述活动对于培养儿童的语言表达能力具有特殊作用。

3. 听说游戏活动

听说游戏活动是为儿童提供一种游戏情境，使学前儿童在游戏中按一定规则练习口头语言，培养学前儿童在口语交往活动中快速、机智、灵活的倾听和表达能力。听说游戏是教师组织的，明确学习目标、有明确语义内容的语言教学游戏。这种活动因含有较多的游戏规则成分，能很好地吸引学前儿童参与到语言学习活动中，在积极愉快的活动中完成语言学习任务。

4. 文学活动

文学活动是从某一具体的文学作品入手，为儿童创设一个全面学习语言的机会，让儿童理解作品内容、体验作品的思想情感、学习作品语言，培养儿童对文学作品的兴趣、学习欣赏文学作品，促进儿童提高想象力和创造性运用语言的能力。文学作品蕴含丰富的信息，诗歌、散文、童话、故事都可以有选择性地成为儿童学习的内容，以活动的方式组织儿童学习文学作品，可以帮助儿童发展语言。

这几类活动形式性质不同，教育的目的也不一样，在学前儿童语言全面发展中有着特殊作用。

四、在其他领域教育活动中学习语言

幼儿园教育内容可相对划分为健康、社会、语言、科学、艺术等5个领域，它们彼此之间不是各自独立、互不相容的，而是相互整合的统一体。儿童各个领域的教育学习活动都离不开语言的支持，儿童语言能力的发展也存在于每个领域的学习中。例如，儿童在学习数学时需要沟通，需要听懂问题，才能解决问题，从而回答老师的提问。所以语言本身就是孩子学习的工具，它渗透各个领域。不能为了纯语言学习而开展语言教育，要充分利用其他领域教育活动为语言教育活动提供素材，为儿童语言学习提供大量的机会。

（一）在科学领域活动中渗透语言教育

学前儿童可以在科学领域活动中认识数字和自然界知识，获得大量关于客观世界的信息。在这个过程中，儿童需要通过语言与周围的人交流各自的认识和感受，发表自己的见解；教师也需要通过讲解和组织谈话等活动，对儿童观察和探索的结果进行总结。例如，儿童长时间观察植物的生长过程后，获得大量直接经验，会进行自发的交流，但这样所获得的知识比较零散，也缺乏一定的深度。教师可组织相关的主题谈话活动，让儿童交流各自的经验，丰富儿童已有的相关知识，必要时还要进行总结，使其系统化，帮助儿童学习相关的词汇和表达方式。再如，可以组织一些"唱儿歌，学数数"的游戏。"一二三，爬上山，四五六，翻筋斗，七八九，拍皮球，张开两只手，十个手指头"，这首儿歌中含有数数的知识，学习时有利于帮助幼儿了解数的排列顺序；儿歌最后两句可配合动作进行点数，可发展幼儿的数数能力。"一只蛤蟆一张嘴，两只眼睛四条腿，扑通扑通跳下水；两只蛤蟆两张嘴，四只眼睛八条腿，扑通扑通跳下水……"则运用到相应的数学运算知识。学习儿歌，使数的学习变得生动有趣，又发展了儿童的语言能力。

（二）在艺术领域活动中渗透语言教育

针对儿童学习的艺术领域主要包括音乐活动和美术两种活动。音乐活动与语言联系非常紧密，儿童可以根据音符、节奏以及旋律的变化，想象出不同事物并编成故事。例如，听到清脆欢快的旋律，儿童会说这是小鸟在唱歌跳舞；听到低沉的声音，儿童会说是大灰狼出来了。同时，歌曲的歌词本身就是儿童诗歌的一种形式，儿童在学唱歌曲的过程中，也就学习了歌词，并且还可以根据所学的歌词改编故事，提高儿童对歌词的理解能力和音乐欣赏能力，发展儿童的语言表达能力。美术活动是儿童喜爱的一种形式，儿童动手、动脑画出色彩鲜艳的图片，画出他们心中的世界，并向同伴介绍分享自己的作品或者根据美术作品创编故事，既加深了儿童对作品的理解，又能使儿童受到美的熏陶，发展了语言表达能力。

（三）在健康领域活动中渗透语言教育

针对儿童学习的健康领域主要包括体育活动及其他活动。在体育活动中，儿童的活动量比较大，相对比较自由；但儿童本身又具有活动的局限性，因为把握不了自己的活动时间，会导致过度疲劳。在体育活动中，教师可安排儿童自己先体验动作，然后让儿童谈谈自己的感受和想法，说说活动的方法和要领。这时教师再针对儿童谈话内容讲解动作要领和活动规则，并进行示范，让儿童进行讨论和实践。活动结束时，可让儿童谈一谈还能有什么玩法，自己设计体育游戏，利用自由活动时间去玩自己设计的游戏。这样，动静交替，既锻炼了儿童的身体，又发展了儿童的语言表达能力。其他活动涉及儿童的身心状况、动作发展、生活习惯和生活能力等方面。

（四）在社会领域活动中渗透语言教育

在社会领域活动中，儿童学会与人交往，学习如何与他人友好相处、关心他人、与他人沟通交流，这些都要靠语言才能完成。例如，大班的社会领域活动"做一个有爱心的人"，在活动前就需要儿童去做一个社会调查，调查清楚都有哪些人需要帮助，并回来将调查结果与小朋友相互交流，讨论应该如何去帮助这些人。在整个活动中，儿童需要不断地运用语言，锻炼了自己的语言表达能力以及与人沟通的能力。另外，社会领域活动有时会依托文学故事来展开，在通过文学作品学习社会活动领域内容时，儿童不仅获得了社会知识，学习了礼貌用语，掌握了社会规则，同时也获得了语言知识。

任务四　学前儿童语言教育观

21世纪以来，儿童语言的早期教育逐渐获得广泛关注，越来越多的研究人员和教育工作者就儿童语言发展和语言学习的课题展开了研究。大量的研究引发了人们对儿童语言教育的重新思考，在观念上也有了更新。学前儿童语言教育的基本观念是贯穿学前儿童语言教育全部过程的指导思想，直接影响学前儿童语言教育的结果。观念是行为的先导，每一位教师在实施学前儿童语言教育之前，都应积极吸收当前世界学前儿童语言教育的新思潮、新观念，勇于探索、敢于创新，不断完善教育观念，这样才能真正促进学前儿童语言的发展。现阶段对学前儿童语言教育颇具影响力的教育观包括完整语言教育观、整合教育观、活动教育观。

一、完整语言教育观

所谓完整语言，就是在儿童语言发展中，既强调口头语言的学习，又强调书面语言的准备，听、说、读、写四方面情感态度、认知和能力的培养应同时进行。在学前儿童语言教育中树立完整语言教育观念，就是强调学前儿童语言教育目标是完整的，学前儿童语言教育的内容是全面的、完整的，学前儿童语言教育活动是真实的、形式多样的。

（一）学前儿童语言教育的目标是完整的

完整的学前儿童语言教育目标应该包括培养儿童语言的听、说、读、写四方面的情感态度、认知和能力，即培养学前儿童的听、说能力和良好的听、说行为习惯，同时使他们获得早期的阅读和书写技能，为他们进入小学开展正规的读、写练习做前期准备。在所有目标中，培养学前儿童的语言运用能力是学前儿童语言教育的重点。

（二）学前儿童语言教育的内容是全面的、完整的

全面的、完整的学前儿童语言教育的内容是指在学前儿童语言教育中，既要让儿童学习口头语言，也要引导儿童学习书面语言；既要让儿童理解和运用日常生活用语，也要引导儿童学习文学语言。

（三）学前儿童语言教育活动是真实的、形式多样的

完整语言教育观强调学前儿童语言教育活动的真实性和形式多样性。学前儿童语言教育活动的真实性是指教师在组织活动时应着眼于创设真实的双向交流情境，在专门的语言教育活动、日常语言教育活动中，随时随地开展语言教育活动，给儿童提供一个完整的、真实的语言学习环境。因为儿童的语言必须在一定的情境中使用才能真正得到发展和体现。

学前儿童语言教育提倡以教师和儿童共同参与的活动作为语言教育的基本形式，活动的形式应该多样化。教师要为幼儿提供动脑、动口、动手的生活环境和学习材料，使幼儿成为主动的学习者，使语言教育活动的过程成为教师与儿童共同建设的、积极互动的过程。

二、整合教育观

所谓整合，就是不再把周围的事物看成是分散的、零碎的、相互之间没有关系的事物和信息，而是看成相互之间有一定的关系、互为一体的事物和信息。整合教育观就是把儿童语言学习看成是一个整合的系统，充分意识到儿童语言发展与智能、情感等其他方面的发展是整合一体的关系。在教学中，整合教育观表现为语言教育目标的整合、语言教育内容的整合和语言教育方式的整合。

（一）语言教育目标的整合

语言教育目标的整合是指在制定语言教育目标时，既要考虑完整语言各组成成分的情感、能力和知识方面的目标，也要考虑在语言教育中可以实现哪些与语言相关的其他领域的目标，同时也需要考虑哪些语言教育的目标可以在其他领域的教育中得以实现，使语言教育的目标成为促进儿童语言发展的主线，同时成为促进儿童其他方面的发展的整合的目标体系。只有树立整合的语言教育目标，才能实现语言教育内容和方式的整合。总之，要把学前儿童语言教育目标放入儿童整体发展之中去考虑，使语言教育目标成为以促进儿童语言发展为主线，同时促进儿童其他方面发展的整合的目标体系。

（二）语言教育内容的整合

学前儿童语言的发展是儿童个体发展中的一个有机组成部分，具有举足轻重的地位。在选择语言教育内容时，应立足于儿童的发展，考虑学习内容与儿童发展之间的整体适应性，满足儿童发展的多元化需要，使语言教育立体化。儿童在学习语言的过程中，对每一个新词、每一种句式的习得，都是社会知识、认知知识、语言知识整体作用的结果。如果抛开社会知识和认知知识，只是就语言而学习语言，那么儿童的语言发展将是有缺陷的，也是不可能取得良好效果的。语言教育内容的整合是指在设计和组织语言教育活动时，要将社会知识、认知知识和语言知识整合在一起，由此构成语言教育活动的内容。因而，要在整体上设计语言教育活动的内容，帮助儿童在教育过程中完成整个语言学习系统的吸收与调适。例如，组织散文《落叶》欣赏活动时，教师可以先带幼儿去树林感受秋天到来时树叶飘落的景象，倾听脚踩在落叶上发出的清脆声音，引导幼儿思考秋天树叶为什么要凋零，在组织活动中让幼儿感受散文独特的语言魅力等。

（三）语言教育方式的整合

目标与内容的整合，同时决定着语言教育方式的整合走向。语言教育方式的整合是指组织语言活动时，要以多种语言的组织形式来结合语言教育内容，在活动中融合多种儿童发展因素，允许与儿童发展有关的多种符号系统的参与，从而促使儿童在外界环境因素的刺激和强化作用下，产生积极运用语言与人、事、物交往的愿望和需要，并主动运用各种符号（包括音乐、美术、动作、语言等）作用于环境。在这种整合的语言教育环境中，儿童不再单纯地学习说话、被动地接收教师传递的语言信息，而是获得了语言和其他方面共同发展的机会，成为主动探求并积极参与语言加工的创造者。例如，在组织儿歌《小老鼠的梦》学习活动时，教师通过引入配乐朗诵儿歌、幼儿加入动作表演儿歌、幼儿画一画儿歌内容等多种教育方式，促进了幼儿各方面能力的发展。

发展幼儿语言能力，不能仅限于开展语言教育活动，教师要树立整合教育观，把语言领域目标渗透到各个领域中，渗透到日常生活如人际交往中、游戏中、认知活动中、体育活动中，把语言教育融入一日生活的各个环节。学前儿童的语言教育可以抓住有利时机，随时随地来进行。以各种方式的活动来组织语言教育内容，通过专门的语言教育活动和与其他活动结合的语言教育活动，综合多种因素，促进儿童与外界多变环境和刺激的相互作用，在主动探索中满足儿童运用语言与人、事、物交往的需要，使儿童在整合的语言教育环境中获得语言和其他方面的共同发展。

三、活动教育观

语言的活动教育观以皮亚杰的儿童认知发展阶段论作为主要理论来源。幼儿语言的活动教育观具体体现在教育过程之中，要求教师更多地为幼儿提供学习语言的机会，鼓励儿童以多种方式学习语言，发挥儿童在学习语言过程中的主动性等。

（一）为儿童提供充分学习语言的机会

儿童的语言发展是儿童个体通过与外界环境中各种语言和非语言材料交互作用才得以逐步获得的。儿童的语言发展需要外界环境中人、事、物各种信息的参与，但这些信息不是由成人灌输去强迫儿童接收的，而是在没有压力、非强迫的状态下，儿童通过自身积极与之相互作用而主动获得的。学前儿童语言教育便是，为儿童提供充分学习语言的机会引导幼儿积极地与语言及其相关信息进行相互作用的过程。

（二）通过多种形式的操作活动，促进儿童语言的发展

儿童语言的发展有赖于认知的发展，而认知的发展主要依靠儿童自身的动作来完成。儿童正处于动作思维向具体形象思维发展的阶段，对客观事物的认识主要依赖于自身的各种操作活动，通过动手、动脑和手脑并用的操作来与环境发生交互作用。儿童在亲身体验中可以增强语言学习的积极性，获得愉快成功的体验。儿童在对操作活动材料的探索中，可以激发内在的学习兴趣和动机，变被动学习为主动学习，真正实现以活动的形式促进自身语言的发展。

（三）要注意激发学前儿童在活动中的积极主动性

活动教育观是指以活动的形式来组织开展学前儿童语言教育，帮助学前儿童学习语言。强调教师和儿童共同参与的活动作为语言教育的基本形式，强调引导学前儿童在生动活泼的操作实践中动脑、动口、动手，从而使学前儿童成为语言活动的主动探索者和积极参与者。

所谓学前儿童的主体地位，是指在活动组织设计时充分考虑内容与形式适应幼儿发展水平和需要；学前儿童在活动过程中始终有积极的动机、浓厚的兴趣和主动的参与精神，而不是作为被动的、消极的受教育者；活动为每个参与者提供符合他们发展特点的环境条件。

总之，完整语言教育观、整合教育观和活动教育观，对学前儿童语言教育活动的目标、内容和组织形式及方法进行了新的思考。这3种基本观念是儿童语言教育与研究的指导思想。一方面，作为幼儿园教师要树立新的语言教育观；另一方面，观念改变之后还需要有相应的教育模式和教育实际操作措施的改变。如果这种改变只停留在认识上，而在实际工作中缺乏实践，那么，观念的更新只是空谈。这就要求在语言教育中，教师应以基本观念为指导，去确定语言教育目标，选择儿童的语言学习内容，并设计语言活动的过程，开展具体的活动，使语言教育能切实有效地促进儿童语言发展。

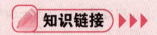

《学前儿童语言发展学习与发展的核心经验》节选

周 兢

笔者首先向大家重申了PCK（专业教学知识，或者叫学科教学知识）研究的重要性及积极作用，要大家明确掌握领域关键经验（WHAT，即孩子学什么）的意义。其意义在于：

(1) 获得有关儿童发展的教育领域的专业知识；

项目二 学前儿童语言的学习

（2）懂得儿童领域学习和发展的特点与规律；

（3）建构教师指导儿童有效学习的方法策略。

笔者指出，儿童语言学习与发展的核心经验包括：交流谈话的经验、叙事描述的经验、说明讲述的经验（三者为口头语言经验）；阅读图书的经验、熟识符号文字的经验、创意书写的经验（三者为书面语言的经验）；以及两者之间的欣赏理解文学语言的经验及创造运用文学语言的经验。周兢教授还向大家列举了高瞻课程、光谱方案等课程方案中提到的语言活动关键经验，与她所说的核心经验有着异曲同工之妙。

笔者就语言学习的四个关键经验（谈话经验、讲述经验、文学经验、读写经验）进行了较为详细的阐述。分别向大家介绍了四个关键经验下的不同分类及每一种分类下的具体要求，并向大家展示了这四个关键经验的结构与纬度。她最后指出，一个活动中，活动领域和活动的认知要求决定着孩子学什么及怎么学，这就要求教师充分把握关键经验，知道应该教孩子些什么，通过什么方式去教，这是活动成功的关键。

学以致用

1. 简述不同学派有关儿童语言获得的理论。
2. 学前儿童语言学习的特点是什么？
3. 学前儿童语言学习的途径主要有哪些？如何帮助儿童更好地学习语言？
4. 用实例说明如何在实践中渗透完整语言教育观、整合教育观和活动教育观等几种观念。

项目三　学前儿童听说活动

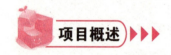

　　在人类语言的主要交际方式——"听、说、读、写"中,听和说最为直接和有效。在进入幼儿园前,学前儿童就已经在与家人的相处与交流中获得了听力和口语方面最基础的启蒙教育。在幼儿园教育阶段,教师要对学前儿童听力和口语的训练活动进行有效的组织与指导,巩固他们的听说能力,为他们在新阶段中进行更全面、更复杂的语言学习打下坚实的基础。

◆了解学前儿童听说活动的基本特征和主要类型;
◆明确学前儿童听说活动的主要目标;
◆掌握听说活动的设计与组织方法。

任务一　认识学前儿童听说活动

　　在学前儿童启蒙教育时期,为学前儿童设计策划、组织开展丰富多彩的听说活动,对他们进行有效的语言听说能力培养,是每一个幼儿教师的重要职责,也是学前儿童启蒙教育中一个较为关键的环节。

　　为了使学前儿童在语言的听说能力方面得到科学的引导和有效的培养,教师需要清楚地了解听说活动的基本特征和主要类型,对学前儿童听说活动有一个最基本的认识。

一、学前儿童听说活动的基本特征

(一) 内含语言教育目标

　　每一个听说活动都应该包含对学前儿童语言学习进行教育的目标,否则无异于将学前儿童进行

"赶鸭"式的"自然放养",失去了实际的教育意义。教师在组织操作听说活动前,都要经过一个系统、严密的备课过程。在自己的教案中,教育目标是一个统领课堂教学全局的重要方向标,教师要清楚地考虑什么样的活动涉及什么样的教育目标,包括具体的语言知识、技能目标,也包括情感方面的素质教育目标。

活动包含的具体教育目标不是纯粹由教师主观认定的,它必须以学前儿童实际的能力和水平、近期的学习内容和效果为基础,同时结合教育大纲中的总体学习需求和任务等方面的情况来确定与落实。

(二)规则与语言的练习重点紧密相连

教师组织学前儿童参加的语言学习活动都是围绕着既定的教育目标展开的,有具体的规则和明确的要求。教师把握了语言教育的目标,才能根据目标的指引来决定语言的练习重点,选择语言内容和确定活动规则;同时,也要通过直观的示范、清楚的讲解使学前儿童理解活动的规则,知道怎么听、怎么说。

听说活动的规则制定可以分为两种类别,如图3-1所示。

在活动中,学前儿童如果通过自主的听辨思考和口语表达,达到规则的要求便意味着"闯关"成功,成为胜利者。这种竞赛性质的活动规则在听说训练中容易产生激励机制的积极效应,可以促使学前儿童更主动、积极地参与操练,语言能力得到逐步的提高。

这种活动规则同样能产生激励机制的积极效应,虽然不要求学前儿童口头表达出有难度的话语,但能激励学前儿童积极地投入活动中,从而达到良好的语言学习效果。

图3-1 听说活动的规则制定的两种类别

(三)逐步扩大游戏成分

学前儿童大多喜欢游戏,这是学前儿童的天性使然。因此,针对学前儿童设计和操作的各种语言活动,借助于游戏这种富有趣味性的活动形式,可以帮助教师实现"寓教于乐"的教育理念,达到语言教育的目标。

听说活动当然也不例外。从活动组织形式上看,这类活动具有"从活动入手,逐步扩大游戏成分"的特征,如图3-2所示。

教师需要通过深入浅出、形象生动的方式,借助口头表达、表情暗示、肢体动作等手段帮助学前儿童理解活动情境和要求

教师作为游戏参与者之一,带领学前儿童开展游戏

在学前儿童熟悉游戏规则,进入活动氛围后,教师再放手让他们作为活动的主体独立进行游戏

图3-2 从组织形式上扩大游戏成分

在听说活动过程中,教师的主导地位由强变弱,将热衷游戏的学前儿童转变为活动主体,让他

们更多地感受游戏的快乐氛围,在游戏的形式中积极参与。这是将游戏作为语言教育的活动载体并逐步扩大其成分、体现其作用的过程,它使学前儿童听说方面的语言能力得到了巩固和发展。

关于教师在听说活动中"逐步扩大游戏成分,将学前儿童转换为活动主体"的过程,有以下3种转换方式。

1. 由活动目标转换为游戏规则

听说活动不是纯粹的玩乐,必须包含语言教育目标。语言教育目标可以以具体文字书写于教师的活动方案中,但需要通过有规则的活动过程来实际体现。教师无须向学前儿童说明活动是为了什么目的,只需要通过规则说明来让他们理解该根据什么提示做出什么反应,即"听什么、说什么",在活动中进行听说练习。在这个过程中,游戏规则是控制活动进程的方向标,语言教育目标是活动的最终目的。

2. 由教师控制转换为学前儿童控制

在听说游戏开始时,由教师主导创设游戏情境,说明游戏规则、示范游戏做法。学前儿童只是被动地听讲与思考,当他们对游戏产生兴趣时,就开始有了主动参与的欲望,就会自然而然地进入游戏角色。

游戏规则在学前儿童大脑中成为无形的行为导向后,学前儿童就会成为游戏主角和活动主体,自主进行听说能力的训练,直至教师发出游戏结束的指令。这一过程实际上是由教师的外部指令控制转换为学前儿童内部思维控制的过程。

3. 由真实情境转换为假想情境

听说游戏开始前,教师对学前儿童说明活动规则、示范游戏玩法,学前儿童作为接受者进行听辨、观察,师生和幼儿都处于教室或操场这一真实环境中。随着游戏的展开,学前儿童不知不觉地进入由教师语言渲染、道具布置或口令提示等创设的游戏情境中,他们逐渐成为游戏预先设定的特殊角色,并在脑海中以新的思维方向和模式来指挥自己的行动,按规则要求说出相应的话语。在这一过程中,学前儿童进行语言知识的运用及听说能力的锻炼。

二、学前儿童听说活动的主要类型

(一)语音练习活动

这类活动的目的是为学前儿童提供适量的发音机会,指导学前儿童练习正确的发音,提高语音辨析能力。它的形式、结构对学前儿童来说都较为简单。在组织活动时,教师可以根据学前儿童语音学习的需要进行以下练习。

1. 困难发音的练习

对于较难发出的语音要素,借助特别的听说活动对学前儿童进行有针对性的训练,结合实际,有的放矢。例如,小班学前儿童普通话发音的难点主要有zh、ch、sh和r等辅音,教师可以根据学前儿童的实际接受能力,选取这些声母与某些韵母相结合的音节来帮助学前儿童进行练习。

2. 方言干扰音的练习

由于学前儿童出生及生活所处的区域不同,因此存在着地方方言对普通话学习产生干扰的问题。在听说活动中,学前儿童可以在教师的指导下多次练习普通话的标准发音,逐步增强语感,掌握发音方式。

3. 声调的练习

声调是决定普通话发音是否标准的一个重要因素,是学前儿童语音学习的一个重要组成部分。教师应在某些听说活动中以声调为训练目标,让学前儿童熟悉声调,从而准确地掌握声调的运用方法。

4. 用气及节奏的练习

初学语言的学前儿童普遍存在用气不均匀、节奏步调混乱的现象。例如,吐字的急促,停顿的随意,尤其在表述复杂句子时尤为明显。教师需要在学前儿童的练习中对其进行用气方法的指导和说话节奏的调整,使其语言表达流利自如。

(二)词汇练习活动

学前阶段学前儿童语言学习的一个重要目标,就是在听说活动中循序渐进地积累大量的日常词汇,同时丰富口语表达的信息,从而培养听力和语感,实现对语言的熟练使用。

将与学前儿童生活息息相关的基础词汇作为集中学习和训练的素材,多向他们提供运用词汇的机会是教师的重要任务。

这类听说活动应该着重引导学前儿童积累以下两个方面的词汇学习经验。

1. 同类词汇组词的经验

同类词汇组词的经验是指将某种意义范畴的同一类词汇作为具体语言目标,提高学前儿童对这类词汇的熟悉程度与口头表达能力。教师应多设置旨在扩大词汇量的语言情境,鼓励学前儿童在活动规则的指引下尝试将相关语言信息进行灵活的组织和表达。

例如,"怎样走"的听说游戏要求学前儿童用一定的词汇描述"走"的动作,学前儿童可以说"快快地走""慢慢地走""悄悄地走""大步地走""小跑步地走""一蹦一跳地走",甚至"哭着走""笑嘻嘻地走"。为了活动的直观性、趣味性,加深学前儿童对词汇意义的理解,教师还可以要求他们带着肢体动作进行表演,一边说一边做。这就是以描述"走"的动作为语言情境,让学前儿童把有关的同类词汇进行主观而灵活的选择与运用。

2. 不同类词汇搭配的经验

词汇之间的关系很丰富,学前儿童除了要学会将同类词汇集中起来运用外,还要学会将不同类的词汇进行搭配,以表达符合某种情境的语义,这也是很有必要的听说训练内容。例如,量词与名词的搭配,让学前儿童用"一个"或"一篮"和"苹果"组合,用"一架"和"飞机"或"钢琴"组合,形成合理的词组,使学前儿童懂得搭配的规律,熟悉说话的习惯,对其语言要素进行扩展。

(三)句型练习活动

学前儿童在语言学习过程中,对语言单位的接触是由简单到复杂的。听说活动除了可以帮助学前儿童实现语音的规范、词汇的积累外,还可以促使学前儿童对句型进行正确运用。

一般来说,学前儿童先懂得使用简单句,再慢慢接触和使用语言结构较为复杂的合成句,后期还要过渡到更为复杂的嵌入句。要使学前儿童做到对不同类型句式进行正确理解与熟练运用,需要经过教师耐心、细致的主观引导和反复训练,而听说游戏活动是这种训练的有效形式之一。

任务二 学前儿童听说活动的语言教育目标

目标是行动的指南、前进的导向,如果不制定科学、合理的教育目标,学前儿童的语言学习和教育就很难在正确的轨道上进行。教师在教学准备的过程中,要系统、深入地了解学前儿童语言教育的目标,并将其作为自己教育行为的导向,这是促进教师教育效果和学前儿童语言能力发展的关键。

一、听说活动的语言教育目标的结构分类

很多目标都有总体目标的统领及分级目标的划分与建构。学前儿童语言教育的目标也包含许多从学前儿童语言能力的构成、语言教育的作用及语言技能分类角度来划分的若干分级目标。就听说活动而言,其语言教育目标有以下结构分类。

(一)听的行为培养

此处提到的"听",是对他人口头语言有意识、有分析的"倾听"。倾听是学前儿童感知世界和理解思想的一种主要的语言行为表现。在3~6岁这个学前儿童语言教育的重要启蒙阶段,对学前儿童进行倾听行为的培养、指导的过程,也就是使学前儿童了解语言内容、掌握语言运用技巧及交际能力的教育过程。

经研究发现,不同年龄阶段的学前儿童,其听力发展的表现不同,如图3-3所示。

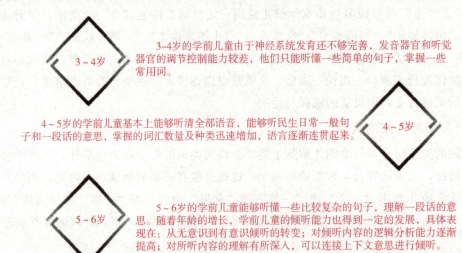

图3-3 不同年龄阶段的学前儿童听力发展的表现

上述学前儿童听力发展的表现,决定了对学前儿童倾听行为的培养应着重于汉语语音、语调及语义的基本理解层面。教师应在学前儿童学前启蒙教育阶段帮助其逐步获得以下倾听技能。

(1)意识性倾听:运用语言思维,集中注意的倾听。

(2)目标性倾听:根据语言目标,探寻结果的倾听。

(3)辨析性倾听:分析语言内容,具有逻辑的倾听。

(4)理解性倾听:把握语言信息,联系语境的倾听。

（二）说的行为培养

学前儿童养成了倾听的良好习惯，在倾听的过程中理解了语言内容、熟悉了语言的表达方式，说的能力也应当得到发展。

学前儿童有意识、有目的、有方法地说，可以称为"表述"。具体而言，表述是包含特定语言内容、语言形式及方法进行表达和交流的行为，是学前儿童语言知识学习和语言能力发展的主要表现之一，表述行为培养也是学前儿童语言教育目标的重要组成部分。

学前儿童学前启蒙教育阶段是学前儿童语言能力形成的重要时期。在这一特定时期，学前儿童表述行为能力发展的重点为学习正确恰当的口语表达，即从语音、语法、语义及语用等4个方面掌握母语的表达能力。表述能力的发展过程如图3-4所示。

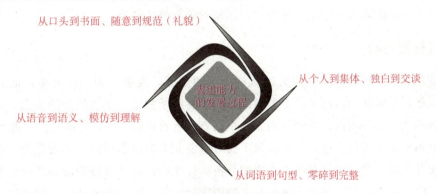

图3-4 表述能力的发展过程

（三）听与说的结合

在教育过程中，听与说两项技能的培养其实是同步进行、互相影响、密不可分的，如图3-5所示。

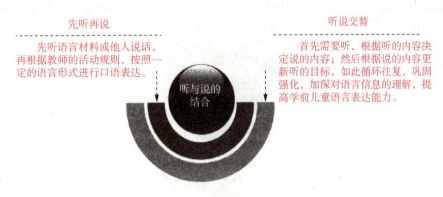

图3-5 听与说的结合

二、听说活动的语言教育目标的主要特点

作为一种特殊形式的语言教育活动，听说活动的语言教育目标通常具有以下特点。

（一）目标要具体

在一项听说活动中，制定的目标一定要避免笼统、空洞，而要细致、具体，这样才能使其具有可操作性，也能让人一目了然地明白学前儿童在这一活动中学习哪部分知识和技能。

具体目标虽然小，但"麻雀虽小，五脏俱全"，这样的具体目标在具体的教学过程中同样能够体现出对学前儿童多方面语言学习的要求和指导。听说活动中每个具体的语言教育目标都是组成总体语言教育目标的重要分支，具有不可忽视的教育价值。

（二）目标要含蓄

语言训练的各种活动中，听说活动最为"含蓄"和"内敛"。肢体游戏需要亲身示范讲解，明确动作要领；绘画练习需要说明用几种色彩完成哪个图案或区域的填充；而听说活动所包含的活动任务不会直接、清楚地呈现在学前儿童面前，或表现在教师的教学操作中，学前儿童在具有特定活动规则的约束、交际情境设置和语言信息充分的前提下，在听辨、理解、表达与玩乐的过程中自然而然地实现语言知识的输入和输出，从而达到预期的语言教育目标。

（三）目标要可行

学前儿童正处于语言启蒙教育的关键时期，可塑性强，发展潜力大。但是，他们毕竟是幼小的、柔弱的，他们需要从力所能及的小事做起，教师要给予积极、正面的鼓励和引导，激发他们的积极性，使其不断进步。所以，教师在确立某个语言教育目标时，必须考虑它的实际可行性。

此外，教师在设计听说活动时，应尽量不要对学前儿童提出新的语言学习任务，而是更多地根据近阶段学前儿童语言学习的重点需求来考虑分析，让他们在简单可行的游戏活动中复习巩固已学的语言内容，增加适当的语言知识，获得基本的语言运用能力，这样才能真正做到让学前儿童"听得懂""说得出"，学有余力，学有所得。

三、听说活动的语言教育目标的具体内容

要使针对学前儿童设计和开展的语言教育活动有章可循、确有成效，还需明确各项听说活动的语言教育目标的具体内容。就听说活动的语言教育目标来说，其具体内容的确定可以从两个角度来进行，如图3-6所示。

图3-6 具体内容的确定

（一）学前儿童语言教育听说活动总目标

1. 能力技能目标

（1）倾听。能集中注意力、有礼貌、安静地倾听；能听懂普通话，分辨不同的声音和语调；能理解并执行他人的口头指令。

（2）表述。会说普通话，发音及语调清楚、准确；能运用恰当的语句和语调表述意见和回答问题；能用完整、连贯的语句描述图片和事件。

2. 情感、态度目标

（1）倾听。喜欢听，并感兴趣、有礼貌地倾听他人对自己说话。

（2）表述。喜欢和他人交谈，在适宜的场合积极、主动、有礼貌地与人交谈。

（二）学前儿童语言教育听说活动的年龄阶段目标

1. 倾听

（1）小班（3～4岁）。乐意倾听他人说话；能听懂普通话；听他人说话时能保持安静，不打断他人说话。

（2）中班（4～5岁）。能有礼貌地、集中注意力地倾听他人说话；能区分普通话和方言的发音；能理解多重指令。

（3）大班（5～6岁）。无论是在集体场合还是在个别交谈时，均能认真、耐心地倾听他人的倾诉；能辨别普通话声调、语调和语气的不同变化；能理解并执行复杂的多重指令。

2. 表述

（1）小班（3～4岁）。愿意学说普通话，喜欢与他人交谈；知道在集体面前要大声发言，在个别交谈时音量要适当；会用简单的语句回答问题，表达自己的愿望、感情与需要等，能讲述图片和自己感兴趣的事。

（2）中班（4～5岁）。能积极学说普通话，发音清楚，积极且有礼貌地参与交谈，不随便打断他人的谈话；说话的音量和语速适当；能用完整句子较连贯地讲述个人经历及图片内容；能大胆、清楚地表达自己的请求、愿望、情感和需要等。

（3）大班（5～6岁）。坚持说普通话，发音清楚、准确，能主动、热情、有礼貌地用正确的交流方式与人交谈；在不同的场合，会用恰当的音量、语速说话；能连贯地讲述某件事以及对图片和物品的认识；能主动、大胆地使用适当的词、句、语段来表达，乐于参加讨论和辩论，敢于发表不同的意见。

任务三　学前儿童听说活动的设计与组织

教师在掌握听说活动的概念、特征、目标等基本理论后，要掌握听说活动的实施方法。在教学过程中，教师应以科学合理的设计和操作对学前儿童进行听说能力的培养，遵循听说活动设计与组织的规律。只有按照正确的步骤来进行，才能保证教育目标的实现。

一、创设活动情境，引发学习兴趣

引起学前儿童对活动的兴趣，调动学前儿童的情绪，这是活动开展的必要入手点。教师需要首先在教学计划中创设适合的活动情境，为活动能吸引学前儿童的注意力做好准备。情境的设置不能是单一、空洞的，在实际教学中可以借助下述几种有效的媒介来引入活动。

（一）实物

可使用一些与听说活动有关的物品，如用学前儿童喜欢的玩具、熟悉的日用品等来布置活动情境，制造轻松的氛围，引发其参与的兴趣。不过要注意物品的安全性，以避免学前儿童受到伤害。

（二）动作

教师灵活而多变的手势动作能使自己的表情达意更为直观、形象，易于学前儿童理解活动要求，增加活动的乐趣，可以作为必要的辅助表达形式经常性地运用。

（三）语言

教师的教学语言（也称课堂用语）是最基本的表达手段，它需要具有利于学前儿童理解、引发其积极参与的感染力。这类语言的特点可以简单地描述为深入浅出、语言简洁、生动风趣、可爱、活泼等，能给学前儿童带来亲切、好奇、激动、快乐等丰富的感受。

二、制定活动规则，说明操作方法

让学前儿童掌握活动规则是顺利开展活动、达到教学目标的关键。要使刚处于语言学习初级阶段的学前儿童听懂规则要求，需要通过以"语言表述为主、肢体动作辅助"的方式来实现。为了使规则表达得清楚、明白，教师在讲解中要注意以下几点。

（一）语言简洁、生动

教师使用的课堂用语要具有简洁性和生动性，尽量多使用简短的句子甚至省略句，少用较为书面、专业或超过学前儿童接受范围的复杂词汇。课堂教学用语应注重生动、风趣，避免学前儿童因理解困难而产生畏惧、厌倦等心理，缺乏参与活动的兴趣和动力。

（二）活动步骤清楚

学前儿童的活动再简单，也要按照一定的步骤循序渐进地完成。每一步需要说什么、听什么、怎么说、怎么听，教师应耐心说明、分步演示，让学前儿童了解活动的进程，使活动有条不紊地顺利进行。

（三）把握语速和音量

在说明活动规则时，教师应使用较慢的语速进行讲解，特别是规则的重点环节。不可急于求成、自说自话、滔滔不绝，忽视了学前儿童的反应速度，对学前儿童的听力估计过高。较为复杂的地方，教师还要在放慢语速的同时提高音量表示强调，以便学前儿童加深印象。

（四）多种方式辅助

教师引入听说活动的语言表述需要借助多种媒介来实现，在说明活动规则、示范操作方法时，可以借助实物展示、表情暗示、动作提示等其他多种辅助手段，以取得更好的语言表达效果，增强语言说明的感染力，促进学前儿童对规则语义的理解。

三、指导学前儿童活动，熟悉活动要求

由于学前儿童处于启蒙教育初期阶段，因此教师在听说活动的开端部分要承担起指导、示范的重要任务。

在这个阶段，教师要详细、耐心地说明活动规则，亲身示范活动的每个步骤的具体做法，还要

邀请少数学前儿童尝试参加合作演示，使其他学前儿童有观察和熟悉的机会，做好顺利开展活动的充分准备。

四、学前儿童自主活动，教师观察监督

在自主活动阶段，教师应充当旁观者和监督者的角色，让学前儿童投入活动中，同时也要做好以下3项工作，如图3-7所示。

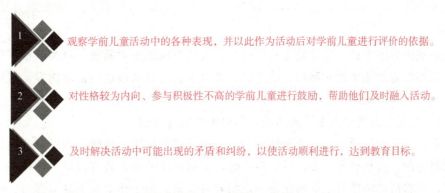

1. 观察学前儿童活动中的各种表现，并以此作为活动后对学前儿童进行评价的依据。
2. 对性格较为内向、参与积极性不高的学前儿童进行鼓励，帮助他们及时融入活动。
3. 及时解决活动中可能出现的矛盾和纠纷，以使活动顺利进行，达到教育目标。

图 3-7　自主活动阶段教师的任务

听说游戏中提高幼儿语言表达能力的实践探索

黄有芳

《3～6岁儿童学习与发展指南》在"语言"部分开宗明义地指出，"语言是交流和思维的工具。幼儿期是语言发展，特别是口语发展的重要时期"，"幼儿的语言能力是在交流和运用的过程中发展起来的"。听说游戏是采用游戏的方式而开展的语言学习活动。它有明确具体的语言学习指向与目标，有明确的语义内容，将语言教育内容转化为一定的游戏规则，带有明显的练习性，具有寓学于乐、学玩结合的特点，能最大限度地激发幼儿说话的积极性和主动性，提高幼儿的倾听和表述能力，促进幼儿语言的学习与发展。

一、创设自由、宽松的环境，营造游戏气氛，激发幼儿听与说的愿望

《幼儿园教育指导纲要（试行）》中明确指出要"创造一个自由、宽松的语言交往环境，支持、鼓励、吸引幼儿与教师、同伴或其他人交谈，体验语言交流的乐趣"。创设能激发幼儿参与兴趣、贴近幼儿生活的游戏情境及场景等，选择幼儿生活中常见的物品、玩具、教具来布置游戏环境，营造游戏气氛，会迅速激发幼儿参与游戏的强烈兴趣。例如，小班开展听说游戏"照镜子"时，教师选择各种各样的镜子布置环境，幼儿很快被丰富有趣的环境吸引，兴高采烈地玩照镜子游戏，边玩边说自己看到的样子，还会和同伴交流，互照互说，玩得不亦乐乎。中班听说游戏"谁来了"，教师用幼儿熟悉的小动物的布偶布置成大森林的环境，让幼儿玩"大森林做客"游戏，到大森林与小动物问好、扮演小动物、与小动物游戏等，引发了幼儿参与的兴趣。大班玩听说游戏"说相反"时，师幼共同收集材料（大小球、长短

绳子、厚薄书等）创设"相反王国"的游戏场景，而后教师引导幼儿在玩中观察、触摸、对比，感知并表达两个同种实物之间的不同，以引起幼儿参与活动的兴趣。

幼儿的语言能力是在运用过程中发展起来的，而宽松有趣、生动活泼的环境，有效地激发幼儿说的愿望，促使每个幼儿想说、爱说也有话可说，自然而然地运用语言进行表达，在运用中学习与发展。

二、选择贴近生活的听说内容，明确听说游戏的玩法与规则，培养幼儿玩中有话说的信心

听说游戏内容的选择，是让幼儿有话可说、有话能说的重要前提。教师要根据幼儿的年龄特征，选择贴近幼儿生活实际的、幼儿较熟悉且能够理解和表达的活动内容，这样幼儿才能有话可说，做到边玩边说。例如，"打电话""照镜子""有趣的表情""谁来了""说相反""接龙"等游戏都是贴近幼儿生活的活动，因而备受幼儿欢迎。

为了有序地开展听说游戏，必须要让幼儿明确游戏的玩法与规则。听说游戏中的规则并不是随意制定的，而是教师在设计听说游戏时，根据具体的语言教育目标，选择适当的语言学习内容，再将活动的学习重点转化为一定的游戏规则。为了让幼儿更好地参与、投入听说游戏，教师针对不同年龄段的幼儿采用不同的策略，让幼儿明确游戏的规则，体验游戏的乐趣。

小班幼儿的观察能力相对较弱，因此要通过展示具体图示加上教师语言说明、动作示范等，让小班幼儿能够明确游戏的玩法与规则。例如小班听说游戏"打电话"，教师用图示结合生动的语言讲解，帮助幼儿了解打电话的方法与规则：想好打给谁→拨打电话→问好→大胆、大声地介绍自己或说自己想说的事情→道别（说"再见"）→挂电话。通过语言、图示等进行示范，可以让幼儿明确游戏的玩法与规则。

对于中班幼儿，可在谈话中布置任务、讲解要求，再结合图示观察等方式，引导幼儿理解游戏的玩法，明确游戏开展的顺序。例如中班听说游戏"我来问，你来答"，游戏前幼儿先欣赏视频，初步了解游戏玩法，再观察图示梳理，理解游戏的规则——个提问题，一个回答问题，并注意要跟上节奏。这样幼儿就清楚游戏开展的顺序及游戏开展的重点。

对于大班幼儿，可将活动内容、目标物化在环境创设与材料投放之中，引导幼儿共同讨论游戏的玩法，再用图谱等形式，与幼儿共同梳理游戏规则，让每个幼儿对游戏的每个部分、每个细节都有更加清晰的感受，帮助幼儿直观地理解游戏规则，从而顺利开展游戏。例如大班听说游戏"接着说"，师幼集体开展图片接龙游戏，把内容、目标物化在图片中，让幼儿对游戏的玩法有更加清晰的认识。

三、精心设计游戏情节，创造说的机会，让幼儿体验大胆听说的乐趣

为游戏而游戏是不能持久的，有了游戏的话题，还要有可持续拓展的游戏情节，才能让每个幼儿有更多的说的机会，从中锻炼幼儿的听说能力。例如小班听说游戏"捉迷藏"，先创设去森林做客的情节，以开汽车去森林做客导入，激发幼儿参与活动的兴趣；再创设欣赏森林美丽景色的情节，说说大森林里有什么，激发幼儿说的愿望；最后设计找小动物交朋友的情节，引导幼儿学习正确使用人称代词说简单短句。在这样成系列的情节游戏中，幼儿能不断地感受到游戏的乐趣，幼儿说的机会多，情绪高涨，能获得成功的体验。

此外，教师还应注重综合各种手段，如语言、实物或动作等来推进游戏的开展。生动活

泼的语言，加上形象直观的实物，再配合惟妙惟肖的动作，能使幼儿的注意力处于高度集中的最佳状态，有利于调动幼儿各种感官积极参与，再精心设计"看一看""说一说""猜一猜"等不断推进的游戏情节，为幼儿创设多种形式地说的机会，从而体验到听与说的乐趣。例如大班听说游戏"说相反"，师幼儿共同创设"相反王国"，先以此引导幼儿看一看，观察发现相反物；再引导幼儿根据观察到的物品，说出一组反义词，初步理解反义词的含义；最后玩分组游戏"猜一猜"，引导幼儿通过动作、表情、体态等方式表达意义相反的词。这样给足幼儿说的机会，幼儿在游戏中与环境、同伴不断地互动，体验了听与说的乐趣，提升了听与说的能力。

四、细心观察悉心指导，适时评价、适宜建议，开发幼儿"会说、能说"的潜能

教师是幼儿游戏的组织者与指导者，但不是主宰者。游戏中教师的主要任务是仔细观察幼儿的游戏状态，启发幼儿遵守游戏规则，及时介入评价、激励或指导。教师应针对不同幼儿的能力水平和个性特点，采用相应的指导方式，使每个幼儿都能通过游戏活动在原有水平上得到发展。例如小班听说游戏"打电话"中，教师指导能力强的幼儿扮演打电话的人：能主动与同伴问好、介绍自己的姓名等；指导能力差的幼儿扮演接电话的人，在同伴的引领下进行对话。这样每个幼儿都能通过听说游戏获得相应的发展。

活动中，教师应及时对幼儿在游戏中的表现给予评价，可以以游戏者的身份用游戏口吻进行讲评，也可以以旁观者的身份提出建议，还可引导幼儿进行自评与互评。例如：小班用贴小星星的方法鼓励幼儿与同伴交流；大班开展竞赛性的游戏活动，教师参与其中，与幼儿共同讨论，激发幼儿学习的兴趣、竞争意识和集体荣誉感，从而促使幼儿更主动地参与游戏，发展幼儿的听说能力。

总之，听说游戏能为幼儿提供更多听说的机会，积累更多听说的经验，有效地促进幼儿语言表达能力的发展。因此，教师可以在幼儿园一日活动中，要创设自由宽松的游戏环境，营造生动活泼的游戏气氛，选择贴近生活的听说内容，设计丰富有趣的游戏情节，多形式开展听说游戏，激发幼儿认真倾听、大胆表达的愿望，培养幼儿敢说的信心。这样幼儿从想说、喜欢说，慢慢地学会说，久而久之提升了听与说的能力，就表现出"能说"，幼儿的语言运用能力一定会得到提高。

任务四　学前儿童听说活动案例与评析

【案例 3-1】

大班听说活动：击鼓传花送礼物

一、活动目标

1. 积极参与游戏活动，在集体面前大胆发言。

2. 学习正确使用量词"块""条""本""辆""双"等。

3. 理解并遵守活动规则，按照规则要求进行语言交往。

评析：该听说活动的教育目标是让幼儿学习说量词，同时也在学习能力、学习态度方面提出了具体又明确的要求，目标全面、难度适当。

二、活动准备

蓝猫的卡通玩具一个，小礼物若干；糖、毛巾、书、汽车、鞋子等；一个用来装礼物的盒子。

三、活动过程

1. 创设游戏情境

教师出示蓝猫的卡通玩具，告诉幼儿："今天是蓝猫的生日。这里有许多礼物，请你们想一想，该怎么样为蓝猫过生日呢？"

教师引导幼儿说出"蓝猫，我送你×××，祝你生日快乐！"与幼儿讨论量词的用法，让幼儿明确，必须使用量词表述自己要送的礼物。

评析：游戏开始时采用语言、实物、动作相结合的方式创设游戏情境，有效地吸引了幼儿的注意力。

2. 交代游戏玩法和规则

教师告诉幼儿，今天要和小朋友来玩个游戏，游戏的名称叫"击鼓传花送礼物"。教师和幼儿共同讨论，制定游戏规则，讨论从以下几方面进行：传花的时候应该怎么传？鼓声停了应该怎么办？拿到礼物你该怎样说？说错了怎么办？讨论后制定如下规则。

（1）大家围成一个圆圈，听到鼓声一个一个传花，不能有间隔。鼓声停止时，传花立即停止，花在谁的手上，谁就选一件礼物。

（2）拿到礼物的人要大声用量词表示出来，如"我要把一个皮球送给蓝猫"。

（3）说对的人可以做擂鼓手，说错的人由教师指定的人纠正后可继续游戏，由纠正者担任擂鼓手继续游戏。

评析：采用击鼓传花的方式进行游戏，紧张而又充满刺激，能够极大地激发幼儿游戏的兴趣，使幼儿处于兴奋的状态，能够全身心投入游戏中。游戏规则简单、明确，突出了游戏的语言学习任务，也利用了幼儿原有的生活经验，让幼儿在游戏中互相交流、互相学习。

3. 教师指导幼儿游戏

教师先和幼儿一起游戏，由教师担任擂鼓手。游戏时教师注意提醒幼儿正确使用量词，并且可有意识地让花停在一些幼儿手上，如量词掌握不太好、胆小内向的幼儿等，尽量让幼儿都有机会参与游戏。

4. 幼儿自主游戏

（1）在幼儿对教师准备的礼物都能正确地用量词表示后，教师引导幼儿脱离实物，结合生活经验来继续游戏。要求幼儿思考：在你过生日的时候收到过什么礼物？现在，你想送给蓝猫什么礼物？

（2）将幼儿分成几组，当花传到一个人手上的时候，属于这一组的幼儿全部起立，轮流讲述自己送的礼物。全班幼儿给这个集体做出评价。对于幼儿用得较好的词，教师让幼儿集体学说。

评析:教师在活动中充分发挥了指导作用,为幼儿营造了一个轻松、愉悦的游戏环境。通过教师的示范和间接指导,幼儿学会了游戏,其主动性和创造性也在游戏的过程中得到了潜移默化的提高。

【案例3-2】

小班听说活动：小白鹅下河

一、活动目标

1. 愿意并能愉快地参加游戏活动。
2. 能清晰地回答教师的提问,能听懂并理解简单的游戏规则,提高对指令性语言的倾听水平。
3. 边念儿歌边玩游戏,并发准带 e、g、h 的字音。

评析:该游戏以儿歌为载体,结合儿歌中两个角色间的对立关系,创设追逐和躲避的游戏情境,在情境中自然地发展幼儿的游戏语言,让幼儿掌握正确的发音,并结合小班幼儿的年龄特点,将活动的重难点落实到在游戏中对规则的倾听和掌握。目标具体、操作性强,符合小班幼儿的年龄特点。

二、活动准备

1. 教师准备:在教室的中间画好一条横线,作为河界。
2. 狐狸、白鹅头饰若干个,课件《小白鹅下河》。

三、活动过程

1. 创设游戏情境,激发幼儿的兴趣

教师扮演大白鹅,幼儿扮演小白鹅,练习说"我是小白鹅,我会水里游"的句子。

评析:结合游戏创设的情境,为后面的活动步骤做好准备。

2. 观看课件,引导幼儿学习游戏儿歌

(1) 引导幼儿欣赏游戏课件。
(2) 教师采用提问的方式,引导幼儿学会游戏儿歌。提问:东边有什么?西边有什么?鹅在干什么?谁跑过来了?鹅是怎样跳下河的?
(3) 教师再次完整朗诵儿歌。
(4) 教师与幼儿用接念的方式,学念儿歌一遍(着重帮助幼儿发准"鹅"和"歌"等相似音,纠正幼儿的不正确发音)。
(5) 幼儿集体念儿歌一遍。
(6) 幼儿分组念儿歌一遍。

评析:对于小班幼儿来说,掌握游戏的玩法和规则有一个从集体到小组再到个别的过程。

3. 教师向幼儿介绍游戏的玩法和基本的规则

(1) 交代游戏名称。
(2) 教师与协教老师示范并讲述游戏规则:白鹅在河边,边念儿歌边做鹅的动作,当念到"一只狐狸跑过来"时,狐狸出来做准备抓白鹅的动作,这时白鹅跳下河,跳下河的白鹅就安全了,没有及时跳下去被狐狸抓住停止游戏一次。

(3) 教师注意强调游戏规则,培养幼儿的倾听习惯,当念到"鹅儿,鹅儿,跳下河"时,白鹅才能跳下水,过早和过晚都是违反游戏规则。

评析:规则简洁明了,教师运用示范和讲解结合的方法来讲述游戏的玩法和基本的规则,符合小班幼儿的理解和接受的特点。

4. 教师和幼儿一起游戏,帮助幼儿进一步理解游戏规则

(1) 第一轮游戏,教师扮演狐狸,幼儿扮演白鹅,集体边朗诵儿歌边玩游戏。狐狸出场时要突然,面目狡猾,凶神恶煞的样子,激发幼儿恐惧的情绪,提高参与游戏的兴趣;提示幼儿要念到"鹅儿,鹅儿,跳下河"时白鹅就跳进河里,帮助幼儿进一步理解游戏规则。

(2) 第二轮游戏,将幼儿分成两组进行游戏。一组幼儿扮演白鹅,一组幼儿扮演狐狸,初步熟悉游戏玩法及规则。

(3) 第三轮游戏,教师指导游戏。请2~3名幼儿扮演狐狸,10名幼儿扮演白鹅玩游戏。老师每请一只小白鹅,提问"你是谁呀?"幼儿必须回答"我是小白鹅,我会水里游"。只有能够完整回答出这句话的幼儿才能扮演白鹅,教师及时地指出幼儿游戏中的优点与不足。

(4) 第四轮游戏,教师再次请幼儿扮演角色,进行游戏。个别引导幼儿学说"我是小白鹅,我会水里游"的语句。

评析:游戏规则浅显易懂,便于孩子们理解和参与,符合幼儿身心发展规律。

附游戏儿歌:

小白鹅下河

东边一条河,
西边一群鹅,
鹅儿,鹅儿,唱着歌,
一只狐狸跑过来,
鹅儿,鹅儿,跳下河。

【案例3-3】

中班听说活动:伞儿伞儿撑起来

一、活动目标

1. 积极参与游戏,愿意认真听,大胆说,体验游戏的乐趣。
2. 能大声完整的说出"我是酸酸的(甜甜的、辣辣的××)"的句式。
3. 能根据物体的特征,按游戏要求进行分类、概括,并用语言表达自己的想法。

二、活动准备

背景草地图一幅,实物伞一把,辣椒、柠檬、糖果图片若干。

三、活动过程

1. 创设情境，引出话题

（1）教师："草地上特别热闹，都有谁呢？"（糖果宝宝、柠檬宝宝、辣椒宝宝）

（2）教师引导幼儿用短句分类概括。教师："这些宝宝都是什么味道的？糖果宝宝的味道是甜甜的，我们叫他甜甜的朋友。刚才有甜甜的朋友、酸酸的朋友，还有什么朋友呢？"

（3）帮助"朋友们"想办法。教师："突然，轰隆隆打雷了，哗啦啦下雨了，朋友们快被淋湿了，怎么办呢？有什么办法既不被雨淋湿，又能在草地上玩？"引导幼儿根据生活经验大胆表达自己的想法。

评析：活动一开始为幼儿创设了一个童话般的情境，通过拟人化的形象迅速激发幼儿参与活动的兴趣和热情，并将活动中的语言学习贯穿于童话的情境中，使幼儿在美好的感受中兴趣盎然地、自然地掌握语句。同时，又能结合幼儿的生活经验，鼓励幼儿用语言表述自己的生活经验。

2. 游戏：伞儿伞儿撑起来

（1）教师示范讲解游戏玩法。教师："小朋友都有很多的好办法，看一看，谁来帮忙了？伞儿要和他们做游戏呢！听听看，伞儿是怎么说的？（轰隆隆，雷声响，哗啦啦，下雨了。伞儿伞儿撑起来，酸酸的朋友请进来。）雨伞请的是什么朋友？谁是酸酸的？"幼儿用完整句式回答："我是酸酸的朋友。"伞儿说："请进来。"（以此类推，"香香的朋友"等）最后一起说："太阳出来了，伞儿收起来。"

（2）教师引导幼儿集体游戏。（此处的教具"伞"可以先用实物伞，然后再用大的彩虹伞。）

评析：这项活动最大的特色是，情境创设不仅仅在活动开始，而是贯穿于活动的始终，将整个活动串联了起来，给幼儿一个宽松、丰富的语言环境。开始运用实物伞当教具，引导幼儿熟悉游戏的玩法和规则，再过渡到用大的彩虹伞，层层递进，让幼儿通过想象表达的同时，体验到躲在伞下的乐趣。

3. 用"手"做小伞自主游戏

教师："我们可以用身体的哪个地方做小伞？"教师提醒幼儿游戏前商量好谁做雨伞，谁做朋友。

评析：通过用"手"做小伞，简化游戏的玩法，为幼儿的自主游戏创设了条件。鼓励幼儿自由结伴，相互协商角色的分配，体现了中班幼儿不同于小班幼儿的能力发展，帮助幼儿进一步体验合作游戏的快乐。

4. 迁移经验，扩散幼儿思维

教师："看，现在又有一个新朋友。听一听是什么朋友？"教师念儿歌："轰隆隆，雷声响，哗啦啦，下雨了。伞儿伞儿撑起来，圆圆的朋友请进来。""我请的是什么朋友？什么东西是圆的？"（随幼儿的回答进行游戏）

评析：改变游戏的内容，从而达到拓展幼儿游戏经验的目的，有助于发展幼儿的发散思维，非常符合这个游戏的特点，是一种巧妙的教学过程设计。

5. 结束活动

教师："小朋友想想看，除了圆圆的朋友，还有什么朋友？其实我们生活中还有很多很多的朋友，我们去找一找，说一说，商量好谁做雨伞，谁做朋友。"

拓展训练

训练一：学前儿童听说游戏活动观摩与评析

【实训目的】

通过现场或视频观摩优秀的学前儿童听说游戏案例，进一步熟悉如何设计与组织学前儿童听说游戏，并尝试评价学前儿童听说游戏。

【实训要求】

1. 观察记录一个学前儿童听说游戏的全部过程，包括活动材料的准备与运用、游戏活动的组织过程与方式、教学方法的运用等。

2. 以研究学习小组为单位对听说游戏活动进行评析。

3. 各研究学习小组派代表发言，师生集中研讨。

训练二：学前儿童听说游戏设计创编

【实训目的】

根据听说游戏的设计要点，学会自行创编学前儿童听说游戏，并进行集体评议。

【实训要求】

1. 以小组为单位，进行学前儿童听说游戏创编，并在全班进行听说游戏的说课展示。

2. 师生围绕教研问题开展研讨

（1）学生以研究学习小组为单位，任选一个核心问题进行研讨。

（2）每组派代表发言。

（3）师生围绕问题进行深入研讨。

3. 教师进行教研总结与提升。

训练三：学前儿童听说游戏试教

【实训目的】

运用本项目学习内容，根据创编的听说游戏，学会组织学前儿童听说游戏，并尝试进行游戏活动的反思与评价。

【实训要求】

1. 全班推选一名学生进行学前儿童游戏活动的集中试教。

2. 师生围绕以下 3 个问题研讨试教课例

（1）学前儿童听说游戏中如何创设游戏情景？

（2）学前儿童听说游戏中采用什么方法介绍游戏的玩法和规则？

（3）学前儿童听说游戏中如何更好地引导幼儿参与游戏？

3. 分小组进行个别试教，每名学生展示自己设计的学前儿童听说游戏，要求提交教案，制作教具或课件材料，完整进行模拟试教，试教后进行说课反思，组内进行活动评析。

4. 教师进行总结与提升。

项目三　学前儿童听说活动

学以致用 ▶▶▶

1. 简述学前儿童听说活动的基本特征。
2. 简述学前儿童听说活动的主要类型。
3. 阐述学前儿童听说活动的语言教育目标。
4. 在听说活动的设计与组织中,如何创设合适的活动情境?
5. 运用所学知识设计一个与学前儿童语言教育相关的学前儿童听说活动。

项目四　学前儿童谈话活动

项目概述 ▶▶▶

学前儿童谈话活动是教师有目的、有计划地组织幼儿围绕一定话题与人进行交流，学习交谈规则，培养倾听和轮流说话能力的教育活动。

学前儿童谈话活动可以培养幼儿乐于交谈、礼貌讲话；注意倾听对方讲话；能理解日常用语；能清晰地讲出自己想说的话、喜欢听的故事和喜欢看的图书；能听懂和会说普通话。因此，培养幼儿的谈话能力对幼儿的语言发展和全面发展有着重要意义。

学习目标 ▶▶▶

◆ 掌握学前儿童谈话活动的特点；
◆ 了解学前儿童谈话活动的作用与影响；
◆ 掌握学前儿童谈话活动的主要形式；
◆ 了解设计与实施学前儿童谈话活动时应注意的问题。

任务一　认识学前儿童谈话活动

学前儿童谈话活动是在一定主题内容和目的范围内，以对话形式进行的语言活动。良好的谈话能力是学前儿童语言能力的重要表现，教师应合理地设计和实施学前儿童谈话活动，掌握学前儿童谈话活动的基本知识，使学前儿童谈话活动发挥应有的作用，提高学前儿童与他人交往、交流的能力。

一、学前儿童谈话与成人谈话的区别

因为大脑发育阶段的不同，学前儿童谈话与成人谈话有很大区别。由于学前儿童大脑处于发育阶段，因此他们对世界的认知还处于学习阶段；而成人因为大脑发育已经完成，对世界的认识也相

对完善，可以充分地表达自己想要表达的内容，大脑的系统性构造也比较完善。学前儿童谈话与成人谈话的主要区别如图 4-1 所示。

学前儿童语言相对来说比较简单、发散，谈话的目的性与中心性较弱。
区别
成人语言相对来说比较集中、有条理，谈话时有一定的目的性与中心性。

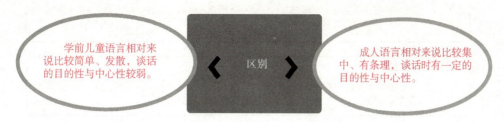

图 4-1　学前儿童谈话与成人谈话的主要区别

二、学前儿童谈话活动的特点

（一）中心话题具有趣味性

在学前儿童谈话活动中，引导学前儿童集中关注并用语言进行交流时，一个全体参与讨论的中心话题限定了他们交流的范围，从客观上主导学前儿童交流的方向，使学前儿童的交流带有一定的讨论性质。

在学前儿童谈话活动中，有趣的中心话题往往包含三层意思，如图 4-2 所示。

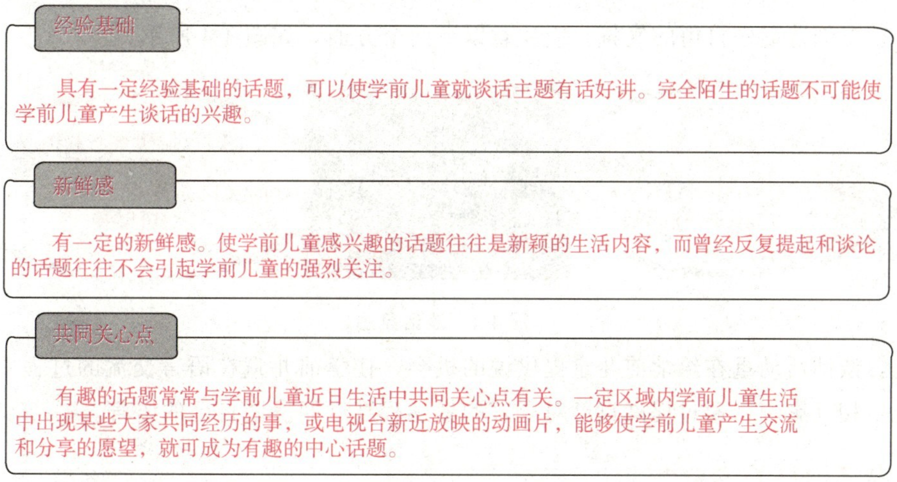

经验基础
具有一定经验基础的话题，可以使学前儿童就谈话主题有话好讲。完全陌生的话题不可能使学前儿童产生谈话的兴趣。
新鲜感
有一定的新鲜感。使学前儿童感兴趣的话题往往是新颖的生活内容，而曾经反复提起和谈论的话题往往不会引起学前儿童的强烈关注。
共同关心点
有趣的话题常常与学前儿童近日生活中共同关心点有关。一定区域内学前儿童生活中出现某些大家共同经历的事，或电视台新近放映的动画片，能够使学前儿童产生交流和分享的愿望，就可成为有趣的中心话题。

图 4-2　有趣的中心话题

（二）谈话活动的多元性

谈话活动注重多方的信息交流，幼儿园的谈话活动应突出强调学前儿童运用语言与他人进行交流。在这方面，谈话活动的多元性特点表现在以下方面，如图 4-3 所示。

因此，谈话活动是一种多方位的“语言交流场合”，它为学前儿童提供的学习运用语言的机会是其他活动不能提供的。

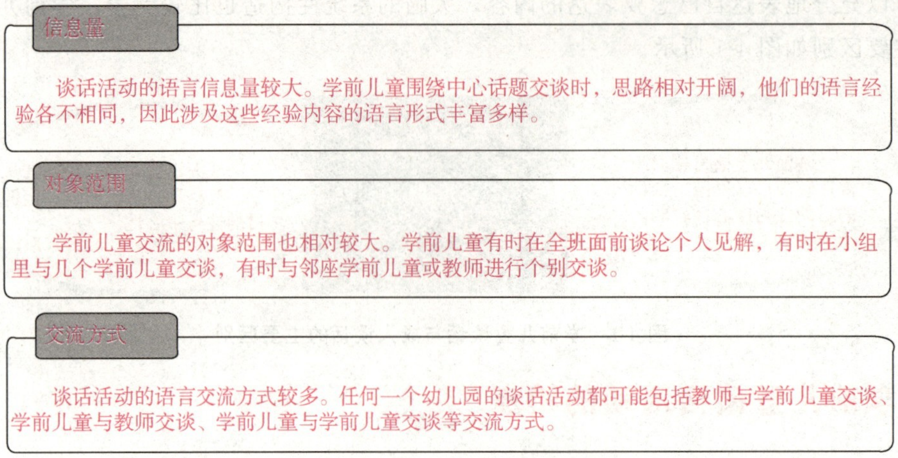

信息量

谈话活动的语言信息量较大。学前儿童围绕中心话题交谈时,思路相对开阔,他们的语言经验各不相同,因此涉及这些经验内容的语言形式丰富多样。

对象范围

学前儿童交流的对象范围也相对较大。学前儿童有时在全班面前谈论个人见解,有时在小组里与几个学前儿童交谈,有时与邻座学前儿童或教师进行个别交谈。

交流方式

谈话活动的语言交流方式较多。任何一个幼儿园的谈话活动都可能包括教师与学前儿童交谈、学前儿童与教师交谈、学前儿童与学前儿童交谈等交流方式。

图 4-3　谈话活动的多元性特点

(三) 谈话氛围的自由性

在谈话活动中,学前儿童可以围绕自己感兴趣的中心话题自由表达个人见解。无论学前儿童原有经验怎样,无论学前儿童用什么样的表达方式谈话,他们都可以在这个范围里将自己想说的话说出来。

谈话活动要创造宽松自由的气氛,应注意以下两个方面,如图 4-4 所示。

图 4-4　谈话氛围

实际上,谈话活动重在给学前儿童提供说的机会,让学前儿童在语言交流的过程中操练自己的语言,并产生相互影响,通过提高自己对语言的敏感程度进而发展自己的语言。

(四) 谈话素材的丰富性

学前儿童的谈话素材主要有两方面特点,如图 4-5 所示。

图 4-5　谈话素材的特点

如果对某个地方或某种事物只观察了一次,所获得的印象只是初步的、粗浅的,学前儿童在谈话活动中便无话可说。只有当学前儿童对某种事物或某种现象进行了多次观察,从不同角度比较细致地了解后,学前儿童才会有话可谈,谈话才能较完整、丰富,才能触及事物的本质特征。

（五）教师指导的间接性

教师是学前儿童谈话活动的设计组织者，但其在谈话活动中的指导作用则以间接引导的方式出现。教师往往以参与者的身份参加谈话，给学前儿童以平等的感觉，这也是创造谈话活动宽松气氛的一个重要构成因素。

在谈话活动中，教师的间接引导往往通过两种方式得以体现，如图4-6所示。

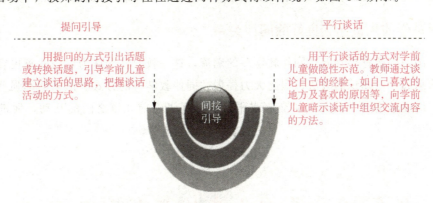

图4-6　教师的间接引导

三、学前儿童谈话活动的作用与影响

在幼儿园，自由交谈有利于教师了解学前儿童的言语发展水平，并有针对性地进行个别指导，特别是对在集体活动中沉默寡言的学前儿童，更要帮助他们建立在集体中发言的信心。另外，学前儿童的负面言语最易在日常生活中显露出来，如果不及时进行纠正，他们就会继续犯错且难以改正。

具体来说，学前儿童谈话活动对学前儿童语言发展的作用表现在以下几个方面。

（一）激发学前儿童与他人交谈的兴趣

在学前儿童语言发展过程中，其学习语言的态度是否积极主动、讲话的愿望是否强烈，将影响学前儿童对语言信息的获取，并影响其语言发展的速度与水平。通过专门的、有组织的、有计划的谈话活动，学前儿童能够集中注意力，激发谈话兴趣，培养谈话的积极性、主动性，逐渐养成谈话习惯，从而促进口语能力的发展。

（二）帮助学前儿童习得谈话的基本规则

语言的学习过程同时也是一个语言使用规则的习得过程，帮助学前儿童学习谈话，实际上是指导学前儿童按照社会交往过程中约定俗成的方式进行语言交流，使学前儿童在谈话活动中能够逐渐掌握谈话的基本规则。学前儿童学习谈话时，不仅需要掌握倾听、理解别人谈话等能力，而且还应该懂得人际交往中语言使用的基本规则。

（三）增强学前儿童通过交流获取信息的意识

在谈话活动中，学前儿童可以从谈话内容中获得许多他们原来不具备的知识。例如，谈话活动"我的新玩具"，学前儿童通过谈论自己所了解的身边的玩具，能够了解很多新玩具的名称、特征及玩法。更重要的是，学前儿童在此过程中逐步建立起一种意识，即通过交流获得自己原先没有的信息，谈话活动可以帮助学前儿童树立通过交流获取信息的意识。

（四）引导学前儿童关注周围生活

通过气氛热烈的谈话，学前儿童能够对谈话活动的内容加深了解，从而关注周围生活，建立积极的生活态度和情感。例如，谈话活动"我的好看的图书"，学前儿童通过阅读教室里的图书和家里的图书，在一起谈论自己喜欢的图书，从而增加有关图书的知识，认识到图书的重要性和价值。

（五）促进学前儿童建立良好的同伴关系

近年来，国内外教育界兴起"同伴教学"的潮流，这一教育理念认为学前儿童更容易从同伴那里得到各种信息和学习知识的方法，因此大力提倡"同伴教学"的方式。谈话活动强调同伴之间的交流，这样不但能够提高学前儿童的交流水平，也加强了学前儿童之间的互动，促进同伴关系的发展。

任务二　学前儿童谈话活动的形式

讨论活动是谈话活动中重要的一部分，一般以开放性的话题为主，让学前儿童自由发挥，尽情想象，在讨论中不断提高自己的逻辑思维能力和口语表达能力。除讨论活动外，日常生活谈话和有计划的谈话活动也是学前儿童谈话活动的重要形式，它们都有一个共同特点，即以对话的形式进行语言交往，通过提出问题与回答问题的方式来发展学前儿童的对话能力。

一、日常生活谈话

日常生活谈话是口语最简单的形式，是发展学前儿童口语的重要途径。谈话可以在任何情况下开始或结束，不受时间、空间和年龄对象的限制。教师可以与一个或几个学前儿童谈话，而学前儿童可以随意参加或退出谈话。由于日常生活谈话比较随便，因此它容易吸引学前儿童参加谈话活动。

（一）日常个别谈话

日常生活谈话中的个别谈话，主要目的在于增强部分学前儿童的自信心，调动学前儿童参与活动的兴趣和积极性。在幼儿园一日生活的各个环节，如早晨来园、课间活动、盥洗、游戏、活动过渡的间隙、离园等时间内，教师都可以与部分学前儿童就某个话题进行交谈。

日常生活谈话虽然在幼儿园各班都要进行，但方法要符合学前儿童的年龄特点。

1. 小班

刚入园的小班学前儿童，由于环境的变化，对周围的人和事，对群体生活都感到陌生，容易产生不安情绪，甚至变得"沉默寡言"，这时教师可以通过以下方式与小班学前儿童进行日常个别谈话，如图 4-7 所示。

项目四 学前儿童谈话活动

教师应善于把他们安置在自己周围，和他们亲近，以和蔼的态度跟他们交谈，使学前儿童在感情上得到满足，对新的环境、教师、伙伴发生兴趣。

教师要抓住时机，激发学前儿童的说话兴趣，使他们有话愿意说、有事愿意讲。

小班集体活动很少，自由活动时间较多，教师在一日生活的各个环节中，要尽量多和学前儿童交谈。

图 4-7　教师与小班学前儿童的日常个别谈话

2. 中、大班

中、大班学前儿童的谈话积极性已明显提高，谈话活动主要具有以下特点。

（1）他们不仅能主动与教师交谈，而且能主动与同伴交谈。

（2）谈话的内容也比小班广泛，但中班仍应以谈论他们直接经历过的事情为主，大班则可在谈论自己经历过的事情的基础上，谈论他们没有直接看到的事情或参加的活动。

为了更好地发挥日常生活谈话的作用，教师要做到以下几点。

（1）多为学前儿童创造一些自由谈话的条件。在日常活动中，不要过多地限制学前儿童讲话，在除上课以外的时间，只要不是大声喧哗、吵闹，在不影响进餐和睡眠的情况下，允许学前儿童之间有更多的机会自由交谈。

（2）对谈话的内容要予以注意和引导。特别要注意和重视学前儿童之间的争论，因为争论对学前儿童的言语和思维有积极作用。学前儿童为了能让对方了解、认同或欣赏自己对某种事物的看法，他们都会想方设法以自己认为最清楚、最恰当的语言进行表述。如果引起共鸣，那么一定会围绕话题展开讨论；如果不同意，也会在引起一番争论后或转移话题或转移谈话对象，而就在这一"提"一"辩"中，学前儿童要组织连贯语句，从而发展他们的语言表达能力。因此，只有当争论变成争吵时，教师才应进行制止。

（3）对中、大班学前儿童谈话时的语言要求应逐步提高。教师不仅要启发学前儿童把学过的词用到自己的言语表达中，而且要注意学前儿童所使用的句子是否完整，运用复合句时，能否正确使用关联词或连接词。在谈话中还要提醒他们不应打断别人的谈话，有话要等别人讲完后再说。同时，还要要求学前儿童在与别人交谈时一定要把谈话进行到底，不能未说完就离开。

（二）日常集体谈话

日常集体谈话具有以下特点。

（1）话题自由，可以同时有多个话题。

（2）形式多样，可以是师幼间的谈话，也可以是同伴间的谈话或师幼与同伴间的谈话。

（3）遵循"自由参加"的原则，学前儿童可以参加谈话活动，也可以从事其他活动。

通过这样的日常集体谈话，教师既可以为学前儿童提供机会锻炼他们的表达能力，又能培养学前儿童观察园内和周围环境变化的意识。

二、有计划的谈话活动

这类活动是教师制定一定的计划和方案，依据事先确定的话题，有目的地组织学前儿童进行谈话，一般在小班下学期开始开展。凡是学前儿童熟悉的，或与他们的生活紧密相关的，都可以作为谈话的话题。这些话题可由教师拟订，在大班也可以由学前儿童参与拟订。

这类活动是事先进行精心准备和计划的，教师在指导活动过程中还需注意以下两点。

（1）努力创设良好的语言环境，鼓励每个学前儿童都能积极地发表自己的看法和见解。

（2）增加学前儿童语言交往的机会。在活动过程中，教师不仅要让学前儿童自己说，还要让他们积极地与同伴交谈、与教师交谈，在交谈中学习他人有用的经验，不断提高语言运用能力。

三、讨论活动

讨论活动是一种特殊的谈话活动形式，在话题形式、语言交往和教师的指导上具有开放性的特点。

（一）讨论活动的话题一般是开放性的问题

讨论活动的话题一般是开放性的问题，讨论涉及的事物应与学前儿童已有的知识经验相符合，但对学前儿童来说又有一定难度。例如，讨论话题可以是"假如你是大人，最想做的事是什么？""小鸟会飞，人为什么不会飞"等，这些话题可以让学前儿童随意发挥，而且没有固定的答案。

（二）讨论活动是一种开放性的语言交往活动

在讨论中，学前儿童可以就自己的观点与他人进行充分的语言交往。学前儿童既要清晰地向对方表达自己的看法，又要善于倾听他人的见解并进行分析、驳斥或接纳，从而使语言活动延续下去。这种语言交往对象可以是一对一，也可以是一对多，因为这种讨论活动对学前儿童语言能力、思维能力有着较高的要求，一般在中班以后开展。

（三）教师的指导态度开放

与讨论活动的话题相对应，教师对学前儿童提出的看法也应采用开放的态度，对学前儿童的某些富有想象力和创造力的看法采取包容和接纳的态度，且教师的指导重点应放在提高学前儿童的语言交往能力上。

任务三　学前儿童谈话活动的设计与组织

一、设计与组织

学前儿童谈话活动的设计有其独特的规律，依照下列4个方面的内容去设计与组织活动，可以产生更好的教育效果。

（一）创设谈话情境，引出谈话话题

谈话活动是围绕中心话题进行的活动，所以设计谈话活动时首先要考虑创设谈话情境，引出谈话话题。选择一个好的话题是谈话活动有效进行的关键。教师在谈话活动开始时就应该考虑如何激

发幼儿的兴趣，启发幼儿对话题有关的经验的联想，而且话题要符合幼儿身心发展需要，其范围在幼儿生活经验之内，这样幼儿就会有内容可谈、愿意谈，为谈话活动提供良好的准备工作。在整个环节中，教师应该做到以下3点。

1. 营造一个宽松自由的情境环境

为来自幼儿生活的话题预设相应情境环境，使幼儿很快融入一个自由宽松的环境中，参与谈话。这也正是源于小班幼儿的一个显著特点——生活在某种情境之中，他们很容易被某些特定的情境所感染，因此在进行谈话活动时，情境环境的创设很大程度上可以左右谈话活动的进行。例如，小班活动"吹泡泡"，首先创设了一个非常生活化的情境环境让幼儿来感受——把教室的一角创设成一个小公园的样子，然后教师带领孩子们去"公园"玩，通过做游戏的形式让孩子们亲身体会，更生动形象地观察吹泡泡，借助动感的画面让幼儿尽情地想象，从而理解诗歌内容，在表达想象的过程中，达到交流创编、丰富语言、提高语言表达能力的目的。这一谈话活动就在这个虚拟的"小公园"中生动地开展起来了。

2. 创设生动、有趣的谈话情境

创设生动有趣的谈话情境主要有以下方式。

（1）用实物——直观教具创设谈话情境。通过墙饰、图片、幻灯片、主题挂饰等各种不同的实物，向幼儿提供与话题有关的可视形象，启发幼儿谈话的兴趣和思路。例如，小班活动"吹泡泡"，在活动前准备吹泡泡的工具，让儿童有真实体验，创设有趣的活动氛围，让幼儿在活动中有谈话的欲望。

（2）用语言创设谈话情境。教师通过语言讲述，提一些问题来唤起幼儿的记忆，调动他们的积极性，以便幼儿顺利地进入谈话主题。教师在用语言创设谈话情境时应该针对不同年龄幼儿的特点进行提问。比如谈话活动"我喜欢的小朋友"。教师可以直接说："我们身边有好多小朋友，他们有的可爱聪明，有的喜欢恶作剧，有的喜欢帮助别人，有的爱帮助老师开展活动。你们喜欢哪位小朋友？为什么喜欢他呢？大家可以说说看。"

（3）用游戏或表演的形式创设谈话情境。通过开展一些游戏或表演活动，创设与谈话主题有关的情境，激发幼儿的真实感受，以引起幼儿的关注，进而引出话题。教师在创设此类谈话情境时应该注意：①教师善于创设适于幼儿融入的谈话环境，使幼儿积极参与环境创设，激发幼儿的谈话兴趣，由此为谈话活动提供一个支持平台。②教师以平等心态与幼儿谈话，以帮助幼儿提高说话的勇气，树立表达的信心，做一个完全投入的倾听者，通过目光、手势、语言来传递听的感受。例如，在活动"吹泡泡"中，老师和幼儿一起蹲下来看泡泡，一起跳起来抓泡泡，一起跑起来追泡泡，并不时地在幼儿身边鼓励他们"快，这里有，抓住""来，我们一起跳起来""看看谁抓的泡泡多"等等，通过这样鼓励性的语言，以玩伴的身份，拉近和幼儿之间的距离，让幼儿很自然地说出他们的想法、他们的发现。

（3）时间不要太长，一般3~5分钟即可。

（二）围绕中心话题运用已有经验自由交谈

1. 给幼儿充分的自由讲述其内心的真实感受

一个谈话活动开展得如何，取决于教师对这个过程的把握程度。教师在指导中应尽量做到"一个围绕，两个自由"。所谓"一个围绕"，是指教师指导幼儿围绕中心话题大胆地与同伴交谈。所谓

"两个自由"，是指交谈的内容自由，交谈的对象自由。幼儿只要围绕话题进行交谈即可，教师不必过多地干涉幼儿交谈的内容。相反，要让他们想说、多说。此外，儿童交谈的对象也是自由的，可以两两交谈，也可以分组交谈或与教师交谈。教师不要干涉幼儿转换交谈的对象，只要他们积极地参与交谈，就达到了教学的要求。

2. 注意自由交谈中的个别差异现象

自由交谈虽给幼儿提供了开口说话的大好机会，但有些语言能力较差的幼儿却恰恰在这个环节中得不到很好的锻炼，他们常常表现为光听不说。因此，教师在坚持"交谈对象自由选择"的原则时，要有意识地将语言能力不同的幼儿安排在一起，让他们互相促进，共同进步。此外，教师还要重点倾听语言能力相对较弱的幼儿的谈话，提醒其他幼儿在说完自己的感受后，注意倾听这些幼儿的话语，经常给予他们充分的鼓励，以增强他们的自信心。

（三）围绕中心话题拓展交谈内容

在幼儿运用已有的知识经验充分地交谈后，教师要适时地将幼儿集中起来，以提问或启发的方式帮助幼儿学习新的谈话技能和谈话规则，促使他们掌握正确的谈话思路和方法。这一过程是谈话活动的重点内容和核心，教师应注意以下两点。

（1）中心话题的拓展是逐步进行的。
（2）正确地看待谈话技能和谈话规则。

（四）教师隐形示范，帮助幼儿获得新的谈话经验

在通过逐层深入拓展幼儿谈话内容的基础上，教师可以通过隐形示范向幼儿提供谈话范例，帮助幼儿掌握新的谈话经验，使幼儿的谈话水平进一步提高。例如，"我喜欢的图书"活动，教师可以谈一谈自己喜欢哪一本图书，为什么喜欢。教师可以说："我喜欢这本《科学小常识》，因为它告诉我蝴蝶是怎样从小虫转变而来的。原来蝴蝶穿着美丽的外衣在花丛中传播花粉之前，是一只专吃植物叶子的害虫。我从这本书中学到了新知识，所以我喜欢并爱护这本书。"教师的隐形示范可以给儿童提供模仿的样板。

二、设计与组织应注意的问题

（一）活动目标的确立

1. 活动目标应准确、具体（基本要求）

每次谈话活动的目标应准确、具体且都应该体现总目标的要求，又要适应年龄阶段目标，从而使目标的确立符合各年龄班幼儿的特点。应将总目标、年龄阶段目标准确细化。教师不能忽略教育目标而随意选择谈话内容，应真正做到目标体现内容，内容反映目标。

2. 活动目标应全面且重点突出

谈话活动的目标包含3个子目标：言语表达目标、倾听目标和其他方面目标。教师在制定一个具体的谈话活动目标时，应尽量使本次活动的教育功能充分地发挥出来，从而使目标的确立体现全面性的原则。

此外，确立目标过程中还要明确哪些目标是直接目标，在陈述目标时要突出其重要位置；明确

哪些目标是间接目标，不应忘记其作用。

（二）活动内容的选择和安排

谈话活动的话题很多、很丰富，谈话的语境相对而言也比较自由，但这并不是说谈话活动的内容就可以随意选择。相反，教师在选择、安排谈话活动的内容时一定要注意以下几点。

（1）选择和安排内容要有目的性和计划性。

（2）取材的内容和范围应广泛，有教育意义。

（3）谈话活动的内容和范围应与幼儿的言语和知识经验匹配。

（三）活动的组织方法

1. 示范法（一般在小、中班运用得较多）

（1）教师可以用言语示范新的言语交往技能。在谈话活动"我爱吃的水果"中，教师可以这样描述："我爱吃西瓜，因为西瓜很甜，西瓜汁很多，西瓜皮还能治病。夏天天气炎热时，吃一块西瓜就像吃一根冰棍一样舒服。"

（2）教师还可以以非言语的形式示范言语交往规则和倾听态度。例如，教师在听某个幼儿谈话时，眼睛注视对方，并不时地点头（摇头）表示同意（不同意）对方的意见。这类非言语动作也同样能起到示范作用。

（3）使用示范法的注意要点。一般说来，示范法应在幼儿充分交谈后再使用，这主要是为了避免让幼儿的思维局限于教师的示范模式上。

2. 提问法

通过提问，教师既可以让谈论的话题逐层深入下去，也可以使偏题的谈话或讨论回到原来的话题上来。

（1）提问法在日常谈话中的运用。日常谈话随机性强，气氛自由宽松，因此，可以运用提问法引出话题。有些问题是封闭式的，有些问题则是开放式的。封闭式问题幼儿只要答"是"或"不是"即可，开放式问题则要求幼儿通过回忆并组织简短的语句进行回答。

（2）提问法在谈话活动几个阶段中的运用。①创设谈话情境阶段：通过提问引出谈话的话题。②围绕话题深入交谈阶段：通过提问使话题逐步延伸，使幼儿深入谈论自己的认识和观点。

（3）使用提问法的注意要点。注意提问法的不同使用方式和作用，问题要富于启发性，并有一定的难度。

3. 讨论法

（1）讨论法主要在围绕话题自由交谈阶段运用。

（2）使用讨论法的注意要点：讨论时可以采用分组形式，讨论时应注意个体差异。

4. 其他方法

游戏法、表演法、操作法等。

（四）活动的基本结构

一般而言，谈话活动的基本结构可以包括以下3个层次。

1. 创设适当的谈话情境

其目的在于引出谈话和讨论话题，使幼儿在活动之初就能被吸引到活动中来，从而做好谈话的准备。教师要做到以下两点：其一，营造宽松、自由的谈话氛围；其二，创设生动、有趣的谈话情境，这是针对话题引出的方式而言的。

一般说来，谈话情境的创设有以下3种方式：用实物（直观教具）创设谈话情境；用语言创设谈话情境；用游戏或表演的形式创设谈话情境。

2. 围绕话题自由交谈

围绕话题自由交谈要注意以下两点。

首先，要给幼儿充分的自由，使幼儿讲述内心的真实感受。

其次，还要注意自由交谈中的个体差异。

3. 围绕主题不断拓展谈话思路

幼儿围绕主题自由交谈后，教师要自然地逐步拓展谈话的思路。

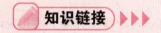 知识链接

《幼儿园谈话活动开展的探索与实践》节选

王 玲

二、集体教学中精心设计——学说会说

如何使想谈、愿谈的意识转变为行动呢？这就要求教师不能盲目提出谈话主题，而是要根据幼儿的年龄特点和生活学习习惯来确定谈话主题，并精心设计谈话时引导的问题，同时运用多种方式、多样教具多渠道来有目的引发幼儿的谈话兴趣，才能实现双向或多向交流。

（一）适宜情境，引出话题

可以用实物或直观教具创设谈话情境，如"有营养的早餐"活动中出示包子、鸡蛋、粥等食物；也可以用游戏或表演的形式创设谈话情境，如在"我的好朋友"活动中通过游戏"找朋友"来引入。在"指五官"游戏中自然而然引到"保护五官"的话题中，教师一段精彩的广告表演也能恰如其分引起幼儿对广告的兴趣。

（二）多种教法，鼓励创造

在谈话活动中，老师要鼓励每个孩子都能积极参与到谈话活动中，真正形成双向交流，或是多向交流。老师要注意交谈中的个别差异，对于在谈话中不愿说话的孩子要进行鼓励。在谈话的过程中，老师还要教会孩子们学会创造性地谈话。

1. 七拼八凑谈话法

当班级的孩子们因周围生活的话题都已经谈过而缺乏谈话兴趣的时候，老师可以借助语言活动、音乐活动中用过的动物图片或人物图片来进行七拼八凑、组合联想创作的方法来进行谈话。这是孩子们非常感兴趣的，比如老师出示小老鼠、大象、小猴和小白兔的图片，让孩子们给这些动物加上一个形容词，比如说可爱的小白兔、淘气的小老鼠、笨重的大象等等，也可以让孩子们根据图片来编一编动物之间可能发生的故事。就这样孩子们在拼拼凑凑的过程中碰撞出思想的火花，谈出了自己的想法，谈出了自己的聪明才智，也发掘了孩子们的创作潜能。

2. 情境设问谈话法

幼儿在遇到突发事件时，常常因不知所措而大哭或不语，而通过情境设问谈话法让幼儿学会面对问题多思考解决方法的好习惯。在讨论"有陌生人要带你走"时，孩子们有的说不跟他走，有的说赶紧找老师保护自己，有的说给爸爸妈妈打电话，还有的说报警，打110吧……

3. 假设情境谈话法

因为缺乏生活经验所以孩子们的思维常常有一定的局限性，并有很多的自由想象的成分。教师要根据孩子的思维特点为孩子们提供各种假设情境，让孩子们去想一想，为什么会这样？发生了这样的事情，我们应该怎么办等问题。让孩子们自己去想去谈解决问题的办法，提高孩子们解决问题的能力。比如说告诉孩子们小狐狸因为牙疼，不能上森林幼儿园了，请小朋友们猜一猜：小狐狸的牙为什么会疼呢？那牙疼又该怎么办呢？孩子们踊跃发言，有的说是因为小狐狸每天不刷牙，有的说是小狐狸吃糖吃的太多了，还有的给小狐狸出主意，让它快点刷刷牙，或者赶紧找医生去拔牙，这样就没事儿了。这样的谈话会使孩子们的思维变得更加有活力，更加积极主动，而且提高了孩子们解决实际问题的能力。

如上所述，老师应该努力通过各种谈话法把孩子们的思想解放出来，鼓励孩子们独立思考，善于假设，善于想象，并能进行创造性的谈话。

三、谈话活动中的教师定位——引导支持

(一) 智慧发问，多元讨论

陶行知先生曾说过："发明千千万，起点是一问。智者问得巧，愚者问得笨，人力胜天工，只在每事问。"在组织谈话活动中教师的角色定位就是发问者。这个看似很容易的事情其实一点也不简单，就其难度而言，一点也不亚于回答问题、解决问题，因为在谈话活动中要求教师提出的问题必须是高质量的、开放式的、能引发幼儿思考和讨论的好问题。明确"能提出问题是主动学习的表现，能提出引起讨论的问题就更好"。而不是简单的通过是、不是，或是一句话就能回答上来的封闭性问题，所以，在谈话中我们提倡"不耻多问"，从而通过孩子们的回答了解他们参与学习、掌握学习的状况和水平，同时发挥幼儿的主体性地位。

(二) 隐性示范，间接指导

在谈话过程中教师可以参与者的身份参与到谈话中来。把直接要求谈话的步骤改成间接的指导。通过师生间平等的对话来为孩子们做隐性的示范。比如说在谈我喜欢看的动画片时，教师可以首先谈论自己爱看的动画片《黑猫警长》，说说为什么喜欢这部动画片，在这个动画片里有哪些人物，动画片有哪些搞笑的情节等，让孩子们在倾听老师谈话的过程中了解此次谈话的方式和要求，通过暗示法让孩子们了解谈话时的交流方法，并鼓励孩子们在模仿老师谈话的基础上进行大胆的创新，有更好的表达。

(三) 为幼儿提供交谈机会

作为幼儿园老师，坚决不能对孩子们进行高控管理，控制他们的言行举止，让他们成为生产线上一模一样的产品，而是应该创造条件，让孩子们有表现自我和与人交往的机会，有表达自己想法和交流信息的机会。

(四)注意要点

在谈话活动中,尊重孩子,注重孩子自主发展并不是放任自流,教师应随机调控,促进孩子语言逻辑性、切题性的发展。

相信在这样一个宽松、自由、民主的谈话氛围中,在教师有效策略引导下,孩子会在不断的积累中想说就说,越说越好,从而通过谈话活动真正促进幼儿语言表达能力的发展。

任务四 学前儿童谈话活动案例与评析

【案例 4-1】

中班谈话活动:可爱的动物

一、选材分析

对学前儿童来说,他们对动物的喜欢是与生俱来的。鼓励学前儿童去亲近、观察周围环境中的小动物,他们是非常乐意的。本次谈话活动将核心价值定位在鼓励学前儿童想说、敢说并愿意说,并丰富他们的生活经验。让学前儿童在看看、猜猜、说说、学学的过程中,感受谈话的快乐氛围。

二、活动目标

1. 乐意参与"可爱的动物"话题的交流。
2. 能积极地倾听,并能大胆地用语言表达自己的想法。
3. 学习轮流交谈,进一步丰富有关"动物"的谈话经验。

三、活动重点及难点

重点:围绕"可爱的动物"进行谈论,能大胆表达自己的想法和感受。

难点:倾听他人讲话,轮流进行交谈。

评析:幼儿喜爱小动物,可以根据自己的生活经验和感受,谈论生活中常见的小动物、自己最喜欢的小动物。但是,中班幼儿交谈的规则意识还在建立中,因此,在鼓励幼儿大胆表达的同时,要引导他们理解和遵守谈话的规则。

四、活动准备

1. 经验准备:对常见动物的外形、声音、饮食等已有初步的认识;能安静倾听、知道轮流发言。
2. 物质准备:各种动物图片若干;课件"可爱的动物"。

五、活动过程

1. 出示熟悉的常见动物图片，激发幼儿对话题的交谈兴趣

引导幼儿通过说一说、演一演的方式表达自己对动物的了解。

评析：此环节的目的是调动幼儿的已有经验，激发幼儿参与谈话的兴趣和积极性。在创设谈话情境的过程中，教师可以采用利用图片等可视形象的方式创设谈话情境，还可以采用各类模仿游戏来创设谈话情境，激发幼儿的谈话兴趣。此次活动采用游戏的方式，以中班幼儿喜欢的形式导入，集中幼儿的注意力，激发幼儿兴趣。

2. 集体交流：我认识的动物

引导幼儿从动物的外形、声音等方面进行交谈。

教师：你还知道哪些可爱的动物？为什么说它可爱？

评析：通过前面一个环节的导入，幼儿此时的交流欲望非常强烈，都争先恐后地与老师说起自己知道的小动物。所以，此时教师采取了"个别交流""集体交流""小组交流"等多种形式，充分满足幼儿的谈话欲望。

3. 观看课件，讨论各种各样的动物

（1）出示动物局部的图片，请幼儿猜一猜。

教师：这是什么动物？你怎么知道的？（还有哪些动物和它有一样的特点）

评析：根据对动物不同外形特征的观察来猜测动物，这种方式对于幼儿来说充满了挑战。动物呈现的方式是采用中班幼儿喜欢的图片和根据动物局部特征推测该动物的方式。用集体、结伴的形式为幼儿创造谈话的宽松氛围，引导幼儿运用已有的谈话经验交流发表自己的发现。幼儿得到了来自教师、同伴的经验交流，进一步丰富了生活经验。

（2）出示不常见的动物图片（如娃娃鱼、河豚），丰富幼儿经验。

教师：这些动物你认识吗？你觉得它像什么？

评析：为了保持幼儿的谈话兴趣，进一步扩展谈话深度，教师选择了一些幼儿不常见，或者是认知经验上有偏差的动物图片，来帮助幼儿扩展对动物的了解，以及不断激发幼儿探究小动物的兴趣。通过该环节可以发现，幼儿对于不熟知的动物也是充满了好奇和兴趣，在教师的每一次讲解时，幼儿都表现出了很大的倾听兴趣。

（3）观看课件，交流讨论。

①观看课件（各种各样的动物），交流讨论。

教师：你最喜欢哪个动物？最不喜欢哪个动物？为什么？你能介绍一下自己喜欢的动物吗？

评析：每个孩子都有自己喜欢的动物，对自己喜欢的动物也有相关的知识经验。课件中出现的各种各样的动物图片引发了幼儿极大的交流兴趣。此环节通过集体交谈与幼儿独白讲述的方式，进一步丰富了幼儿的谈话经验和讲述经验。

②拓展谈话：动物对人类的帮助。

教师：动物们有很多的本领，这些本领不光是保护自己，很多时候还给了人们很多很多的帮助，我们一起来看看，动物们给了我们什么帮助吧！

评析：幼儿对该环节非常感兴趣，通过课件的展示和教师的讲解，幼儿获取了更多关于"动物对人类的帮助"的知识经验。

4. 设置三个场景（天空、陆地、水里），引导幼儿将图片上的动物送回家

教师：动物有的是在天空飞的，有的是生活在陆地上，还有的生活在海洋里。请你们将这些动物送回家。

评析：谈话活动中应结合幼儿的操作体验。通过操作，为幼儿创造更多机会与同伴自由交流，进一步丰富幼儿的知识经验。

5. 游戏"木头人"，结束活动

引导幼儿玩"木头人"的游戏，变成自己最喜欢（最想成为）的动物。

评析：以幼儿喜欢的游戏结束活动，让幼儿通过肢体表现自己所喜爱的动物形象。

【案例4-2】

中班谈话活动：谁的本领大

一、选材分析

小朋友大多对动物比较感兴趣，特别是身材强壮的大象，它在孩子们的心目中一直是"大力士"形象，而小猴子活泼好动、机灵顽皮，又是小朋友特别喜欢的。当这两类动物来比较谁的本领大时，小朋友的反应会怎样呢？这个活动就是通过幼儿对两类动物的习性、外貌的了解，发挥想象，充分挖掘大象和猴子的长处而进行辩论。最后让孩子们知道每种动物都有不同的本领，就要看它们的本领使用在什么场合，做什么事情。同时与小班相比，在"倾听"这一目标要求上，中班阶段的谈话目标更强调幼儿倾听的选择性，即"辨析性地倾听"别人谈话中的信息。本次活动运用讨论的形式引导幼儿学习辨析性地倾听，同时引导他们在捕捉有效谈话的基础上，学会围绕话题谈话，不跑题，在语言交往规则方面也强调了"轮流谈话"的重要性。

二、活动目标

1. 引导幼儿围绕话题进行谈话，知道每种动物各有各的本领。
2. 指导幼儿以"轮流谈话"的规则进行谈话，培养幼儿良好的倾听习惯。
3. 体验谈话活动的乐趣，增强自信。

三、活动重点及难点

引导幼儿围绕话题进行谈话，让孩子们知道猴子与大象有不同的本领。

四、活动准备

1. 大象和猴子木偶各一个，头像各一个。
2. 小红花若干。

五、活动过程

1. 出示木偶，以故事情境引出话题

教师：森林里住着一头大象和一只猴子，它们是一对非常要好的朋友。可是有一天它俩却吵架了，为什么会吵架呀？原来，它们想比比谁的本领大。大象说："我的本领可大了。"猴子说："我的本领也很大。"它们比来比去，谁也分不出谁的本领大。

教师：那么，小朋友们，你们认为它们谁的本领大呢？

评析：教师用木偶猴子和大象讲述一段故事，以此引出话题的方式非常生动、有趣、有效。孩子们在这一过程中眼睛始终一眨不眨地注视着教师手中的木偶，很顺利地进入谈话情境。因为中班幼儿已经初步了解一般动物的本领，因此在讨论"谁的本领大"时，幼儿有话可说。

2. 请幼儿说出自己的想法并讨论产生这种想法的理由

教师：刚才有的小朋友认为大象本领大，有的小朋友认为猴子本领大，那你为什么会这样认为呢？请把你的想法轻轻地告诉旁边的小朋友。

评析：在幼儿"自由交谈"活动中，有的幼儿说大象的本领大，因为大象可以卷木头、吸水、喷水，还可以消灭大灰狼等。有的幼儿说猴子的本领大，因为猴子会爬树、摘果子，会在树上跳来跳去等。这些说法都应该给予肯定，因为他们是围绕"谁的本领大"在交谈。

3. 小小辩论会

教师：刚才小朋友们都有自己的想法，那好，今天我们干脆来开个小小辩论会，好吗？

请全体小朋友起立，幼儿按自己的意愿分为两组：大象队和猴子队。幼儿面对面坐下。

教师介绍两个组，并让他们为自己队加油，以带动孩子的情绪。

教师宣布辩论会规则：要求两队组员轮流讲话，不随便插嘴。哪组小朋友爱动脑筋且遵守规则，就奖一朵小红花。

4. 辩论会正式开始

教师引导幼儿围绕主题谈话，奖罚分明。

5. 教师小结

教师对辩论会做小结。

评析：这是整个活动的高潮，老师通过让小朋友自由分组，使每个小朋友都愿意自由表述。因为讨论得激烈，幼儿不免会在交谈活动中形成一种大家一起争着说的局面。这时教师所提出的"轮流讲话"要求无形中让幼儿理解了这一规则的具体含义，这对谈话过程起到了很好的作用。

6. 教师设置一个情境

狮子大王想吃椰子，可椰子树在河对面，狮子既不会游泳，也不会爬树，所以只能请大象和猴子来帮忙。小朋友们，你们说谁会完成这个任务啊？

教师小结：这个任务要大象和猴子互相帮忙才能完成，其结果是它们的本领都很大，要比谁的本领大，要看它的本领用在什么场合，做什么事情。

评析：此环节是整个活动中的难点，教师在给幼儿设置的情境中逐步提问，层层深入地引导大家讨论大象和猴子是怎样帮助狮子的，最后得出需要两个人的合作才能完成这个任务的结论。

7. 迁移活动

让幼儿说说还认识哪些小动物，它们都有哪些本领。

评析："拓展谈话范围"是培养幼儿能力的重要一环，不仅帮助幼儿拓宽了谈话范围，而且也帮助幼儿认识了大自然中动物与动物的关系。

此活动是小朋友非常感兴趣的，也充分体现了语言活动的特点。孩子们喜欢说，有机会说，还能勇敢地说。这是因为教师给小朋友创设了一个自由宽松的语言环境，如谈话的形式有自由交谈、分组交谈、个别交谈等，从而使小朋友都有锻炼的机会。而教师设计的思路也非常清晰，小朋友通过引出话题—自由交谈—分组交谈—拓展谈话范围层层深入的环节，轻松地解决了整个活动中的重难点。由于孩子们对大象和猴子只有一些常见本领的认识，谈话的中心只是围绕着大象会吸水、卷木头、身体大等，猴子会爬树、荡秋千等来展开，能够拓展的经验不多，因此话题也就很难深入下去。如果在课前让孩子回家多了解这两种动物的本领，可能上课后的效果会更好些。

拓展训练

训练一：学前儿童谈话活动观摩与评析

【实训目的】

去幼儿园或利用教学活动课例观摩幼儿园各年龄班谈话活动案例，观察记录活动的全过程，重点观摩活动的组织形式和环节的过渡，学习教师的指导语和教学方法的运用。

【实训要求】

1. 观察记录一个学前儿童谈话活动的全部过程，包括活动材料的准备与运用、活动的组织过程与方式、教学方法的运用等。

2. 以研究学习小组为单位对活动进行评析。

3. 各研究学习小组派代表发言，师生集中研讨。

训练二：学前儿童谈话活动设计

【实训目的】

任选一个幼儿园谈话活动的主题，设计一篇学前儿童谈话活动教案。教案应包括选材分析、活动目标、活动准备、活动过程、活动延伸，并制作教学课件。

【实训要求】

1. 每名学生任选一个幼儿园谈话活动的主题，书写教案，制作教学课件。

2. 以研究学习小组为单位，每名学生在组内进行示范展示，并集中进行评议。

训练三：学前儿童谈话活动试教

【实训目的】

运用本项目学习的内容，学会设计与组织学前儿童集体谈话活动，并尝试进行反思与评价。

【实训要求】

1. 每组推选一名学生进行学前儿童集体谈话活动集中试教与说课反思。

2. 师生围绕以下4个问题研讨试教课例。

（1）学前儿童集体谈话活动要准备哪些谈话材料？

（2）学前儿童集体谈话活动怎样创设谈话情境？

（3）学前儿童集体谈话活动如何引导交流和讨论？

（4）学前儿童集体谈话活动有哪些策略拓展谈话范围？

3. 分小组进行个别试教，每名学生展示自己设计的学前儿童谈话活动，要求提交教案，制作教具或课件材料，完整进行模拟试教，试教后进行说课反思，组内进行活动评析。

4. 教师进行总结与提升。

项目四 学前儿童谈话活动

训练四：学前儿童谈话活动教研

【实训目的】

模拟幼儿园语言活动教研的形式，组织专题教研，围绕一个幼儿园谈话活动方案，引导学生运用学过的知识，从选材分析、活动目标、活动准备、活动过程 4 个方面对该方案进行深入评析，并提出修改意见，进一步提高学生设计、组织与评价学前儿童谈话活动的能力。

【实训要求】

1. 教师抛出问题，引导学生关注教研核心任务与目的：如何对学前儿童谈话活动进行分析及评价。

2. 师生围绕教研问题开展研讨。

（1）学生以研究学习小组为单位，任选一个核心问题进行研讨。

（2）每组派代表发言。

（3）师生围绕问题进行深入研讨。

1. 简述学前儿童谈话活动的特点。

2. 学前儿童谈话活动的基本形式有哪些？

3. 学前儿童谈话活动的设计主要考虑哪些内容？

4. 结合设计与实施学前儿童谈话活动时应注意的问题，说一说应如何组织一次成功的谈话活动。

项目五　学前儿童讲述活动

　　学前儿童讲述活动，是一种有目的有计划地培养幼儿语言表述能力的语言教育活动。主要培养幼儿的连贯性语言和独白语言。开展讲述活动的一个必备要素是具有一定的凭借物，主要有图片、实物、情境等。凭借物是开展幼儿讲述活动的重要载体，也是讲述活动区别于其他语言活动的重要因素。

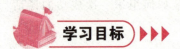

◆了解学前儿童讲述活动的特点；
◆理解学前儿童讲述活动的作用；
◆了解学前儿童讲述活动的主要类型；
◆掌握学前儿童讲述活动的设计与组织方法。

任务一　认识学前儿童讲述活动

　　从谈话到讲述，对学前儿童语言能力要求逐步升级。在讲述时，学前儿童由于知识经验积累不足，需要感知、理解一定的凭借物，借助对这个事物的认识和已有的生活经验，组织自己的独白语言。教师在进行活动设计和组织之前，需要了解讲述活动的基本知识，包括讲述活动的特点和作用。

一、学前儿童讲述活动的特点

　　学前儿童的讲述活动是一种有目的、有计划的语言教育活动，要求学前儿童凭借一定的讲述对象，在相对正式的语言环境中独自完成语言表达活动，具有以下特点。

（一）要有特定的凭借物

这里所说的凭借物是指讲述活动中教师为学前儿童准备的或学前儿童自己准备的图片、实物、情境等。教师通过提供讲述活动的凭借物，给学前儿童划定讲述的中心内容，使他们的讲述语言具有明显的指向性。

讲述需要有一定的凭借物，主要基于以下两方面的考虑。

1. 符合学前儿童讲述学习的需要

学前儿童的经验和表象积累不足，不能完全凭借记忆进行讲述，如果没有一定的凭借物来引导学前儿童进行讲述，则有可能出现以下两种情况。

（1）因记忆中材料不足而无法达到讲述要求。

（2）因集中注意搜索记忆中的经验，而忽视讲述内容的组织与表达。

因此，学前儿童在讲述活动中需要有凭借物。

2. 符合集体参与活动的需要

讲述活动应根据凭借物为学前儿童指出讲述的中心内容。学前儿童可以从个人具体的认识角度去讲述相同或相似的内容，并且产生相互交流和相互影响的作用。

小班学前儿童主要进行实物讲述或简单的图片讲述；中、大班学前儿童要在小班学前儿童的基础上，学习如何利用凭借物进行创造性的讲述。

（二）讲述活动的语言是独白语言

讲述活动可培养与提高学前儿童独白语言能力。独白就是需要说话人独自构思和表达对某一方面内容的完整认识。独白语言是比对话语言更为复杂、周密的一种口头语言的表达形式。它的特点是要用比较完整、连贯的语言表达自己的想法，讲述自己经历的事情，讲述凭想象创编出来的故事或事件，使听讲人能明白自己讲述的内容。

（三）具有相对正式的语言情境

与宽松自由的交谈不同，讲述活动为学前儿童提供了一种相对正式、规范的语言运用场合。它不仅要求学前儿童能在小组中发表自己的见解和观点，还要求学前儿童能在集体面前用规范语言大胆地表达自己的认识。这种正式、规范主要表现在两个方面，如图5-1所示。

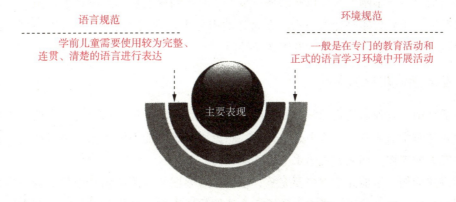

图5-1　正式、规范的语言情境主要表现

讲述活动正是通过这种经过精心设计和准备的语言环境，鼓励学前儿童运用已有的经验，使用较为规范的语言来表达个人对某人某事的认识，从而培养学前儿童在不同语言环境中清楚连贯地表达自己见解的能力。

（四）需要调动学前儿童的多种能力

讲述时，学前儿童需要感知、理解一定的凭借物，借助对这一凭借物的认识和已有的生活经验，组织自己的独白语言，从独立完整地"编码"到独立完整地"发码"。而且，不同讲述内容有不同的思维方式，也有不同的逻辑顺序，这对学前儿童的观察力、记忆力、想象力和思维能力的要求都是极高的。只有多种综合能力的配合，才能保证讲述活动顺利、有效地开展。

二、学前儿童讲述活动的作用

学前儿童讲述活动对学前儿童的要求更高，同时也培养了学前儿童的多种能力。学前儿童讲述活动具有以下重要作用。

（一）培养学前儿童的讲述能力

学前儿童语言教育的目标之一就是培养学前儿童的讲述能力。在讲述活动中，学前儿童需要独立思考讲述的内容、顺序、重点，考虑如何让听者明白。在教师的引导下，学前儿童能逐渐掌握讲述的基本方法，并提高讲述的清晰性、完整性与连贯性。

（二）锻炼学前儿童独白语言能力

讲述活动能够发展学前儿童的独白语言能力。在讲述活动中，学前儿童不仅要在头脑中快速组织语言，还要尝试在集体面前将自己的想法独立、大胆地表述出来，学会如何运用自己的音量、适当的手势、表情进行表达，在提高言语表达的清晰度、完整性、连贯性的同时，学前儿童的自信心也得以增强，身体语言的丰富性得以提高。

（三）培养学前儿童认识事物的方法

学前儿童在讲述之前要认识所讲的事物，通过讲述活动，学前儿童能逐渐学会认识事物的顺序与方法。例如，在看图讲述"风筝飞啦"的过程中，教师要引导学前儿童按照这样的思路讲述：小明和谁在哪里放风筝→小刚怎么放风筝的→风筝不小心飞到树上后小朋友是怎样想办法帮助小刚取风筝的→风筝取下来后大家是什么心情。在这样的引导下，学前儿童充分理解了故事情节的变化，并建立了对故事发生、发展和结果的有序认识。

（四）发展学前儿童的多种能力

在讲述活动中，教师需要调动学前儿童的多种能力。不同的讲述内容有不同的思维方式，也有不同的顺序，这对学前儿童的观察力、记忆力、想象力和思维能力的要求都是极高的。如果学前儿童缺乏这些能力的支撑，那么其讲述水平也不会提高。

以看图讲述为例，学前儿童首先要完整、仔细地观察图片，了解图片中的人物与事件，这就需要充分运用观察力；然后要理解画面上的内容，能够描述人物的动作和事件的主要内容，这就需要学前儿童凭借记忆力加以联想，并做出判断；最后要思考人物的内心世界，对画面进行推想，分析画面中人物、背景和事件等诸多因素之间的联系，这充分调动了学前儿童的想象力与思维能力。

任务二 学前儿童讲述活动的主要类型

学前儿童讲述活动可以按照多种方式进行类别划分，这里主要从讲述内容和凭借物特点两方面来分类。

一、根据讲述内容来分类

（一）叙事性讲述

用口头语言把人物的经历、行为或事情的发生、发展、变化过程讲述出来，就是叙事性讲述。叙事要求说清楚人物、事件、时间、地点和原因，并且要求说明白事情发生、发展的先后顺序。在幼儿阶段，幼儿的叙事性讲述能力可以得到迅速发展，但总体水平仍不太高。一般要求幼儿能简洁清楚地按顺序讲述事件即可。叙事性讲述有两种形式：一种是按照第一人称"我"的口气，把事情经历和个人见闻讲给别人听；另一种形式是以第三人称叙事，讲述"他""她"或"他们"经历的事情。

（二）描述性讲述

用生动形象的语言，把人物的状态、动作或物体以及景物的性质、特征具体讲述出来。比如讲述"××的照片"，要求幼儿具体描述照片上人物是什么样的，正在干什么，他们的表情如何，自己看了照片之后的感觉等。又如讲述"秋天幼儿园的银杏树"，要求幼儿描述秋天幼儿园里的一棵银杏树，要具体说出树叶的颜色、形状和小朋友拣到的银杏叶可以有什么用途等，传递有关秋天银杏树的信息和人们对美的感受。在幼儿阶段，幼儿学习描述性讲述的重点在于初步尝试使用具体、生动、形象的词语说话，同时抓住事物的主要特征进行描述。

（三）说明性讲述

用简单明了的语言，把事物的形状、特征、功能等解说清楚的讲述形式。比如讲述"我爱我的铅笔盒"，要求幼儿说明铅笔盒是什么样的，是用什么材料做的，里面有什么，铅笔盒有什么用处等。说明性讲述不需要使用生动形象的形容词来讲述，只需要表述明白事物状态，交代清楚它的特点、来源即可。

（四）议论性讲述

议论是讲道理或论是非，议论性讲述通过摆观点、摆事实来说明自己赞成什么或者反对什么。在幼儿阶段，尽管幼儿的逻辑思维水平不高，议论能力还不强，但是仍然可以进行初步的议论性讲述。比如讲述"我喜欢夏天还是冬天"，幼儿可以通过摆观点、举例子来说一说自己到底喜欢什么季节及其原因。这种讲述对提高幼儿语言逻辑水平和发展他们的逻辑思维能力极为有益。

二、根据凭借物特点来分类

（一）看图讲述

在讲述活动中使用图片来帮助幼儿讲述，是人们所熟知的看图讲述方法。在这类活动中教师提供的图片，可以是印刷出版的图画，可以由教师自己构图制作，可以是用半成品边讲边画的图画，也可以由幼儿画成图来讲述，或者用教师提供的几张图来做自选拼图讲述。无论用什么方式、提供什么样的图，看图讲述的凭借物都是图片即平面的具象画面。看图讲述可以从以下几个方面进行分类。

1. 迁移性讲述活动

在讲述活动中，仅讲述图片提供的内容是不够的，还需要为幼儿提供进行实际操练的机会，以利于他们更好地获得这些知识。巩固和迁移新的讲述经验，有一些具体做法：一是由 A 及 B，当幼儿积累了一种新的讲述经验后，教师立即提供相同类型但不同内容的材料，让幼儿按照讲 A 的思路去讲述 B，如幼儿学会按照一定顺序讲述某个故事后，教师让幼儿用同样思路按相同顺序讲述另一个故事，从而帮助幼儿掌握所学讲述方法；二是由 A 及 A，教师示范新的讲述经验并帮助幼儿理清思路后，让幼儿尝试用新的讲述方法来讲同一件事、同一情景。

2. 续编故事讲述活动

续编故事讲述活动是在幼儿对提供的图片本身的学习、理解和体验已经达到较高程度，这时候，教师进一步创设机会，让幼儿扩展自己的想象，并创造性地运用语言去表达自己的认识和想象，将故事接下来的情节编写完整的一类活动。教师可以将故事情节推向顶峰时突然中断讲述，让幼儿积极想象，编构出可能出现的发展进程。在组织幼儿编构"有趣情节"时，应当有目的地引导幼儿理解故事情节发展的线索，感受故事中人物形象的特点以及具有这种特性的人可能做出的事，这样幼儿才能顺利地编出故事情节的高潮与结局。

3. 创造性看图讲述活动

一般的看图讲述，主要是对画面的观察分析，而创造性看图讲述主要是由画面引发的想象。创造性看图讲述是发散型的，其答案是不确定的。发散有多向性，有多种可能结果，所以创造性看图讲述留有可发散的余地。

4. 拼图讲述活动

拼图讲述是幼儿通过摆摆、贴贴，理解物体与地点、动作与情节之间的关系，引导幼儿将自己拼贴出的图画用完整连贯的语言介绍给同伴的一类活动。

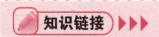知识链接

幼儿园看图讲述教学活动有效实施策略

柴海霞

大家都知道，幼儿的能力是有限的，阅读活动带有很大的盲目性、随意性和依赖性，因此需要成人的正确指导。而教师的作用就在于为幼儿提出明确的阅读目标，提出一定的任务和要求，帮助幼儿成功地进行阅读活动。

1. 激发幼儿看书的愿望，让他们喜欢看书

心理学家认为，兴趣具有动力作用，也就是说人的兴趣可以直接转换为动机，成为激发人们进行某种活动的推动力。所以组织幼儿阅读时，从激发幼儿的兴趣入手，调动幼儿的积极性，为培养幼儿的阅读能力打下良好的基础。对于中班幼儿，我常常采用设置悬念的方式引起孩子的阅读兴趣。比如在给孩子们讲《小公鸡借耳朵》的故事时，讲到最精彩处戛然而止，"小公鸡没借到耳朵，那它该怎么办呢？""最后小公鸡用什么办法解决问题了呢？"用悬念的方法引导孩子关注图书中的故事情节，让孩子自己在阅读过程中寻找答案。渐渐的我们的"爱书吧"热闹起来了，孩子的兴趣被激发出来了，体验到了看图书的奥秘。同时我还引导幼儿用表演、游戏的方式来表达对图书内容的理解，巩固阅读兴趣。如：在阅读《三只蝴蝶》时，我和孩子们一起扮演小蝴蝶，通过讲述和表演，让孩子体验三只蝴蝶之间相亲相爱、团结互助的情感。

2. 交互阅读

从孩子的年龄特征看，我们发现他们阅读的理解力有限，而且持久性较差，这就决定了快乐阅读不同于其他年龄段的阅读，不是单一的个体行动，需要成人和同伴的扶持。所以我们老师要参与幼儿的阅读，并随时给予指导，通过与幼儿共同阅读，从而为幼儿树立一个正确看书、认真看书的榜样。及时鼓励认真看书的幼儿，使幼儿知道什么是对的，什么是错的。同时，我在区域活动中开展幼儿结伴阅读。能力强的幼儿一起阅读，老师为他们提供感兴趣的图书，阅读前，给他们提一些问题，让他们带着问题阅读。能力弱的孩子一起阅读，老师为他们提供平时比较熟悉的幼儿用书，为他们的阅读降低难度，同时我常常参与他们的阅读并进行随机指导。随着孩子的年龄增长，我对这种交互式阅读的方式也不断进行了适当的调整，孩子们的自主阅读成分逐渐增加，逐步过渡到了以孩子为主的阅读活动。

3. 启发幼儿思考，在阅读过程中，要提出一些问题让幼儿动脑筋思考

促使幼儿对书中的故事进行思考和提问，这会有助于他们更好地理解书的内容和语言。如：在集体阅读《会动的房子》时，我及时向孩子提问："小松鼠的房子为什么会动呢？这是什么原因呢？"指导幼儿边看边想，启发他们合理想象，从画面上动物的神态、表情去了解其内心活动。如：阅读《大灰狼该不该救》时，我就向幼儿提出这样的问题："你们认为大灰狼该不该救呢？为什么？"引导幼儿进行分析思考，点出故事的主要思想，使幼儿能围绕主题概括出图书的主要内容，使他们感到会看懂图书是一件很了不起的事，以增强幼儿的成就感。

4. 当幼儿读完一本书时，应与幼儿交流读后感

交流读后感一方面可以了解幼儿的阅读情况，另一方面可以了解幼儿的阅读感受，让孩子通过阅读得到情感的培养。如：在集体阅读《三只蝴蝶》时，幼儿体验到了朋友之间团结友爱、互帮互助的快乐，有了要交朋友的愿望。于是阅读时我就让幼儿带着任务去看书，幼儿看完一个故事后请幼儿讲给小伙伴听。无论讲得是好是坏，我们都要鼓励幼儿。因为得到大家的赞许与肯定，在不知不觉中，孩子们就养成了良好的阅读习惯。

5. 运用生活经验理解画面的信息，以此拓展幼儿的经验

如：在阅读《三只蝴蝶》时，幼儿在看到三只蝴蝶在风雨中，谁也不愿意离开谁时，我能及时运用幼儿的生活经验让孩子讨论:"如果你是三只蝴蝶里的一只蝴蝶你会怎么做呢?"让幼儿在阅读中联系生活经验进行思考。在阅读《动物尾巴的功能》时,幼儿发现小动物的尾巴有不同的作用,谁也不能缺少自己的尾巴。这样在老师的引导下,孩子们不仅能从画面上理解动物尾巴的不同作用,还会运用自己想到的方法去保护小动物。

6. 以游戏为基本活动,注重阅读的分享过程

游戏是幼儿最喜爱的活动,游戏活动最符合幼儿的年龄特点和心理特点,在认识书时我以充满童趣的话语告诉幼儿书的封面是宫殿大门,封底是宫殿的后门,每一页是宫殿里的房间,里面装着许多故事和字宝宝,既生动又有趣;给每个幼儿的右手食指贴上小红点表示火车头,用开小火车的游戏练习阅读划指法,幼儿很喜欢;学动词时看字做相应动作,看到动物字词时则模仿动物形态表演。活动后,我又提供一些简单的道具,开始了表演游戏,当孩子们戴上头饰,拿上道具表演故事时,台上台下相互呼应,大家时而全神贯注,时而手舞足蹈,乐不可支。幼儿对这些游戏产生了浓厚兴趣,不知不觉中也可有效地促使他们主动地参与到学习中去,以轻松、愉快的方式培养儿童的阅读兴趣,提高儿童的阅读能力。

7. 指导家长创设良好的家庭阅读氛围

家庭,是人一生教育的起点;父母,是孩子一生教育的第一位老师;早期阅读教育兴趣的培养也需要在家庭环境中进行。为了更好地提高孩子的阅读兴趣,家长应做好以下几点。第一,家长可根据孩子的年龄特点,分层次地选择一些多元化的阅读材料讲给幼儿听,这样不仅密切了亲子关系,培养了孩子良好的阅读习惯,还培养了孩子的阅读兴趣。第二,孩子故事听得多了,看得多了,慢慢地就有了自编故事的欲望。这时家长应耐心地听孩子讲述他的小故事,而且也别忘了对他进步的肯定。家长讲完一个故事后,也可同孩子交流一下读后感,家长要注意倾听,及时帮助孩子引导话题,这样,不仅有利于提高孩子的语言表达能力,而且增强了孩子的自信心。第三,在早期阅读活动中,家长应以游戏方式、玩具引导幼儿自由地去阅读书籍,并适当地复述故事,引导幼儿观察画面背景,展开丰富的想象,推测故事情节,理解故事内容等,采取以上方式来帮助幼儿获得阅读的快乐,提高阅读兴趣。

通过一段时间的指导,现在我班幼儿不仅喜欢看图书,同时也学会了爱护图书,懂得要有顺序翻阅图书才能把故事看得既清楚又完整,并能大胆地讲述书中的故事,阅读水平有了明显的提升。所以我对幼儿在阅读活动中教师的指导作用有了更新、更高层次的认识。那就是教师的作用不仅仅是通过环境创设、提问暗示、讲述示范和形式多样的组织形式来激发幼儿的主体意识,更重要的是要善于把自己的教育意图转化为幼儿的意愿,可以采用多种方法使幼儿学习的主动性、积极性在阅读过程中充分焕发出来。唯有这样,才能更好地确立幼儿在阅读中的主体地位,充分发挥幼儿的自主性、能动性、创造性,实现快乐阅读的宗旨和理念。

(二)实物讲述

这种讲述形式即通过具体的物体来帮助幼儿讲述,有真实感的特点。它以实物作为凭借物,包括真实的物品、玩具、教具和外在自然景物等。教师指导幼儿感知理解实物并进行讲述时,最重要的是帮助幼儿把握实物的特征。

（三）情景表演讲述

情景表演讲述，要求幼儿凭借对情景表演的理解来进行讲述。情景表演由扮演的角色来表演一系列动作，发展故事情节，表现连续性的事件。情景表演讲述可以包括真人表演的情景和用木偶表演的情景，或是真人与木偶共同表演的情景。放录像展示一段情景事件，也属于这类活动，因为这些方式均体现出"角色表演"和"连续活动"的特点，可向幼儿展示可供讲述的内容。

任务三　学前儿童讲述活动的设计与组织

一、学前儿童讲述活动的设计

（一）设计实施的注意点

1. 充分感知与理解讲述对象

感知理解讲述对象，主要是通过观察的途径进行。这里所说的观察，大部分是通过视觉接收信息。许多看图讲述、实物讲述、情境表演讲述，都是先让幼儿仔细观察图片、实物、情景表演来感知、理解讲述对象。这主要是通过视觉通道来获取相关资讯，但不应排斥通过其他感觉通道去获得认知，如听觉、触觉、味觉、嗅觉等。

教师在这一步骤中重点是指导幼儿观察、感知、理解讲述对象，以便为接下来的讲述活动打好基础。教师要依据讲述类型的特点引导幼儿去感知、理解讲述对象。另外，也可以依据凭借物的特点引导幼儿感知、理解讲述对象。每一次活动的目标要求是不一样的，有时要求幼儿学习有中心、有重点地讲，有时要求按顺序来讲。教师的任务是根据活动的具体工作要求，指导幼儿充分具体观察事物。

2. 运用已有经验自由讲述

在幼儿充分感知与理解讲述对象的基础上，教师指导幼儿运用已有的经验进行讲述。关于这一步骤，要求教师尽量放手让幼儿自由讲述，给他们以充足的时间实践并运用已有的经验讲述。这是幼儿自由发挥的阶段。其中教师要改变几个人讲多数人听的被动单调的局面，了解每一个幼儿的讲述水平，提高幼儿参与活动的积极性。

教师在指导这一活动时，需要注意以下问题：一是在幼儿在自由讲述前，教师要交代清楚讲述的要求，提醒幼儿围绕感知、理解的对象进行讲述；二是在幼儿自由讲述的过程中，教师要注意倾听幼儿的讲述内容，及时发现幼儿讲述的"闪光点"以及存在的问题。

3. 引进新的讲述经验

通过前两个层次的铺垫，教师可以根据本次活动目标要求，帮助幼儿积累新的讲述经验。有了开始的鼓励，幼儿可以信心百倍地自由讲述。最初，可以让幼儿随意讲述，不必注重主题，让幼儿按照他的想象组织语言，最终引导幼儿注意讲述主题，围绕主题进行想象。《幼儿园教育指导纲要（试行）》指出："发展幼儿语言的关键是创设一个能使他们想说、敢说、喜欢说、有机会说并能得到积极应答的环境。"因此，讲述的积极性是教师组织讲述活动的重点。新的讲述经验主要是指讲述思路、讲述的全面性和讲述方式。教师在示范新的讲述经验时，应帮助幼儿厘清讲述思路，使整个讲述过程思路清晰，有较强的条理性；在讲述活动中，教师应帮助幼儿认识到讲述的基本要素；在讲述活动中，无论是看图讲述还是实物讲述，都要注意培养幼儿按照一定的顺序进行讲述的能力。

4. 巩固迁移新的讲述经验

教师用隐性或显性示范归纳方法向幼儿展示了新的讲述经验之后，可以让幼儿用同一思路及方法说一说别的内容，进一步巩固迁移所学的新的讲述经验。

（二）设计实施过程中正确理解语言活动中谈话活动和讲述活动的区别

1. 活动目标设置不同

谈话活动的目标旨在创造一个良好的语言环境以帮助幼儿学习倾听别人谈话，围绕一个中心话题进行谈话，中心目标是培养幼儿与人交谈时的对白语言能力；而讲述活动的目标是围绕一个凭借物，为幼儿提供不同于日常谈话的语用情境，要求幼儿积极参与命题性质的讲述事件，帮助幼儿逐步获得独立构思和完整连贯表述的语言经验，中心目标是培养幼儿独自构思、独自表述的独白语言能力。

2. 活动内容不同

谈话活动是围绕一个中心话题在已有经验的基础上进行交流，要求交谈的双方要进行角色互换，轮流表达，及时反馈；而讲述活动是围绕一个凭借物独自构思，独自表达。

3. 对幼儿语言能力要求

对幼儿语言运用能力的不同要求是谈话活动和讲述活动的最明显区别。在谈话活动中幼儿表现得更为宽松、随意、自由一些，语言表达不强求规范、严谨；而讲述活动则会要求幼儿独立完成从刺激信息的输入到语言的组织以及最后的语言表达，要求语音准确，词汇恰当，语法严谨，表达规范。

4. 对语言场景要求

谈话活动要求有一个相对宽松自由、能够畅所欲言的环境；而讲述活动要求场景相对正式、严肃，要求幼儿要集中注意力倾听。

二、学前儿童讲述活动的组织

（一）提供材料的难易度应合适

进行看图讲述教学，首先要对图片中的内容进行认真分析，思考什么样的图片更适合组织看图讲述活动。无论是情节性的图片还是非情节性的图片，内容上都应该是图像丰富、主次分明、线索分明，图与图之间有内在的必然联系，有让幼儿充分想象与讲述的空间；形式上应该是体现美感（艺术的享受）、体现多样性（漫画、动画、课件等）。在选择图片时应从幼儿的身心发展角度来考虑，图片要颜色鲜艳，其中的形象要可爱且动作性强，情节要生动、有趣、夸张。图片是现实生活中实物和情节的再现，具有一定的直观性，它色彩鲜艳、形象生动、情节简明，能引起幼儿的联想和想象，而观察、联想的结果，必然使幼儿产生表达的愿望。图片既是教具，又是具体形象化的教材，更是幼儿讲述故事的依据。

（二）教师在组织活动时应抓住幼儿注意的特点，激发幼儿探索的兴趣

兴趣是幼儿探索事物的关键所在，兴趣越浓，探索的意识也就越强。幼儿年龄小，无意注意占

优势，色彩鲜明、形象生动、新颖有趣、活泼多变、有声音的教具容易引起幼儿的注意。因此，在看图讲述活动中，首先，教师应抓住幼儿注意的特点，向幼儿提供能引起他们注意的图片，因为只有当图片的内容能引起幼儿的注意时，才会激发幼儿探索的兴趣，如卡通片中的人物形象，色彩鲜明，造型不拘一格，深受幼儿喜爱，容易引起幼儿的注意。把卡通片中的卡通形象搬进画面，由于幼儿比较喜爱它们，加上出现在与卡通片完全不同的场景中，往往会令幼儿产生一种不同于观看卡通片的新奇感，注意力马上被吸引，由此产生了探索的兴趣。其次，教师为幼儿提供的图片应是多种形式的。除了印刷出版的图书或老师绘制的图片，还可以利用电脑、多媒体制作和放映幻灯片，屏幕上活动多变的画面更能激起幼儿探索的兴趣。最后，教师可以向幼儿提供各种构图材料，如积塑玩具、贴绒、磁铁教具、七巧板等，引导幼儿根据一定的主题自由构思，拼出各种各样的画面，并进行讲述。

（三）利用多媒体创设教学情境，有助于吸引幼儿的注意力

比如在教学"战胜大灰狼"这一看图讲述内容的时候，为了让静止、无声的画面变为动态画面，有热闹的场景，能调动幼儿的情感和思路，可利用计算机技术给幼儿展示一段动画场景：茂密的森林里，一只可爱的小兔正在采蘑菇。一只凶猛的大灰狼在大树后面瞪着小兔，其他小动物们齐心协力帮助小兔，终于战胜了大灰狼。动画片结束了，幼儿仿佛已置身于一个色彩斑斓的童话世界中。又如"小鸡在哪里"的课件中，教师把鸡妈妈、小鸡道具分别放到不同的地方，让幼儿去帮鸡妈妈找小鸡，找到一只说一句"一只小鸡在……"，找到最后一只，就说："还有一只在……"，在活动中幼儿有了说和玩的机会，在体验游戏的愉快气氛中巩固了新学的"上""下""左""右""内""外""前""后"等方位词和"还有……"的短句。这样一来，电教多媒体给幼儿创设了一个语言环境，使他们在模拟的情境中产生了强烈的说话欲望；也可以促使教师能更主动地掌控整个教学过程，节省了教学时间，减轻了幼儿学习时的负担，优化了教学效果。

任务四　学前儿童讲述活动案例与评析

【案例 5-1】

大班看图讲述活动：让人着迷的书

一、选材分析

这组图片选自孩子们非常喜爱的漫画书《父与子》，图片中故事情节诙谐幽默，角色形象鲜明生动，且图片留有很多可供幼儿想象的空间，适合大班幼儿独立构思与讲述。

二、活动目标

1. 初步接触幽默画，体验幽默画中所蕴含的趣味，对幽默画感兴趣。
2. 仔细观察画面人物的动态，根据人物动态推理情节的发展，想象出人物间的心理活动和对话语言。
3. 能大胆猜测和表达，语言表述完整、连贯；能正确使用跟画面相关的动词。

评析：目标可行性很强，对幼儿的讲述语言提出了具体的目标要求，一是讲述角色心理活动和对话，二是正确使用跟画面相关的动词，这样有利于幼儿积累相关的讲述语言经验，提升幼儿的讲述能力。

三、活动准备

1. 课件。
2. 幼儿人手一份图片《让人着迷的书》（每一份图片上都是一段《父与子》中的情节，并按顺序编号）。
3. 假发、胡须、圆点若干。
4. 背景音乐。

四、活动过程

1. 出示漫画书封面，感受父与子的幽默形象，引出活动主题。
2. 教师引导幼儿观察讲述《让人着迷的书》，大胆猜测和表达。

（1）出示图片①，教师提问：你在图片上看到了什么？他们准备干什么？提示幼儿关注画面上的表示香味的图和问号图示。

（2）出示图片②，教师提问：儿子在干什么？引导幼儿模仿画面中儿子的动作。

（3）出示图片③，教师提问：这是一本什么样的书？爸爸会说什么？提示幼儿想象爸爸心里想说的话。

（4）出示图片④、⑤、⑥，教师提问：你看到了什么有趣的事情？

评析：基于大班幼儿的生活经验水平，教师一起出示了后3张图片，并让幼儿自主观察讲述，教师给予个别指导。充分体现了教师对幼儿的了解，并且能基于孩子的已有生活经验水平，促进孩子的发展。

（5）出示泡泡框，引进新的讲述经验，鼓励幼儿大胆想象、猜测和表述人物的心情和他们之间可能发生的对话。

（6）幼儿人手一份图片，自由讲述图片④、⑤、⑥，请个别幼儿选择自己喜欢的一幅图片在集体面前讲述。

评析：活动进行到这里时，幼儿集体讲述的时间已经较长，这时让每位幼儿拿着小图片，边指图片，边讲述故事，让全班幼儿的参与热情得以延续。

3. 教师提出讲述规则和要求，幼儿带上道具分角色在小组完整讲述，请1~2组幼儿在集体面前讲述。

评析：老师提供表演的道具，让幼儿自己选择角色分组合作表演，边表演边讲述，增加了讲述活动的趣味性，幼儿讲述的积极性更高了。

五、延伸活动

1. 区域活动：将漫画书《父与子》投放至阅读区，引导幼儿自由阅读与讲述。
2. 家园合作：幼儿回家后将图片故事讲述给爸爸妈妈听，并邀请爸爸妈妈一起表演故事。

附图片（图5-2）：

图5-2 让人着迷的书

【案例5-2】

大班看图讲述活动：救火

一、活动目标

1. 初步接触幽默画，体验幽默画中所蕴含的趣味，对幽默画感兴趣。
2. 仔细观察画面人物的动态，根据人物动态推测情节的发展，想象出人物间的心理活动和对话语言。
3. 能大胆猜测和表达，语言表述完整、连贯；能正确使用跟画面相关的动词。

二、活动准备

1. 两组作品图片，一张备用图、父与子的形象、《父与子》的书。
2. 《救火》图片，幼儿人手一份。
3. 泡泡框。

三、活动过程

1. 介绍《父与子》，认识父与子的形象

（1）调动幼儿经验。
教师：你们有没有看过这本书？
（2）理解书名。
教师：《父与子》是什么意思？
教师出示"父与子头靠头"的图片，提问：你觉得这上面的两个人是什么关系？
（3）认识形象。
教师：爸爸长得怎么样？再看看宝贝儿子长得怎么样？

2. 观察讲述《救火》

（1）出示图①，鼓励幼儿在观察图片的基础上大胆猜测。教师：看懂了吗？屋子里怎么会有烟？提示幼儿关注画面的时间。教师：谁知道这是什么时间呀？你是怎么知道的？
（2）出示图②，提问：这幅图和刚才那张图有什么不一样的地方？你觉得儿子干什么去了？
（3）出示图③，提问：儿子在干什么？这个动作叫什么？猜猜结果会怎么样？
（4）出示图④，提问：他们在笑什么？儿子看到爸爸这个样子会怎么想？会说什么？你觉得爸爸又会说什么呢？
（5）完整讲述图片内容。
教师：谁可以把这几幅图的意思连起来说一说？

3. 引进新的讲述经验，鼓励幼儿大胆想象、猜测和表述儿子的心情和父子之间可能发生的对话

（1）出示泡泡框，引导幼儿想象儿子的心情和语言。
①教师：你们看这是什么？鼓励幼儿自由表述自己对这个图片的理解。
②教师：这个图片放在谁的上面，就表示他心里有想法和有想说出来的话。
③教师示范：我把它放在第一幅图中儿子的头上，大家想想这个时候儿子是怎么想的？他会说什么呢？鼓励幼儿大胆想象、猜测和表述图①中儿子的心情和想法。
（2）依次鼓励幼儿分别想象、猜测和表述图②至图④中人物心理和对话。重点是想象图④中父子对话。

(3) 请幼儿将4幅图片连起来，完整讲述图片内容。
(4) 请幼儿拿出自己的图片自由讲述图片内容，教师巡回指导。
(5) 请个别表述完整、词汇较丰富的幼儿在集体面前讲述。

4. 教师总结

(1) 画这本书的叔叔给这个故事取了一个名字"救火"，真的是救火吗？
(2) 有没有小朋友以前看过这样的图？你们喜欢这个故事吗？
(3) 告诉你们，这个故事是一个德国的画家画的，他自有一个儿子，他把自己和儿子的很多有趣的事都画了出来，后来出了一本书，这本书就叫作《父与子》。这个画家叫作埃·奥·卜劳恩。等一会儿喜欢的小朋友可以去图书角看一看这本书，还可以让爸爸妈妈带你一起看。

附图片（图5-3）：

图5-3　救火

【案例5-3】

大班情景讲述活动：听声音识动物

一、活动目标

1. 乐意讲述与表演各种动物。
2. 能仔细听辨录音中各种动物的叫声，大胆表述自己的推测与想象。
3. 能根据动物的声音，综合运用说明讲述与叙事讲述语言经验，完整讲述动物的叫声、形象、动态与情节。

评析：目标能紧扣讲述活动核心经验学习，并考虑大班幼儿讲述经验发展水平，目标可行性很强。

二、活动准备

1. 森林里动物叫声的音频。
2. 动物胸饰、手偶。

三、活动过程

1. 听录音猜动物，激发幼儿参与活动的兴趣

教师：请小朋友仔细听听这些声音是哪些动物发出的？

评析：活动中教师选择的动物叫声不宜太多，既有几种性情温和的小动物，也有几种凶猛的，且都是幼儿比较熟悉的。

2. 第二遍完整倾听录音，引导幼儿运用已有的经验进行讲述

教师：森林里有哪些动物？这些动物的叫声是怎么样的？它们的叫声给人什么样的感觉？

评析：当幼儿在倾听声音后有不同的意见时，教师可以引导幼儿再次听录音进行分辨，做出正确判断，以便培养幼儿严谨的学习品质。

3. 引导幼儿根据动物的声音完整讲述该动物的叫声、形象、动态与情节

比如，引导幼儿重点倾听老虎的叫声，然后讨论并完整讲述下述内容。

（1）老虎的叫声和别的动物有什么区别？可以用什么样的词来形容它的叫声？

（2）听老虎的叫声时，我们好像看到老虎在什么地方，它是什么样子的？

（3）听着老虎的叫声，你觉得老虎正要干什么？什么事情可能会发生？

4. 幼儿分组扮演动物，讲述动物特征

幼儿分小组合作表演，每位幼儿利用胸饰、手偶等材料扮演一种动物，并重点讲述动物的特征。

评析：教师通过让幼儿倾听森林里动物的录音，由讲述动物的叫声、形象特征逐步过渡到想象与叫声有关的情节，并讲述自己编的故事。活动设计非常具有层次性，层层递进地增加幼儿讲述的难度，注重提升幼儿的讲述能力。

5. 游戏：我来说你来猜

幼儿两两结伴轮流讲述一种自己喜欢的动物，不能说出动物的名称，让同伴来猜。

四、延伸活动

1. 区域活动：教师提供或幼儿自带一些动物主题的科普类图画书，引导幼儿阅读，并与同伴分享。

2. 家园合作：回家后观看关于动物的电视节目，如《动物世界》等，并将自己喜欢的片段讲述给爸爸妈妈听。

训练一：学前儿童讲述活动观摩与评析

【实训目的】

通过现场或视频观摩优秀的学前儿童讲述活动案例，进一步熟悉如何设计与组织学前儿童讲述活动，并尝试评价学前儿童讲述活动。

【实训要求】

1. 观察记录一个学前儿童讲述活动的全部过程，包括活动材料的准备与运用、活动的组织过程

与方式、教学方法的运用等。

2. 以研究学习小组为单位对活动进行评析。

3. 各研究学习小组派代表发言，师生集中研讨。

训练二：学前儿童讲述活动试教

【实训目的】

运用本项目学习内容，学会设计与组织学前儿童讲述活动，并尝试进行活动反思与评价。

【实训要求】

1. 全班推选一名学生进行学前儿童讲述活动集中试教与说课反思。

2. 师生围绕以下3个问题研讨试教课例。

（1）学前儿童讲述活动中如何引导幼儿感知与理解讲述对象？

（2）学前儿童讲述活动中如何引导幼儿学习与运用新的讲述经验？

（3）学前儿童讲述活动中如何增强讲述过程的趣味性？

3. 分小组进行个别试教，每名学生展示自己设计的学前儿童讲述活动，要求提交教案，制作教具或课件材料，完整进行模拟试教，试教后进行说课反思，组内进行活动评析。

4. 教师进行总结与提升。

训练三：学前儿童讲述活动教研

【实训目的】

针对学生讲述活动设计与组织中的几个突出关键问题，如感知理解讲述对象时提问的设计，讲述经验的学习与运用等，模拟幼儿园语言活动教研的形式，组织专题教研，有针对性地解决学生在学前儿童讲述活动实践中的问题，进一步提高学生设计、组织与评价学前儿童讲述活动的能力。

【实训要求】

1. 教师根据学生实践中的具体情况即存在的突出问题，介绍学前儿童讲述活动教研的任务与目的，抛出教研的核心问题。

2. 师生围绕教研问题开展研讨。

（1）学生以研究学习小组为单位，任选一个核心问题进行研讨。

（2）每组派代表发言。

（3）师生围绕问题进行深入研讨。

3. 教师进行教研总结与提升。

学以致用

1. 简述学前儿童讲述活动的特征主要有哪些。

2. 简述看图讲述的种类。

3. 论述学前儿童讲述活动与谈话活动的异同。

4. 结合学前儿童讲述活动设计与实施的注意点，说一说如何组织一次成功的讲述活动。

5. 题目：看图讲述，如图5-4所示。

（1）内容。

①看图片讲故事。

②模拟提问。

(2) 基本要求。

①看图讲故事。

a. 故事符合图意,语言生动有趣。

b. 给故事取名,名字有一定的概括性,符合图意。

c. 普通话标准,口齿清楚,语速适宜,有感染力。

②模拟提问:模拟向4~5岁幼儿提2个问题,提出的问题有助于幼儿理解图片内容或吸引幼儿注意力。

③请在10分钟内完成上述任务。

图 5-4　看图讲述

项目六　学前儿童早期阅读活动

项目概述 ▶▶▶

学前儿童阅读活动不是单纯的看书、识字活动,而是一种结构相对完整、体系相对独立,能促进学前儿童全面和谐发展的活动,是通过对文字、符号、标记、图片、影像等材料进行认读、理解和运用,对学前儿童施加的一种有目的、有组织、有计划的影响活动。对于学前儿童而言,早期阅读习惯和技能的培养对他们终身学习和阅读本领的增强具有特别重要的意义。通过阅读,学前儿童不仅可以获得丰富的知识,还可以启迪智慧,活跃思维,诱发创造灵感。

学习目标 ▶▶▶

◆ 了解学前儿童早期阅读活动的特点及其目标、内容;
◆ 掌握学前儿童早期阅读活动的形式;
◆ 掌握学前儿童早期阅读的关键经验;
◆ 了解如何为学前儿童早期阅读创设良好环境。

任务一　认识学前儿童早期阅读活动

一、学前儿童早期阅读活动的特点

(一)符号性与多维感知

符号是社会全体成员共同约定的用来表示特定意义的记号或标记。早期阅读活动中的符号是指丰富多彩的阅读素材。

多维感知是指利用感官获得的对多种因素影响下的物体有意义的印象,即通过视、听、触、嗅、味、第六感官等获得的对不同因素影响下的符号有意义的印象。

项目六 学前儿童早期阅读活动

学前儿童早期阅读行为中的感知是一种特殊的"看",特别是他们的"发现"与"辨别"层次的心理活动需要动用多种感官的加入。学前儿童早期阅读是以视觉为主的阅读,同时动用多种感官并采用动手和动脑相结合的阅读方式,并逐步发展起多维感知。它强调对学前儿童观察、搜索和选择信息等能力的培养。

(二) 理解性和情感体验

学前儿童早期阅读活动是一种伴随着特有的情感体验的理解活动。学前儿童早期阅读活动中的理解活动是多种多样的,其思维基础包括逆向思维、顺向思维、聚敛思维、发散思维等。因此,学前儿童早期阅读活动可以培养学前儿童以理解为核心的良好思维品质。

教育心理学的研究表明,阅读过程是智力因素和非智力因素共同参与的过程,阅读过程中伴有动机、兴趣、情感、意志等活动。学前儿童可以借助具有客观意义的阅读材料来了解他人的思想感情,也可以借助自己创作的阅读材料表达自己的兴趣与情感。

(三) 活动性和创造实践

学前儿童早期阅读活动实际上是学前儿童与人、物、事之间的交际活动,这种交际的过程具有很强的活动性。同时,这种活动性还体现在通过阅读活动帮助和促使学前儿童感知、感受其周围世界。

我国学者朱作仁认为:"阅读活动是从看到的言语向说出的言语的过渡。"因此,可以这样理解:学前儿童早期阅读行为的特性之一是不能停留于表面单纯的"看",而要强调活动形式的多样性,以及活动过程中学前儿童的创造性与实践性。

二、学前儿童早期阅读活动的目标

苏霍姆林斯基认为:"幼儿的智力发展取决于良好的阅读能力。"学前儿童早期阅读教育的主要目标之一是使学前儿童的智力得到发展,特别是帮助学前儿童初步认识书面语言和口头语言之间的对应关系。

早期阅读教育活动的目标之一是为以后高级的阅读活动做准备。因此,人们确定的早期阅读教育的总目标通常是从情感和态度上培养幼儿的阅读兴趣,从能力和技能上培养其阅读理解能力,并使学前儿童对口头语言和书面语言的对应与转换关系有所认识,使其懂得书面语言学习的重要性。

阅读教育的整体目标应是以阅读能力目标为核心的多项目标的综合,它可以有多种构成形式。下面主要从认知、情感、态度和技能4个方面来阐述早期阅读教育目标体系。

(一) 早期阅读情感态度目标

浓厚的阅读兴趣、良好的阅读习惯和自觉的阅读态度是学前儿童早期阅读教育的重点培养目标。兴趣、习惯、态度在学前儿童早期阅读教育中属于非智力因素,却是影响学前儿童早期阅读教育成败的重要因素。

在早期培养学前儿童对书面语言的学习兴趣时,教师要着重帮助学前儿童获得下述两种基本的阅读态度,如图6-1所示。

图 6-1 基本的阅读态度

在具体的培养过程中，应有较为具体的早期阅读态度目标。早期阅读态度目标举例如下。

（1）喜欢与父母一起阅读图书，感受阅读的乐趣。

（2）能专注地看图书，对图书中的文字符号感兴趣。

（3）能爱护图书，知道看一本书就取一本书，看完后能将书放回原处。

（4）喜欢观察周围生活中各类事物、现象，对情境中的标识、文字符号感兴趣，并知道其表达一定的意义。

（5）喜欢跟诵韵律感强的儿歌和童谣，能够感受语言节奏的快乐和语言游戏的滑稽等。

（6）喜欢用自己的方式关注常用词的声母或韵母。

（7）愿意将听过的故事讲述出来。

（8）乐意将涂涂写写当成一种有趣的活动。

（9）能集中注意力看阅读材料。

（二）早期阅读技能目标

学前儿童早期阅读教育的最基本目标就是使学前儿童掌握阅读的方法，具备阅读能力。学前儿童早期阅读教育中应着重培养学前儿童观察事物和认识事物（生活）的能力。对学前儿童来说，从阅读中学习、观察是开发其智力的重要途径。

在学前儿童阅读教育中，应让学前儿童掌握的阅读方法有很多，包括拿书、翻书、指读、浏览及查阅资料、使用工具书和阅读时的思考、分析、归纳、总结等。学前儿童的阅读能力正是在掌握阅读方法的基础上形成的。早期阅读技能目标举例如下。

（1）能一页一页地翻书，说出一本书的组成部分及其不同功能。

（2）能有顺序地观察图书，逐一指认书本上的物体。

（3）尝试"读出"熟悉的书面语言内容，能够辨认周围环境中的一些印刷文字。

（4）能仔细观察到画面细微的变化，描述出作品的主要内容，并对书中的角色做出一些评论。

（5）懂得不同形式的印刷品可以用来表现不同功能的书面语言信息。

（6）能讲述听过的故事、诗歌、散文，描述日常生活的情境，理解一些图案、文字、标志等符号的意义。

（7）能从封面图文了解该书的内容，通过目录较快地查找自己需要的内容、书页。

（三）早期阅读认知目标

早期阅读认知目标是使学前儿童获得较丰富的语言知识、其他社会科学知识和自然科学知识，为提高学前儿童的语言水平和文化素养起到启蒙作用。

凡是有效的阅读教育，知识的传递必然贯穿于全过程。要让学前儿童学会阅读，培养其阅读能力和发展其智力，都离不开知识。在学前儿童早期阅读教育中，认知教学的目标应是有重点的，应强调与学前儿童的生活紧密结合的知识。

早期阅读认知目标举例如下。
（1）能够通过封面认识不同的图书。
（2）能够读出一些书的书名或作者的名字。
（3）聆听故事时，能够将故事里的人和事与自己的真实生活经验联系起来。
（4）能理解阅读材料的主题。
（5）能领会阅读材料的情节与简单寓意。
（6）熟悉一些不同的文体，听完一个故事后能够正确地回答有关问题。
（7）能分辨书面语言和口头语言的不同表达方式。
（8）能够发现简单句的句式表达错误。
（9）能够根据故事的插图或部分情节预期故事的发展或结局。
（10）能够复述、扮演或表演完整或部分故事情节。

（四）早期阅读教育情感目标

在学前儿童早期阅读教育中，还有一个不容忽视的目标，即培养学前儿童高尚的道德情操，帮助学前儿童树立情感目标。图6-2所示为树立情感目标的主要原因。

树立情感目标的主要原因

- 因为学前儿童接触的阅读材料不是文字、符号的简单堆砌，而是人们立场观点、思想认识、审美情操的反映，这需要长期熏陶、潜移默化。
- 学前儿童集体阅读时间、亲子阅读时间是与同伴、教师、亲人分享和交流自己阅读的作品，这类活动其实也是一种非常重要的情感沟通。

图6-2 树立情感目标的主要原因

早期阅读教育情感目标举例如下。
（1）注意倾听教师给学前儿童念的故事。
（2）喜欢阅读浅显的童话（寓言、故事），向往童话中美好的情境。
（3）喜欢诵读儿歌（童谣、浅显的古诗），获得初步的情感体验，感受儿歌中语言的优美。
（4）能与同伴分享自己制作的阅读材料，从中获得成功的愉悦。
（5）能运用阅读知识主动与同伴交往。
（6）能用文字符号表现出自己所感知的生活经验、愿望。
（7）能想象阅读材料中没有表现的情节、对话与内心活动。

上述4类目标构成了学前儿童早期阅读教育的整体目标。这些目标之间是紧密相关、相辅相成的，它们都在学前儿童早期阅读教育活动的过程中，根据学前儿童发展需要和活动特点来整合。

三、学前儿童早期阅读活动的内容

早期阅读是学前儿童开始接触书面语言的途径，因此其阅读内容应该包括与书面语言学习相关的所有材料。根据学前儿童早期阅读活动的目标，为儿童提供的早期阅读内容涉及三方面的经验，即前图书阅读经验、前识字经验、前书写经验。

(一)前图书阅读经验

所谓"前图书阅读经验",并不只是利用给学前儿童提供图书的方式来培养其阅读能力,而是要帮助儿童学习和积累若干具体的行为经验。一般来说,教师可以利用那些儿童感兴趣的图文并茂、丰富多彩的图书,来帮助他们学习如何阅读图书,培养阅读能力,同时要挖掘日常生活中一切可供儿童阅读的材料,如报纸、广告、说明书等,这些都旨在丰富幼儿的前阅读经验。儿童要学会看图书,至少要学习如下若干具体的行为经验。

(1)翻阅图书的经验。儿童要掌握一般的翻阅图书的顺序和方法。

(2)读懂图书所展示内容的经验。儿童要会看画面,能从画面中发现人物的表情、动作、背景等,将它们串接起来理解故事情节。

(3)理解图书的画面、文字和口头语言有对应关系,会用口语讲出画面内容,或听老师念图书时,知道是在讲故事的内容。

(4)图书制作的经验。知道图书上所说的故事是由作家用文字写出来,画家又用图画表现出来,最后装订印刷成手中的读物,儿童也可用自己的文字和画笔,把想说的事情用一页页的故事表达出来,并把它们订成一本书。

(二)前识字经验

虽然大量识字是儿童进入小学以后的学习任务,但幼儿园有计划、有组织地开展早期阅读活动,可以帮助学前儿童学习获得前识字经验,从而提高儿童对文字的敏感度。但是尤其需要注意的是:在各年龄班早期阅读活动中,教师绝不能要求儿童机械记忆和认读文字,更不能给儿童规定识字量。

学前儿童早期阅读活动,向幼儿提供的前识字经验包括以下内容。

(1)知道文字有具体的意义,可以念出声音来,可以把文字、口语与概念对应起来,如认识"船"这个字,知道是指什么样的物体,看到"球"字时,知道读音,并知道什么是球。

(2)理解文字功能和作用的经验。比如读图书中的文字就知道书里所讲的故事;知道可以把想说的话写成文字,如信,当邮寄到别人手中,再把它转换成口语,别人就能明白写信人所要表达的意思。

(3)初步产生文字来源的经验。初步了解文字是怎样产生的,文字是如何演变成今天的样子的。

(4)知道文字是一种符号并与其他符号可以转换的经验。例如,认识各种交通与公共场合的图形标志,知道这些标志分别代表一定意思,可用语言文字表现出来。

(5)知道文字和语言的多样性经验。知到世界上有各种各样的语言和文字,同样一句话,可以用不同的语言文字来表达;不同的语言文字又可以互相解释说明。

(6)了解识字规律的经验。在前识字学习中,让幼儿明白文字有一定的构成规律,掌握这些规律,就可以更好地识字。例如,许多汉字与"目"有关,如睡、眼、看、眉等。把握这种内在规则,儿童会对识字感兴趣,也有利于他们自己探索认识其他一些常见字。

(三)前书写经验

尽管不能要求学前儿童像小学生那样集中、大量地学习识字写字,但是获得一些有关汉字书写的信息，仍然是必要的。前书写经验是儿童进入小学后正式学习书写的准备。

前书写经验学习内容的早期阅读活动，重在向儿童提供学习机会，让他们积累有关汉语文字构成和书写的经验。具体包括以下内容。

（1）认识汉字的独特书写风格，如能将汉字书写区别于其他文字。
（2）知道汉字的基本间架结构，如懂得汉字可以分成左右结构、上下结构等。
（3）了解书写的最基本规则，学习按规则写字，尝试用有趣的方式练习基本笔画。
（4）知道书写汉字的工具，知道使用铅笔、钢笔、圆珠笔、毛笔书写时的不同要求。
（5）学会用正确的书写姿势写字，包括坐姿、握笔姿势等。

需要注意的是，让学前儿童初步了解汉语文字的基础知识和多种书写工具，是要帮助儿童了解祖国文字及书写的独特之处，激发他们对祖国文化的热爱和学习的兴趣，不要将这样的活动等同于练习毛笔字，更不能强行要求儿童机械乏味地反复操练。可根据儿童的认知特点，灵活创设利于儿童学习前书写经验的活动，如在固定区域放置小本子和钢笔、铅笔、圆珠笔等书写工具，鼓励儿童在阅读过程中尝试用笔和本对自己的问题和想法进行"记录"等。

四、学前儿童早期阅读活动的形式

早期阅读教育活动有多种形式，教师在组织阅读活动时应根据学前儿童的具体情况选择合适的内容和形式。常见的阅读活动形式主要有3种，如图6-3所示。

幼儿园阅读教育活动
在幼儿园内，教师通过观察学前儿童的兴趣和能力，有目的、有计划地引导学前儿童利用有趣的、图文并茂的阅读材料进行的阅读活动。

家庭阅读教育活动
在家庭中，成人根据学前儿童的意愿，利用各类有趣的、图文并茂的阅读材料进行的阅读活动。

利用社会教育资源进行的阅读教育活动
在生活中，成人带领学前儿童利用图书馆、阅览室、道路两侧、视听器械等开展的多样化的阅读活动。

图6-3 常见的阅读活动形式

任务二　学前儿童早期阅读的关键经验

早期阅读是学前儿童认知的一种重要形式，而早期阅读的关键经验对于学前儿童的发展来说是必不可少的，而且应是学前儿童主动获取且别人无法替代的。学前儿童认知的发展都是从主动获取一系列的阅读的关键经验开始，并逐步走向更高的发展阶段。教师要帮助学前儿童积累早期阅读的关键经验，引导他们发现阅读的规律，为学前儿童创造经验积累的良好环境。

一、学前图书阅读经验

学前图书阅读经验主要有以下4种。
（1）翻阅图书的经验。学习并掌握一般的翻阅图书的方式和规则。

（2）读懂图书内容的经验。学会观察画面中人物的表情、动作、背景及串联起来的事件等。

（3）理解图书画面、文字与口语对应关系的经验。学会用口语讲述画面内容，或听教师用口语念出画面中的文字内容。

（4）图书创作的经验。知道书中的故事是作家和画家创作出来的，并尝试自己创作图书。

二、学前识字经验

集中、快速、大量地识字是学前儿童进入小学阶段的任务，但在学前阶段帮助他们获得学前识字经验十分必要。学前识字经验主要包括以下内容。

（1）懂得文字有具体的意义，可以将文字念出来，可以将文字符号、口语符号与概念对应起来。

（2）理解文字的功能、作用。

（3）了解文字是怎样产生的，文字是如何演变的。

（4）知道文字符号能够与其他符号互相转换。

（5）认识到世界上有各种各样的语言和文字，同样一句话可以用不同的语言和文字来表达。

（6）明白文字有一定的构成规律，掌握这些一般规律就可以更好、更快地识字。

三、学前书写经验

学前书写经验可以为学前儿童进入小学后正式学习书写做好准备。学前儿童着重积累有关汉语文字书写构成的经验，主要包括以下内容。

（1）认识汉语文字的独特书写风格，将汉字书写与其他文字的书写区别开来。

（2）知道汉字的基本间架结构。

（3）了解书写的基本规则，学习按照规则写字，尝试用有趣的方式练习基本笔画。

（4）知道书写汉语文字的主要工具，并尝试使用这些书写工具。

（5）学会用正确的书写姿势写字，包括坐姿、握笔姿势等。

任务三　创设良好的阅读环境

良好阅读环境的创设是学前儿童早期阅读教育课程的重要因素，它直接影响学前儿童早期阅读兴趣的提高、阅读习惯的形成和阅读能力的培养。阅读环境的创设一般包括图书的选择与投放、阅读环境的营造及阅读游戏材料的提供等。

一、图书的选择与投放

选择的图书，内容应更多地贴近学前儿童的生活经验，以图为主，文字较少，情节简单，主题突出，色彩明快。

在图书的选择上，教师还要考虑不同年龄学前儿童的阅读水平，如图6-4所示。

同时，教师要特别注意4点内容，如图6-5所示。

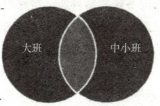

图 6-4 不同年龄学前儿童的阅读水平

图书应以文学、图画书为主,知识性过强或以思想品德教育为重而忽视文学性、艺术性、趣味性的图书不宜作为阅读教材。

图书的选择与投放除了要考虑学前儿童的兴趣外,还应符合学前儿童的阅读水平和生活经验。

教师可以征求学前儿童的意见和建议,选择他们自己喜欢的图书,以激发其学习的热情和主动性,这样更有利于学前儿童理解。

为了配合主题活动或为了满足学前儿童的某种兴趣,教师还可在一些经典图书的基础上根据学前儿童的年龄特征和教学目标对其进行改编,或自编自制图书。

图 6-5 图书的选择与投放

二、阅读环境的营造

学前儿童的阅读需要有一定的阅读环境。阅读环境即一种阅读氛围和阅读条件,它客观地存在于学前儿童生活的每一个空间,并以其独特的暗示、潜移默化、耳濡目染的方式,影响着生理和心理都正处于迅速发展中的学前儿童。虽然环境的影响不是强制的,但其具有的暗示与引导功能是难以忽视的。

阅读环境分为显性的物质环境和隐性的心理环境,如图 6-6 所示。

影响因素具有直接性、外露性,影响效果具有即时性和明显性等,主要包括阅读区环境、教室墙面环境及其他刺激所构成的物质环境。这一类环境具有可参与性和可操作性,为学前儿童的阅读活动提供空间和条件,学前儿童通过活动与阅读环境的交互作用,会逐步形成喜爱阅读的心理倾向,养成良好的阅读习惯。

影响因素具有潜在性、隐蔽性,影响效果具有渐进性、长效性等,主要是指教师态度、师生关系、学前儿童相互之间的关系等构成的人际环境,即心理环境。它能对学前儿童的行为产生积极的影响,激发学前儿童阅读的兴趣和愿望,是学前儿童乐于阅读的心理基础。

图 6-6 显性的物质环境和隐性的心理环境

教师创设阅读环境时应结合学前儿童的特点,考虑创设由舒适、安静、自由、安全、丰富的阅读区环境与有意义的文字刺激环境组成的显性物质环境,并考虑创设教师支持、充分互动、气氛愉快、和谐的隐性心理环境。

三、阅读游戏材料的提供

配合学前儿童的阅读活动,教师应针对学前儿童在阅读中遇到的普遍问题或阅读困难设计一些阅读游戏。例如，学前儿童对各种动物图书较为感兴趣，往往能读出文中一些动物的名称，但离开图片后，学前儿童对文字的辨认力就较差。教师可以设计动物图片与文字的匹配游戏，可以看图找文字，也可以看字找图片，让学前儿童在对应匹配的过程中加深对辨认文字的敏感性。

任务四 学前儿童早期阅读活动的设计与组织

一、幼儿园早期阅读教学活动的设计与指导

幼儿园早期阅读教学活动是围绕图画书展开的一系列相关活动，通常我们把这类活动称为"前阅读教育活动"。教师如何把自己阅读的一本图画书，通过前阅读教育活动，让幼儿得到阅读核心经验的提升，获得阅读的快乐。我们通常分为以下4个部分展开。

（一）引入图画书，激发兴趣

教师可选择幼儿接触过的图画书，也可选择初次接触的图画书开展早期阅读教学活动。要知道，儿童理解一本图书不是单靠一次活动就完成的，因此，引入图画书可以放在活动前，也可在教学活动中。但不管选用哪种方式，其目的在于激发幼儿兴趣，让幼儿亲近图画书，喜欢阅读。教师可通过多种策略方法引入图画书，大体归纳有以下几种。

1. 类比呈现

教师可利用以往阅读过的同类图画书导入。如开展《我妈妈》阅读活动时，教师可引导幼儿回忆《我爸爸》图书，进而引出图画书。

2. 生活经验链接

教师选择与图画书主题内容相关的生活场景、事件导入，如在阅读图画书《好消息，坏消息》时，教师出示封面，引导幼儿围绕主题展开讨论。

师：平时，你有好消息和坏消息吗？

幼1：我拿到压岁钱是好消息。妈妈打我是坏消息。

幼2：奶奶给我看电视是好消息，不让吃冰淇淋是坏消息。

幼3：妈妈打我是坏消息，好朋友要来我们家做客是好消息。

……

师：对于每个人来说，好消息和坏消息都不一样。这本书里的好消息和坏消息会是什么呢？

3. 典型画面观察

教师可呈现图画书中的封面或扉页或代表性的画面，引导幼儿观察讨论图画书内容。如图画书《好饿的小蛇》教学活动中，教师出示封面，引导幼儿观察。

师：这上面有什么？

幼（齐）：小蛇

师：这本书的名字叫《好饿的小蛇》，为什么说它好饿呢？它会吃些什么？

(幼儿思考片刻，自由回答)

幼1：它的身体瘦瘦的，可能饿瘦了。

幼2：小蛇住的地方没有东西吃，它要出去找东西吃。

幼3：小蛇会去找好多好多的苹果吃。

……

(二) 幼儿自主阅读，进行个别指导

　　自主阅读即幼儿可以根据自己阅读的节奏和喜好翻阅、理解甚至和同伴交流图画书，但这并不意味着教师可以放手让幼儿盲目去阅读。恰恰相反，自主阅读正是教师进行阅读的个别指导的最佳时期。教师可设计一些开放性问题引导幼儿带着阅读目的或解决问题的方式边思考边阅读。通常，我们可将自主阅读放在活动的第一个环节，教师把阅读小书发放给每个幼儿，给他们创设轻松愉悦的阅读环境，幼儿可以自由阅读、交流，以便大概了解图画书的内容。教师巡回观察、指导，重点需要关注以下几个问题：第一，幼儿对图画书中最感兴趣的点在哪里？第二，大部分幼儿对图画书中不明白的点在哪里？第三，幼儿是如何理解图画书的内容的？第四，个别幼儿的阅读习惯和阅读表现。教师可在阅读结束后提问："读完这本书，你有什么样的感受？""你最喜欢书中的哪个部分？为什么？"以此来了解他们对这本图画书最朴素的想法与感受。当然，自主阅读也可以放在活动的第二遍或第三遍阅读时，在幼儿对图画书有了初步的认识之后，带着问题去阅读，在阅读中边思考边寻找答案。值得注意的是，这种阅读方式更加适合于中、大班已经具备一定阅读技能和阅读习惯的幼儿。如在图画书《我家是动物园》阅读教学中，教师在引导幼儿自主阅读，提示阅读重点，提问："祥太的家里怎么有这些动物？"幼儿自主阅读，教师依次与幼儿交流。针对个别阅读速度快的幼儿，鼓励其仔细观察画面细节部分，推测故事情节。其后，教师再次提出思考问题："你觉得哪里最有趣？你家有谁像什么动物吗？"鼓励幼儿交流，大胆、连贯地讲述自己对内容的理解。

(三) 围绕关键页面，师幼共同阅读

　　在集体教学活动有限的时间内，幼儿接受不了太多的信息量，要想高效凸显重点，教师必须对绘本内容有选择、有侧重、有取舍、有修改。在阅读过程中，教师要充分挖掘图画书中最重要的教育元素，选择适合幼儿的价值点，对图画书中的经典画面进行提炼、删减、设疑、互动，选择重点、难点阅读页面与幼儿一起共同阅读，确保幼儿深入理解图画书中的内容。一般可从以下两方面进行指导。

1. 甄选关键页面集中阅读

　　在阅读实践教学中一些教师将所有页面内容一读到底，存在缺乏深度阅读问题。教师如何甄选关键页面和幼儿一起集中阅读，这个问题困扰着教师。那么，关键页面包括哪些呢？比如图画书中对于有关联故事情节的页面，需要教师引导幼儿重点观察与阅读。当一本图画书里有隐藏着作者细节、线索的图文内容页面时，教师可围绕页面内容引导幼儿引发足够的思考、质疑、想象。图画书中有转折故事时，因这样的情节页面内容扣人心弦，也需要教师引导幼儿重点观察与阅读。优秀的图画书应该是文字与图画的美妙结合，教师很有必要引导幼儿一起共同阅读体现图画书主题的点睛画面，帮助幼儿理解主题，感受绘本的价值魅力。以大班阅读教学活动"公主四点会来"为例，为了让幼儿能在仔细观察画面中角色动作、表情、姿态的基础上理解角色的心理状态，教师对绘本文字做了遮挡，并筛选了供幼儿重点阅读的画面，"帽子先生布置准备"和"土狼做客"两个故事情

节作为幼儿细读的内容。在集中阅读关键页面时，教师需给予幼儿充分的观察时间、思考和组织语言的时间，及时地帮助幼儿厘清思路、组织语言，促进幼儿准确表达能力的提高。

2. 有所侧重，选择适宜的教学策略

值得一提的是，不同类别的图画书的阅读活动都有其重难点问题，对于这些问题教师都应给予关注。下面结合具体案例分别介绍3类图画书的侧重点及教学策略。

（1）故事类图画书应该重点放在幼儿对故事整体的理解和把握上，运用多种解读方式引发幼儿去思考故事的框架和要素（主要人物、起因及背景、经过、情节、高潮、结尾），帮助幼儿通过观察图画、想象画面、猜测情节理解故事内容。以下《鳄鱼怕怕 牙医怕怕》和《月亮的味道》两个案例很好地体现了故事类图画书的侧重点。

图画书《鳄鱼怕怕 牙医怕怕》教学设计分析

在设计组织图画书《鳄鱼怕怕 牙医怕怕》集体阅读教学活动中，教师首先让幼儿观察图画书中画面引导幼儿猜测鳄鱼不想看到的但是非看不可的是谁，并结合画面中牙医诊所标识推测鳄鱼要去找牙医看病。通过引导幼儿观察鳄鱼和牙医见面时的表情，想象两个主要角色的内心独白语言，并进一步推测其后故事情节。进而通过继续阅读了解、感受故事的幽默结局，从中引发幼儿对牙齿保护相关知识的关注，并结合大班幼儿的社会性发展学习核心经验，由此迁移面对和克服恐惧心理的经验。

图画书《月亮的味道》教学设计分析

分析图画书《月亮的味道》的结构特点、预测线索，即每一页会出现一个新的小动物。在阅读教学过程中，教师通过"下一个会是谁呢"的提问引导幼儿观察前几幅画面，帮助幼儿体会、掌握结构，进而调动幼儿生活经验，引导幼儿预测"还有哪些小动物会出现"。同时，引导幼儿小组操作摆放小动物图卡，通过继续阅读情节发展内容验证预测、思考，启发幼儿发现这些动物是从大到小这一可依据的线索出现的，让幼儿完整理解故事情节的发展。

（2）科普知识类图画书相比同篇幅的故事类图画书阅读起来难度更大。其图文对应程度较高，在一些这种类型的图画书中经常含有分解图、带有说明的图片，甚至曲线图，对于幼儿来说这种表达方式很难理解。这种书适合图文共同阅读，边读边解释。教师应当把重点内容跟幼儿的生活经验结合起来，纳入他们自己的知识体系。具体的做法包括以图书为载体，引出相关的主题，并借助于图书展开后续的系列活动；或者是以图书作为主题活动过程中经验展开或结束阶段经验整理的一部分，在这个过程中帮助幼儿丰富相关知识或把知识再系统化。以下《好吃的草莓》和《影子是我的好朋友》两个案例的设计很好地体现了科普知识类图画书的侧重点。

图画书《好吃的草莓》教学设计分析

在图画书《好吃的草莓》阅读教学活动中，教师通过课件让幼儿观察局部放大的草莓的红色表皮和黄色种子，引导幼儿"猜一猜是什么水果"，让幼儿带着问题在阅读过程中探究。阅读中引导幼儿猜一猜、排一排草莓的生长顺序，进一步阅读验证，并鼓励幼儿用过程式记录的方式，观察并记录草莓在绿果期、白果期、转色期及熟果期中颜色的变化情况。在集体完整阅读的环节，对画面进行分类和梳理，做成向四周放射的思维导图，让幼儿在听、看、说的过程中，能有效地形成比较完整的关于草莓的经验。阅读之后的延伸活动开展了大班说明性讲述活动"西红柿"，要求幼儿运用多种感官感知西红柿的外形特征及内部结构。

项目六 学前儿童早期阅读活动

图画书《影子是我的好朋友》教学设计分析

图画书《影子是我的好朋友》以一对兄妹在生活和游戏中探索自己及身边事物的影子为主线，生动形象地向读者传递了影子的产生及消失原因，还解释了光源距离与影子形状的关系。教学中，教师引导幼儿初步了解了影子的由来，让幼儿探索在阳光下感知自己的影子、观察其他物体的影子，并尝试用照片、绘画方式记录自己的发现。幼儿通过实验操作直接感知科学经验，降低了概念的理解难度。其后，教师抓住幼儿的兴趣点和图画书、实践探索学习的经验点，让幼儿以"小小交流会"的形式分享，并以此阅读教学活动为契机，开展"影子"主题系列活动，激发幼儿探索发现的欲望。

（3）诗歌、散文类图画书含有别具风格的图画、生动而富有抒情意义的语言形式，能传递优美的生活情境和意境。为此，此类图画书应偏重读本意境的赏析、体验及语言的理解表达。教师通过示范朗读、画面观察等方式让幼儿体会文字和图画的美感、蕴含的意境和情感。同时，教师在理解内容的基础上结合有价值的图文，引导幼儿进行表达方式、文字、词汇、句式的理解、运用与创造。下面一起看看以下两个案例的具体分析。

图画书《晚上》教学设计分析

在图画书《晚上》阅读教学活动中，教师通过优美的语言边朗读图书中"太阳""霓虹灯""开灯"页面，边出示汉字卡"晚上是……的时候"引导幼儿补充完整复述散文，并在此基础上梳理"在这本书里，晚上发生的事情，都是用'晚上是……的时候'这句话来表达的"。帮助幼儿理解散文中的句式，引导幼儿归纳发现语言格式，进而引导幼儿表达对晚上的感受，结合画面思考、想象"月亮出来做什么好玩的事呢""还有什么好玩的事"。采用小组接龙的方式，鼓励幼儿模仿图画书中的语言，配乐进行语言表达。

图画书《猜猜我有多爱你》教学设计分析

在图画书《猜猜我有多爱你》阅读教学活动中，教师示范朗读，幼儿欣赏时，教师结合"我的手举得有多高，我就有多爱你""我爱你，像这条小路伸到小河那么远"等典型画面，引导幼儿一起通过角色扮演、动作模仿等形式感受、理解图画书中浓浓的亲子之情，并学习运用句式创造性表达，习得特殊的语言表达方式。

（四）师幼共同讨论与体验，完整阅读

幼儿阅读的过程不是单向的信息输入过程，而是不断进行信息提取、思维加工、价值判断的主动过程。在阅读教学中，教师灵活运用有效提问引导讨论，师幼自由地分享、表达自己的阅读感受、思考，以促进教师与幼儿之间的交流，保证幼儿深度阅读。在早期阅读活动中，教师要注意提问的技巧。例如，提问要有效、多样，如直接询问、反问、追问等形式，引导幼儿对阅读的进一步思考，时刻保持幼儿对阅读的积极性，拓展幼儿的思维。

在大班图画书《温情的狮子》阅读教学中，教师和幼儿用下面的方式展开讨论。

师提问1：你觉得狮子是怎么样的？你喜欢它吗？

幼1：狮子是很凶猛的。我很害怕狮子。

幼2：狮子长着长长的鬃毛，当他看到猎物时会猛扑上去，我不喜欢狮子。

师：看来狮子在你们眼中是非常凶狠、高大、威猛的动物。

师提问2：可是你们仔细看看这只狮子身边的小狗妈妈，你觉得封面上的狮子是你们所说的很

厉害很凶猛的狮子吗？

幼3：这只狮子看上去好像很可爱，它和小狗妈妈是好朋友吧。

幼4：它好像睡在小狗妈妈的怀里说悄悄话，好可爱呀！

师提问3：看完这个故事，你觉得它是一只怎样的狮子呢？

幼5：爱妈妈的狮子。

幼6：温暖有爱的狮子。

师追问：为什么这样说？

幼6：它很爱狗妈妈，狗妈妈离开后它日夜思念它。

……

另外，在阅读过程中或是阅读后，教师可以根据不同的年龄和不同的作品，用角色表演、复述讲述、绘画、手工制作、游戏等方式让幼儿自由体验并表达对图画书内容的理解、联想和感悟，但是需要注意的是，无论是阅读中的讨论还是阅读后的分享，如角色扮演、绘画、手工制作、游戏等体验都应该是基于幼儿的需要，而不能成为成人强加给幼儿的一种"学习方式"。只是讲一个故事或取图画书中某个片段，并以此作为开展其他领域活动的工具，无法满足幼儿深入的想象过程和操作过程，从而失去了阅读的本质意义。比如小班幼儿图画书《换一换》阅读教学中，由于小班幼儿喜欢角色扮演的游戏，特别喜欢扮演小动物，对模仿小动物的叫声、小动物的动作都非常感兴趣，教师可引导幼儿通过模仿动物的叫声、动作及参与表演理解绘本内容。又如在图画书《尾巴》阅读教学中，教师将图画书故事教学与表演相结合，引导幼儿大胆表演，积极创编"缩尾巴"的魔法咒语，充分调动幼儿多感官的参与，让幼儿愉快地投入图画书故事所描绘的情景中。孩子们身临其境，真切地体会到图画书所表达的情趣，在边表演边创编的状态下激发了潜能，提高了语言表达的积极性。教师在活动最后提问："现在你觉得什么样的尾巴才适合小熊？你想对小熊说些什么呢？"引发幼儿情感的共鸣，发散幼儿的思维，鼓励幼儿将自己的想法表达出来，对于幼儿来说既提升了语言表达水平，也提升了思辨能力。

在幼儿充分理解阅读内容，深入阅读体验的基础上，教师可引导幼儿从封面和标题开始，一页一页进行阅读，教师可采取教师念读文字，幼儿观察画面的形式，也可和幼儿借助图画书课件，一起边看画面，边用基于文本感情基调的语言念读旁白文字。教师可将在集体阅读中重点分析过的词汇或句子引导幼儿补充，但切忌让幼儿完整背诵或念读。

二、幼儿园阅读区的创设与指导

作为班级里最主要的阅读环境，幼儿可在阅读区进行听读、阅读、讲述、创编、画写等活动，其环境创设与指导对幼儿阅读能力发展起着至关重要的作用。

（一）阅读区的创设

在创设班级阅读区时，教师要合理规划班级区域空间，确保图书阅读区面积，一般来说，班级阅读区面积一般应在6～9平方米，至少容纳6名以上幼儿同时在区域中阅读。阅读区宜设置在光线充足的窗户旁，需要与相对活跃氛围的区域如建构区等保持一定的距离，但尽可能保证其与美工区、表演区的转换性。这样可保证幼儿共享区域材料，如在讲述故事的过程中，幼儿可共享使用表演区的材料。

图书是阅读区中最重要的设施和资源。所投放的图书应根据幼儿年龄、兴趣投放，小班可以多

项目六 学前儿童早期阅读活动

投放插图较多、文字较少的图画书,中、大班幼儿由具体形象思维转向抽象思维发展,可以适当增大图书难度,多投放一些故事内容复杂曲折的、文字较少的图书,以促进幼儿的想象力和创造力发展。同时,还应考虑图书的数量、种类,小班投放图书种类不宜过多,可以同类多份,避免因模仿而争抢图书。中、大班投放的图书数量和种类要丰富充足。另外,还需关注图书的呈现方式和更换频率。陈列图书的书架形状、颜色要尽量符合幼儿认知发展特点,高度要适合幼儿的身高特点。教师可巧妙运用一些图形符号标识或幼儿自制标签对图书分类、编码,并以幼儿方便拿取的形式陈列图书,定期协助幼儿一起整理图书。为避免幼儿对图书区失去兴趣,教师应定期替换、增加图书,也可在平行班级开展图书漂流或班级幼儿图书众筹、推介等活动,丰富阅读图书。可将新书和与本班进行的主题活动相关的图书放在醒目的位置,方便幼儿自选,引发幼儿阅读。同时,除了在阅读区提供图书外,教师还可提供一些辅助资源,如柔软的靠垫、坐垫,可分拆的小桌子、椅子,供幼儿开展共读活动,如图 6-7 所示。还可准备纸笔、修补图书的工具以及规则标识(教师可与幼儿共同制作),引导幼儿自制图书,培养幼儿爱护图书、自觉遵守规则的意识(图 6-8)。表 6-1 为主题活动中教师设计对应语言区(含阅读区)材料分析。

图 6-7 幼儿园阅读区创设图

表 6-1 主题活动中教师设计对应语言区(含阅读区)材料分析

区域	活动来源	投放材料	可能建构的经验
听赏区	主题活动:夏天来了、蛤蟆吃西瓜、水果歌	主题材料:《夏天来了》《蛤蟆吃西瓜》《水果歌》故事音频 辅助材料:平板电脑、耳机、沙漏	安静、专注地倾听故事、儿歌音频,进一步理解故事、儿歌的内容
讲述区	主题活动:水果歌、蛤蟆吃西瓜 主题游戏:找水果、夏日乐趣多	主题材料:《水果歌》儿歌操作底板、色卡(红、绿、黄、紫)、夏天水果卡片;《蛤蟆吃西瓜》故事盒;故事骰子 3 个(夏天的活动、地点、人物) 辅助材料:"你说我猜"插卡槽	尝试替换儿歌中的水果,进行儿歌仿编;能组合骰子上画面内容,进行简单的故事创编,提高语言表达能力;尝试用较完整的话描述水果的特征、颜色、味道等,提高语言表达能力,丰富词汇量
阅读区	主题活动:太阳公公感冒了、蛤蟆吃西瓜	主题材料:多元整合幼儿读物 2 册	喜欢看图书,并能较专注地阅读;基本看懂故事,并用口头语言将画面内容讲述出来

(续表)

区域	活动来源	投放材料	可能建构的经验
自由区	延伸活动：夏天的故事	主题材料：与夏天相关的书籍	借助阅读关于夏天的书籍，能够主动和小朋友分享自己从书籍中看到的内容，愿意分享描述夏天的词语，知道了如何去表达夏天

图 6-8　阅读区提供与主题相关的阅读材料

（二）班级阅读区的指导

教师要以支持者、引导者和合作者 3 种身份参与幼儿的阅读区活动，教师要为幼儿营造宽松、民主的阅读心理氛围，给予幼儿充足的阅读时间和自选机会，从而让幼儿可以进行深度阅读。教师还需有意识地观察幼儿在阅读区中的行为表现，也可为幼儿建立阅读情况记录表，详细记录幼儿参与阅读区活动次数、选择图书种类、阅读兴趣、阅读习惯、看图水平等，并以此作为分析依据，及时调整指导重点和策略。如当教师观察到某小朋友随手翻阅图书后，出现了与阅读无关的游戏行为，教师需反思阅读材料的投放是不是未满足幼儿兴趣，或是幼儿阅读习惯、行为需教师给予什么指导支持。当幼儿在阅读的过程中产生疑问或阅读障碍时，教师要及时进行指导，解开幼儿对阅读内容的疑惑。另外，在幼儿自选阅读时，教师可以引导、推荐图画书，邀请幼儿一起共享阅读。

三、亲子阅读活动的优化与指导

随着社会的发展，亲子阅读的重要性愈发受到家长的认可和肯定，它已逐渐作为加强幼儿早期阅读教育的方式，成为幼儿园早期阅读教育活动的延伸和拓展。但在亲子阅读实践过程中，很多家长只关注阅读的认知功能，忽视了对阅读的情感、能力和习惯的培养，更缺乏科学的阅读和指导方法。面对这些情况，幼儿园有义务引导并指导家长开展亲子阅读活动。不妨做好以下几点。

（一）做好宣传活动，引导家长参与到幼儿阅读中来

幼儿园应开展丰富多彩的阅读活动，如图书漂流、好书推介、爸爸妈妈图书课堂、图书跳蚤市场等，吸引家长和幼儿共同参与，感受阅读的乐趣。定期邀请一些儿童阅读专家及亲子阅读推广人等来园培训讲座，指导家长如何选出高质量绘本，更高效地开展亲子阅读。另外，还可借助现代信息手段如博客、微信公众号分享阅读相关的文献资料，供家长学习参考。同时，鼓励家长将自己开展亲子阅读中的经验分享出来。

(二)有机整合家长资源,共同开展家园互动式亲子阅读活动

幼儿园可充分利用家长资源,让家长参与到阅读活动前的材料准备和活动设计中来。比如在开展《我爸爸》阅读活动前,家长在尊重绘本的基础上进行创意改编,配合将绘本中的形象改成了自己的模样,制作小书引导幼儿在家阅读,引发幼儿阅读兴趣。教师将这些元素布置在主题版面、个别化区角,这样幼儿自己的爸爸妈妈就变成了图画书中的形象。在阅读活动中,教师引导幼儿主动地向同伴介绍自己的爸爸妈妈,进而走进图画书阅读。阅读活动后,引导家长在家进行图画书阅读,迁移阅读经验,进行表演朗读、仿编或图书创作活动。

幼儿园也可给家长提供科学、多元的亲子阅读策略建议。重点引导家长把握好亲子阅读中的4个"W",即时间(When)、地点(Where)、读什么(What)和怎么读(How)。引导家长要相对固定一天中的阅读时间,有计划地开展亲子阅读;在家中选择相对固定的阅读场所,并和孩子一起创设阅读的物质环境和心理环境。结合幼儿年龄特点,指导家长选择优质的阅读材料。最为重要的是,指导家长采取合适的亲子阅读策略方法。亲子阅读过程中,亲子互动水平直接影响亲子阅读质量的高低。一般提倡合作互动式亲子阅读,分三阶段开展亲子共读,引导幼儿在阅读中感受亲子阅读带来的喜悦和美感。第一阶段:亲子共读前"研读和唤起",即家长仔细阅读和品味作品主旨、图文,寻找图画书中主题与幼儿生活世界的交融点,唤起幼儿阅读兴趣。第二阶段:亲子共读中"悦思和悦说",在阅读过程中家长以阅读同伴的身份邀请幼儿共同阅读,鼓励幼儿做出积极反应,调整好节奏和语气,运用声音、表情和体态语朗读。其间,可针对图书的情节预测,对图书中角色形象、心理、动作、表情、画面等提出相对开放的问题引导幼儿思考,忌频繁提问,尽量少问知识性问题,多问一些贴近幼儿生活经验的问题,换位共情,感受图画书中角色的感受、情绪和想法。关注幼儿在阅读中的情感表达,引导幼儿通过模仿角色表情、学说角色语言、模仿角色动作、表演故事等方式再现、表现阅读内容。第三阶段:亲子共读后"迁移和拓展",家长要善于引导幼儿将阅读经验运用到日常生活中,另外,还可围绕图书主题开展相关活动。

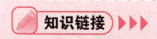

促进儿童前阅读核心经验形成的教育活动与指导建议(节选)

周 兢

建议一:认真阅读理解图画书的三种"语言"

我们研究发现,汉语儿童的早期阅读经历了从图像到文字的发展过程。因此,最适合学前儿童早期阅读的书面材料是图画书,其中的图画、符号以及文字等都是幼儿前阅读的内容。在图画书阅读中,幼儿可以形成有意义阅读的兴趣和习惯以及阅读理解能力,为进入小学正式学习书面语言做好准备。

正因为图画书是幼儿学习阅读的最为合适的材料,因此选择高质量的图画书并将其构建成为幼儿园早期阅读教育的主要资源,是每一位教师开展早期阅读教育工作的重要内容。一本优秀的儿童图画书应当是三种"语言",即文学语言、美术语言和教育语言的有效结合,它可以多维度地帮助幼儿在学习阅读的过程中获得全面发展的机会,同时可以帮助汉语儿童在口头语言和书面语言的统整学习中获得对内容和形式的理解以及运用的机会。所以,好的儿童图画书应当是文字与图画的美妙结合,嵌置着许多教育信息。无论是在叙事类图画书中还

是在科学知识类图画书中，图画和文字都在共同表达信息。幼儿阅读图画书的过程可以是一个与图画书沟通、对话、交流的过程，一个调动自己的知识经验理解图画故事并获取信息丰富自己体验的过程。但是，幼儿在阅读过程中的每一次翻页是否都能真正引发他们的想象，产生如电影般的连续性效果，使他们形成对图画书内容的理解，与教师的指导密切相关。因此，教师自己先读懂、读好图画书，对一本图画书的三种"语言"进行仔细分析，是进行阅读指导的必要前提。

"大班早期阅读活动：武士与龙"是上海市徐汇区傅坚敏名师工作室提供的案例。围绕着《武士与龙》这本图画书，工作室的教师们共同阅读了多次。每次阅读后的讨论帮助教师们越来越深入地认识了这本图画书的内容。武士与龙是图画书中的两个主角，故事围绕"比武"这个关键词，呈现了一系列具有行动性的情节发展过程：计划比武—准备比武—真实比武—比武失败—合作阅读—成功举办"武士与龙餐厅"。教师们在讨论中理解了《武士与龙》的内容，确定以引导幼儿读懂画面并认识两个故事角色从挑战比武走向和平共处的内容为重点，来设计教学活动。同时，在分析图画书美术语言特点的时候，教师们发现图画书中"准备比武"和"真实比武"两个部分的内容没有太多语言描述，而是由诸多小画面来表现的。这些都成为幼儿阅读理解时的重要观察对象。倘若幼儿没有很好地理解这些内容，他们就无法真正串联起故事情节，认识武士与龙"比武—失败—合作—成功"的发展过程。因此，可以说，教师的深入理解帮助他们确定了阅读指导的重点和要点。

我们要提醒准备进行阅读指导的教师们，在保证提供优质图画书的前提下，要注意做到阅读优先、欣赏优先和理解优先，要分析每一本图画书的内容和形式特征。教师坚持自己先阅读，就可以从教育者的角度达成对图画书内容的深层次理解，从而把握图画书阅读教育的切入点。教师只有在获得深层次理解和体验的基础上，才能帮助幼儿更好地获得有意义阅读的学习机会。我们用一句通俗的话来说就是，"要让孩子读得懂，教师自己先读好"。

建议二：围绕幼儿前阅读核心经验进行提问与互动。

阅读是从书面材料中获取信息的过程。幼儿通过前阅读，可以接触与学习有关的书面语言信息，获得书面语言意识、行为和初步的能力。幼儿的前阅读核心经验由"良好阅读习惯和行为的养成""阅读内容的理解和阅读策略的形成""阅读内容的表达与评判"等三个方面构成。就"阅读内容的理解和阅读策略的形成"这一核心经验而言，《3~6岁儿童学习与发展指南》提出的幼儿在3~4岁时"会看画面，能根据画面说出图中有什么，发生了什么事等"，到5~6岁时"能说出所阅读的幼儿文学作品的主要内容"，反映的就是对幼儿"阅读理解"的期望。同时，幼儿需要在阅读过程中逐渐获得一些基本的阅读策略，如预期、假设、比较、验证等，这些策略有助于幼儿准确理解图画书的内容。教师在教育过程中如何帮助幼儿获得这些对于他们来说具有关键意义的阅读经验？教师要引导幼儿逐步学会感知、理解图画书主角形象、主角行动以及主角心理状态，那么，如何指点幼儿关注那些图画书的关键信息，进而形成对图画书从单个画面到整本图画书情节的理解，最终完成对阅读内容的完整理解呢？这就需要教师围绕幼儿前阅读核心经验有的放矢地提问。

上海市宝山区蒋静名师工作室提供的"中班早期阅读活动：长颈鹿好长喔"值得我们分析。围绕《长颈鹿好长喔》这本特别的科学知识类图画书，教师提炼出一个直接导向幼儿阅读理解核心经验的重要问题："长颈鹿的长，长在哪里？"中班幼儿在小组合作阅读中围绕教师提出的问题，仔细观察图画书的关键信息，发现了长颈鹿不仅脖子长、腿长，舌头和尾巴与其他动物相比也是比较长的。在回应教师提问的讨论环节中，教师和幼儿利用该图画书可以从下往上翻将画面连接起来的特点，将长颈鹿的"长"展现在黑板上，从而帮助幼儿进一步认识到长颈鹿外形上的"长"具有功能上的作用。这样的活动过程虽然看上去没有教师一问到底的热闹，也没有幼儿不断回答的忙碌，但是围绕着该书最重要的科学概念和幼儿需要学习的阅读理解经验，幼儿轻轻松松地完成了学习任务。因此，我们用第二句通俗的话来说就是，"要让孩子读得深，教师提问要对准"。

要形成高质量的师幼互动过程，教师一定要仔细琢磨自己的提问，注意几点：一是在明确阅读内容和阅读经验的基础上确定教育目标，再根据教育目标提出问题；二是尽量不要一次性提出几个问题，通常情况下，如果教师一次提出几个问题，幼儿往往只回答最后一个问题；三是尽量用比较简洁的语言提出开放性问题，并且所提的问题要能给幼儿清晰的思路，教师的问题越是清楚明了，幼儿思考的空间就越大；四是在幼儿没有完全针对问题进行回答的情况下，教师要给予支持性的互动反馈，比如进一步要求幼儿说说"为什么这样想""如果不是这样的话，会怎么样"等。聚焦目标的提问不一定是有答案的提问，有质量的提问更不一定是有标准答案的提问。

建议三：用真正符合学前教育规律的方式帮助幼儿习得前阅读核心经验

早期阅读教育的根本目的是要帮助幼儿获得阅读的兴趣，养成阅读的习惯，形成阅读的基本能力，为成为真正的终身阅读者做好准备。从这个目的出发，我们必须考虑学前儿童学习的特点与规律。因此，我们用第三句通俗的话来说就是，"要让孩子读得久，教育活动要有趣"。

在"大班早期阅读活动：武士与龙"中，教师采用集体阅读、独立阅读和小组合作阅读的方式，充分调动幼儿的阅读兴趣，让幼儿围绕图画书的内容不断观察、讨论、分享、认识关键信息，从而帮助幼儿初步读懂这本图画书完整的故事内容。

在此基础上，教师又和幼儿开展了系列的活动。例如，在角色游戏"餐厅"中，幼儿进一步理解这本图画书的人物心理和情感方面的内容，同时还在同伴合作游戏中开展"餐厅小报"的前书写活动，更好地认识了这本图画书有关"化干戈为玉帛"的深层含义。

如同《3~6岁儿童学习与发展指南》所明确指出的，"幼儿的语言学习需要相应的社会经验支持，应通过多种活动扩展幼儿的生活经验，丰富语言的内容，增强理解和表达能力"。因此，我们强调幼儿园早期阅读教育必须符合学前儿童学习的几个基本特征：(1)在活动中学习阅读。幼儿园早期阅读教育取得成功的关键是，要创造一个和谐融洽的师幼互动环境，组织幼儿在轻松、愉快的氛围中学习阅读；采用灵活多变的教学方法，激发幼儿阅读的兴趣，让幼儿带着愉快的心情在活动中学习，在学习中活动。(2)在游戏中学习阅读。图画书中有关情境的内容可以转化为幼儿游戏的场景。幼儿在游戏中可以更好地理解阅读内容，在个人经验与阅读内容之间建立联系，增强阅读的动机与愿望，并不断获得阅读的快乐。(3)在操作中学习阅读。在操作中学习是幼儿学习的一个基本特点，也是早期教育需要关注的基本问题。在早期阅读教育中，有关幼儿前阅读经验、前识字经验和前书写经验的建立，都离不开实际操作和亲身体验。如何为幼儿提供这样的学习机会，将直接影响他们能否获得早期阅读能力发展的关键经验。(4)在创造中学习阅读。在创造中学习阅读，意味着给幼儿机会大胆思考和表达自己的想法；鼓励幼儿大胆想象，在阅读理解的基础上进行仿编，在理解故事之后想象编构自己的故事内容，或画画自己的小书。如何为幼儿创造这种符合他们学习规律的活动机会，同样将直接影响他们能否获得早期阅读能力发展的关键经验。

最后需要提醒的是，幼儿园的早期阅读教育是语言教育的一个有效组成部分，因此同样要求创造无处不在的语言教育环境。我们希望幼儿教育工作者从带领幼儿阅读理解图画书入手，寻找有利于幼儿前阅读核心经验形成的教育契机，关注幼儿在一日生活中的阅读以及在整合课程中的阅读，让幼儿在学习过程中逐步养成良好的阅读习惯和行为，形成对阅读内容的理解和阅读策略，获得对阅读内容的表达与评判能力，为成为一个终身学习者打下坚实的基础。

任务五　学前儿童早期阅读活动案例与评析

【案例6-1】

小班阅读活动：走开，绿色大怪物

一、选材分析

《走开，绿色大怪物》是一本非常有创意的玩具书，整本书情节简单，文字较少，色彩丰富，形状奇特，镂空设计构思巧妙。色彩与镂空技术的巧妙结合使图书散发出一种神秘与新奇，恰到好处地刺激着孩子们既害怕又想看的视觉神经，符合小班幼儿的理解和语言发展水平。小班幼儿通过多种感官在阅读中边看边读边玩，体验阅读的快乐。

二、活动目标

1. 体验图书中害怕和勇敢等不同的情感，能大方地表达自己的情绪。
2. 能根据信号提示逐页阅读图书，仔细观察图书内容。
3. 通过看、听、摸、表演等形式感知图书的趣味。

评析：活动目标依据学前儿童语言学习核心经验，注重幼儿对文学语言的欣赏理解与创造运用，从情感态度、能力、认知3个方面进行表述，目标指向具体，可行性强，符合小班幼儿的已有经验和发展需求，且活动重点与难点设计准确。

三、活动准备

图书每人1本，小碰铃1对，音乐《张牙舞爪》，纸袋做的怪物面具，课件。

评析：小碰铃可以帮助幼儿有序地阅读图书，培养幼儿良好的阅读习惯，或可以用怪物纸面具代替。

四、活动过程

1. 玩"我们都是小怪物"的游戏，激发幼儿的兴趣

（1）讨论：你觉得怪物是什么样子的？

评析：幼儿对怪物的经验都是又怕又爱的，所以在表达的时候会天马行空、手舞足蹈，活动中要鼓励幼儿大胆表达，激发幼儿活动的兴趣。

(2) 按照"我们都是木头人"的游戏规则玩"小怪物"的游戏，在游戏中引导幼儿相互观察。

2. 阅读图书，感受理解画面内容

(1) 在小碰铃的提示下逐页阅读图书。

教师提问：大怪物是什么样子的？用手摸一摸有什么感觉？

评析：鼓励幼儿看一看、摸一摸、说一说，丰富阅读经验。小碰铃的提示可以建立良好的阅读氛围，引导幼儿有序阅读，并保持继续阅读的兴趣。

(2) 引导幼儿描述图书中的怪物形象。

教师提问：大怪物有几只什么样的眼睛？鼻子是什么样的？

评析：幼儿在阅读的过程中，会想象怪物的形象和动作，教师可以鼓励幼儿表演怪物夸张的动作、表情，体验愉快的情绪。而且，活动动静交替，能让幼儿获得更丰富的体验。

3. 集体讲述故事，感受害怕和勇敢的情绪

(1) 讨论：你们怕这个绿色大怪物吗？害怕时，说话的声音是什么样的？赶跑大怪物要用什么声音呢？

讨论时，教师要引导幼儿轮流表达，引导幼儿倾听同伴的讲话，培养幼儿良好的表达和倾听习惯。

(2) 教师和幼儿一起阅读，鼓励幼儿大声地说出图书中的内容，如"走开，两只黄色的眼睛""走开，蓝绿色的鼻子"等。

评析：这个环节是幼儿特别喜欢的。他们可以在一次次大声地命令大怪物"走开"的阅读中，感受自己的力量与勇气。

(3) 讨论：你们还害怕这个绿色的大怪物吗？我们一起和它跳个舞吧。

五、延伸活动

1. 区域活动：教师将图书投放到区角，引导幼儿配乐角色扮演。
2. 美术活动：引导幼儿开展"大怪物"拼图手工活动。
3. 亲子阅读：家长和幼儿一起自制图画书，分角色表演。

【案例6-2】

中班阅读活动：我变成了一只喷火龙

一、选材分析

《我变成了一只喷火龙》用幽默夸张的手法描写了生气的情绪。书中波泰是一只会传染喷火病的蚊子。他喜欢吸坏脾气人的血。有一天，爱生气的阿古力被波泰叮了一口，竟开始不停地喷火，不仅影响了自己，还影响了身边的朋友。最终阿古力找了"又哭又笑，大火熄掉"的解药变成了不生气的恐龙。《3~6儿童学习与发展指南》中指出"4~5岁的幼儿经常保持愉快情绪，不高兴时能较快缓解，愿意把自己的情绪告诉亲近的人，一起分享快乐或求得安慰"，可见，该图画书符合中班幼儿认知水平。加之图画书情节有趣，画面信息很丰富，主题凸显，通过观察故事画面细节及色彩变化，进一步加深幼儿对作品的阅读和理解，并随之产生喜悦、担忧等情绪，体会作品所表达的情绪情感，进而了解"又哭又笑"

是调节情绪的方法,但都需通过自己的力量来控制与调节。

二、活动目标

1. 了解生气情绪给人带来的影响,懂得情绪需要自我调节。
2. 尝试图画、符号、语言等多种方式表达自我调节情绪的方法。
3. 观察画面中角色体会他们的情绪,理解故事情节。

三、活动准备

1. 经验准备:幼儿已阅读过图书内容。
2. 材料准备:(1)自制课件;(2)展示板、记号笔、笑脸和哭脸标志。

评析:准备充分,一方面考虑阅读前幼儿已有经验,为其集体阅读做了铺垫。另一方面还为幼儿提供了视听、操作材料,教师将设计思路融入幼儿视听材料当中,对图画书原有画面做了设计处理,如将喷火画面做单页、蝴蝶页两个页面呈现,帮助幼儿更好地观察、理解。丰富的操作材料能很好地支持幼儿个性化表达。

四、活动过程

1. 观察画面,回忆故事,了解生气的危害

(1) 出示封面并引出故事名称。

(2) 出示"喷火"画面单页,观察画面,感受阿古力的怒火。

①引导幼儿带着问题观察画面,并请幼儿模仿。

教师提问:画面上阿古力在干什么?他的表情是什么样子的?引导幼儿模仿。

②教师提问:这是什么样的"火"?引导幼儿结合生活经验自由表达。

③教师小结:这些都是发脾气、生气时的怒火。这也是我们经常说的"发火"。

(3) 完整呈现"喷火"画面(蝴蝶页),感受阿古力生气的程度。

①教师提问:火是从哪里冒出来的?阿古力喷出的火的大小和什么有关?

②教师小结:阿古力越生气,喷的火就越大,只要一开口,就会有火冒出来,鼻子里的火更是24小时喷个不停,这时阿古力已经变成了一只喷火龙。

评析:教师通过出示"喷火"画面单页、蝴蝶页,能让幼儿通过画面观察感受阿古力喷火的程度变化,加深幼儿的情绪情感体验,进而理解、感受生气和大火之间的关系,帮助幼儿建构发火情绪这一概念。

(4) 引导幼儿回忆、阅读,简要描述阿古力不喜欢喷火的原因,了解阿古力给自己生活带来麻烦。

①讨论:他喜欢变成一只喷火龙吗?

②教师提问:还记得书里哪些地方表现了阿古力不喜欢喷火吗?引导幼儿翻阅图书寻找答案并回答。

③教师小结:不能吃,不能睡,不能玩,真不方便。教师根据幼儿回答依次出示相应图片。

(5) 观察画面,阿古力给古怪国居民带来的危害。

①教师提问:阿古力的火除了给自己带来很多不方便外还影响了什么?如:大火点燃了邮箱,古怪国的居民再也没法寄信。阿古力的火烧到了他的好朋友吉普拉,吉普拉也有火了。

②教师小结:阿古力生气的大火,不仅给古怪国的居民带来了麻烦,而且把火气传给了其他人。

(6) 观察画面,古怪国的居民对阿古力的反应。

①引导幼儿观察画面内容,和同伴一起说一说古怪国的居民对阿古力的反应。

②教师小结:古怪国的居民都不敢接近阿古力,因为生气发火时的阿古力实在是令人感到害怕。

评析:教师善于抓住关键画面,引导幼儿在回顾故事部分情节的基础上,采用提问索引,引导幼儿挑战多幅图自主阅读,鼓励幼儿仔细观察画面的色彩和细节,帮助幼儿深度阅读,感受生气带来的危害。

2. 深入理解"又哭又笑,大火熄掉",理解情绪需要自我调节

(1) 幼儿回忆并描述阿古力自己灭火的方法,教师根据幼儿回答依次出示图片。

教师提问:阿古力一开始想了哪些办法来灭火?有没有成功?

(2) 出示阿古力流泪的图片。

①教师提问:发生了什么事情?这是谁的眼泪和鼻涕?

②结合幼儿的生活举例说明。

(3) 引导幼儿观察对比古怪国居民的动作和表情,出示阿古力和居民笑的图片。

①引导幼儿观察对比古怪国居民的动作和表情,说说他们的变化。

②出示阿古力和居民笑的图片,教师朗读对应图画书内容并提问:从哪里看出大家开心起来了?

③教师小结:笑让人变得开心,还能感染到身边的人,让人不再生气,不再发火。

(4) 引导幼儿讨论。

①教师提问:这时候的阿古力还会喷火吗?阿古力灭火的解药是什么?

②教师小结:阿古力再也不会喷火了,因为他已经找到了灭火的解药——又哭又笑。哭可以发泄生气的情绪,笑能让自己变得更快乐,让自己变得不那么生气。

评析:教师巧妙地利用关键画面的对比、部分故事情节的回顾,让幼儿找到了阿古力灭火的方法,支持幼儿建立画面与故事内容的联系,提升幼儿的阅读理解能力。其后,教师很关注将阅读经验迁移到生活中,引导幼儿结合幼儿生活经验列举了解人自己生气时的解决方法。

3. 操作游戏——寻找熄灭火气的"解药"

(1) 寻找属于自己的"解药"。

教师提问:你生气的时候会用什么方法让自己开心起来?请把你的方法用笔在纸上记录下来并告诉大家。

(2) 根据解药类型张贴哭脸和笑脸,幼儿对应张贴并分享。

评析:教师充分挖掘图书价值,有机整合前书写内容,介入新的经验即用图画符号表达自我调节情绪的方法。其间,引导幼儿运用前面学习的前书写和语言方式结合自己生活中的情绪体验表达对"解药"的理解,可以根据幼儿的喜好选择表达方式。同时通过分享操作游戏环节,注重幼儿与同伴之间的评价,从中让幼儿知道更多的"解药",正确面对生气,习得自我调节情绪的方法。

4. 借助图片,引导幼儿讨论,教师小结

(1) 出示环衬图片,重点引导幼儿观察波泰。教师提问:波泰是个怎样的人?自从小朋友和阿古力找到了"灭火"的解药后,波泰还在吗?

(2) 回顾封面和封底的颜色和画面,教师小结。

教师小结:我们找到了解药,所以波泰就消失了,阿古力那红色的、火一样的脾气也不见了,变得非常安静了。

评析：通过对图书封面、封底以及环衬的解读，让幼儿养成正确阅读图书的习惯，同时对这一环节的解读也让整个活动结构更为完整。

五、延伸活动

1. 绘画活动：引导幼儿用图画记录自己的情绪事件，自制情绪小图卡。
2. 家园合作：家长和幼儿共同阅读、表演故事。
3. 区域活动：将幼儿记录的熄灭火气的"解药"方法图展示在活动区角中，并投放系列情绪类图引导幼儿自由阅读。

【案例6-3】

大班阅读活动：小猪变形记

一、选材分析

《小猪变形记》是一本充满童趣、贴近幼儿生活又蕴含哲理的童话故事类图书。图书情节轻松幽默，结构上具有重复的特点；图书语言浅显易懂、诙谐有趣，主要使用并列复合句进行角色对话；图书画面清晰，色调欢快明亮、形象生动夸张。主人公是一只满脑子奇思妙想的小猪，用了各种方法去模仿长颈鹿、斑马等动物，当它被一连串失败打击得几近崩溃时，它受到另一只猪的启发，找到了真正属于自己的乐趣。小猪变形的过程虽然荒诞可笑但充满创意和乐趣，生动展现了小猪自我探索的心理过程。这只聪明可爱、勇敢神气的小猪像极了生活中天性爱玩、喜欢探险的孩子，故事中奇妙有趣的"变形"主题一定深深吸引着他们的好奇心：一只小猪要变形？它想变成谁？它会怎么变呢？它能变形成功吗？本活动在充分挖掘图书对幼儿学习与发展价值的基础上，整合了语言和社会两个领域，通过活动既培养了幼儿阅读兴趣和阅读习惯，提高了幼儿自主阅读能力，又引导幼儿在理解故事内容和主题的基础上，学会悦纳自我，快乐成长。

二、活动目标

1. 体验与同伴合作、表演的乐趣，感受图书的幽默性，能积极地悦纳自我。
2. 能细致观察画面中主要角色的状态，理解小猪的变形经历，发现故事的重复性结构特点。
3. 能较完整、生动地叙述小猪的变形经历，在叙述过程中会较多地运用图书中的对话。

评析：活动目标关注幼儿文学语言核心经验的学习，结合大班幼儿语言学习与发展的现有水平和发展要求，从情感态度、能力、认知三个方面确立目标，指向具体，可行性强，且活动重点与难点设计准确。

三、活动准备

1. 课件："小猪变形记"。
2. 图书：《小猪变形记》。
3. 记录表："小猪变形记录表"。
4. 图片：小猪后3次变形经历的"小图片"。
5. 音频：《最近比较烦》、欢快的节奏乐、小猪说话的音频。

四、活动过程

1. 观察绘本封面，激发阅读兴趣

（1）出示小猪阴影图，大胆猜测和表达。

教师：猜一猜这位动物朋友是谁？

（2）呈现绘本封面，认识小猪。

教师：这是一只怎样的小猪？小猪为什么会有一对翅膀？今天我给大家带来了一本书，书名叫《小猪变形记》。

评析：在阅读活动开始前，教师主要采用设置悬念和提问的方式来引发幼儿对阅读活动的兴趣。首先提供"小猪阴影图"引发幼儿猜测，再重点引导幼儿观察图书封面，初步感知小猪的行为状态。了解主人公是一只想"变形"的小猪，激发幼儿的阅读兴趣，实现对图书内容的预知。

2. 师幼共读

师幼共读小猪前两次变形经历（图书2~11页），初步理解故事内容并感知情节结构的特点。

（1）播放音乐呈现绘本第2页，联系生活经验大胆表达。

教师：小猪为什么很烦？当你很烦的时候，会做什么？

评析：教师充分引导幼儿进行角色互换体验，让幼儿结合自身生活经验谈及对图书中人物心理的理解。

（2）观察图书3~7页，理解小猪的第一次变形经历。

①观察图书第3页，了解长颈鹿的特点。

教师：小猪看到了谁？长颈鹿有什么特点？

②观察图书4~5页，欣赏小猪与斑马的对话。

教师：小猪在做什么？你觉得斑马会相信小猪的话吗？说说你的理由。

③播放"砰"的音效引发猜测，呈现绘本6~7页。

教师：发生了什么事情？

（3）观察图书8~11页，理解小猪的第二次变形经历。

①观察图书第8页，鼓励幼儿结合生活经验大胆表达。

教师：小猪在做什么？它为什么会这样做？

②观察图书第9页，鼓励幼儿猜测与欣赏角色对话内容。

教师：小猪可能会和大象说什么？大象听了小猪的话，会说什么？

③观察图书10~11页，了解小猪的变形结果。

（4）结伴交流，鼓励幼儿猜测与表达小猪接下来的变形经历。

教师：如果你是小猪，你想变成谁？它有什么特点或本领？你会用什么办法实现变形呢？

评析：教师应注重幼儿的阅读感受和体验，在师幼共读环节，教师主要通过课件展示、提问、讲述和戏剧表演等方式引导幼儿感受和理解小猪的前两次变形经历；引导幼儿欣赏、模仿和猜测角色对话，为幼儿接下来在自主阅读环节分享和讲述小猪的变形经历奠定经验基础；同时引导幼儿体验阅读的快乐，初步感知故事情节结构的特点，并获得一些阅读策略，如预期、假设、比较和验证等。

3. 幼儿自主阅读

自主阅读图书12~21页，理解并讲述小猪的后3次变形经历，探索发现故事的重复性结构特点。

(1) 小组合作完成"小猪变形记录表",发现情节结构特点。

①明确任务,了解记录表的使用方法和记录要求。

指导重点:幼儿分成若干小组,自主阅读图书12~21页,从小猪的变形对象、变形方法、对话角色和变形结果4个方面合作完成记录表。

②自主阅读,相互讨论和交流,操作完成记录表。

③分享交流,利用记录表讲述小猪的后3次变形经历。

指导重点:引导幼儿多使用图书中的对话,完整、生动地叙述小猪的变形经历,尝试通过表情、动作和语气的变化表现角色,渲染气氛。

教师:小猪想变成谁?它是怎么变的?它变形后遇到了哪些动物?它们会说些什么?最后发生了什么?

评析:充分突出幼儿的主体地位,教师为幼儿提供丰富的语言学习材料和让幼儿充分操作语言的机会,同时为幼儿提供与同伴、教师的互动机会,鼓励幼儿在生动活泼的操作实践中动脑、动口、动耳、动手,成为语言活动的主动参与者。在这一环节中教师引导幼儿分组合作,阅读小猪后3次变形经历,完成"小猪变形记录表",发现故事情节的重复性结构特点。鼓励幼儿大胆想象,围绕图书重点和主要情节在小组内自由讲述和在集体中讲述与情节有关的角色、动作、对话和内心体验。促进了幼儿社会性发展和自主性学习的发展。同时在幼儿讲述的基础上,教师示范讲述,帮助幼儿获得书面语言的意识和敏感性。

(2) 教师完整、生动地讲述小猪的后3次变形经历,引导幼儿重点关注角色对话。

指导语:故事中的小猪和其他动物到底说了什么呢?请你们来听听看。

4. 观察图书22~25页,发现做自己最快乐

(1) 观察图书22~23页,积极思考与表达。

教师:小猪最后掉到了泥潭里,他的心情怎样?小猪说:"当小猪一点乐趣都没有!"你赞同小猪的话吗?你想对小猪说什么?

(2) 观察图书24~25页,欣赏音频并了解故事结局。

教师:现在的小猪心情怎样?听听看"另一只小猪"说了什么?

评析:在这一环节中教师引导幼儿体会小猪变形失败后难过和沮丧的心情。借助小猪的独白语言,引发幼儿思考和表达,大胆地用语言表达自己的观点和想法,通过"你想对小猪说什么"的提问实现幼儿对图书主题情感的感知。再借助欢快的节奏乐和"另一只小猪"说话的音频引导幼儿体会小猪心情的变化,了解故事结局,充分地让幼儿在理解的基础上,提升了审美能力,丰富了情感体验。

5. 玩"接龙"游戏,大胆表达对自己的喜欢和认可

教师:小猪发现,"原来每个人都有自己的本领和独特之处,做自己最开心"。其实每位小朋友也是独一无二的,接下来请小朋友一个接一个,每人轮流说一句话夸夸自己。

评析:在这一环节中,主要引导幼儿通过"接龙"的游戏方式,说一句话夸夸自己,表达对自己的喜欢和认可,促进活动情感价值目标的实现。

五、活动延伸

1. 区域活动:在表演区投放表演道具,幼儿自选角色和道具,表演《小猪变形记》。
2. 教学活动:教师组织幼儿开展音乐活动,学唱歌曲《小猪变形记》。

项目六 学前儿童早期阅读活动

3. 家园合作：安排幼儿回家后向家人讲述《小猪变形记》的故事，请父母和幼儿共同搜集资料，了解小猪喜欢滚泥坑的原因。

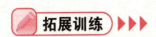

训练一：学前儿童早期阅读活动观摩与评析

【实训目的】

通过现场或视频观摩一个早期阅读活动案例，进一步熟悉早期阅读活动的类型与特征，了解设计与组织学前儿童早期阅读活动的基本结构，并尝试评价学前儿童早期阅读活动。

【实训要求】

1. 资料收集工作：从网上或其他渠道收集一节优秀的早期阅读活动教学录像，收集1~2所幼儿园阅读区的资料和照片。

2. 反复阅读活动案例素材，分析活动类型与特征。从语言风格、内容和画风等方面，做一份图书分析报告。

3. 观察记录与分析。

（1）记录一个学前儿童早期阅读的全部过程，包括目标定位、活动材料的准备与运用、活动的组织流程、教学策略方法运用等。

（2）借助观察记录表记录阅读区幼儿阅读情况，试选择1~2名幼儿阅读情况进行分析。

4. 各研究学习小组派代表发言，师生集中研讨。

训练二：学前儿童早期阅读图画书示范讲述及课件制作

【实训目的】

练习生动地朗读不同类型图画书，提高示范朗读能力。结合读本设计制作教学课件。

【实训要求】

1. 每名学生选择一个类型图画书。要求运用生动的语言语调朗读。

2. 结合读本设计制作教学课件。

3. 以研究学习小组为单位，每名学生在组内进行示范展示，并集中进行评议。

训练三：学前儿童早期阅读活动试教

【实训目的】

运用本项目学习内容，学会设计与组织学前儿童早期阅读教学活动或阅读区活动，并尝试进行活动反思与评价。

【实训要求】

1. 分小组展开集体备课，并按照教案规范格式撰写一份早期阅读活动教案。

2. 全班推选一名学生进行学前儿童早期阅读教学活动或阅读区集中说课。

3. 师生围绕以下几个问题展开试教与反思。

（1）结合素材谈素材分析和设计思路。

（2）如何围绕前阅读核心经验设计与组织的？

（3）如何进行师生共同阅读？

（4）阅读区材料投放依据是什么？指导重点体现在哪些方面？

4. 分小组进行个别试教，每名学生展示自己设计的学前儿童早期阅读活动或阅读区，要求提交教案，制作教具或课件材料，完整进行模拟试教，试教后进行说课反思，组内进行活动评析。

5. 教师进行总结与提升。

训练四：学前儿童早期阅读活动教研

【实训目的】

学习幼儿园优秀阅读活动教研案例，了解教研组织基本形式和常用策略方法。针对当下早期阅读活动实践中的典型问题，凝练教研主题，组织专题教研，梳理、总结学生在学前儿童早期阅读活动实践中的问题的路径和方法，进一步提高学生设计、组织与评价活动的能力。

【实训要求】

1. 设计并撰写一个早期阅读专题教研方案。
2. 介绍教研活动来源、目标及准备，抛出核心研讨话题。
3. 引导小组成员讨论，及时梳理提炼研讨成果。
（1）学生以研究学习小组为单位，任选一个核心话题展开讨论。
（2）每组派代表发言陈述观点。
4. 教师进行教研总结与提升。

1. 简述学前儿童早期阅读活动的特点。
2. 简述学前儿童早期阅读的关键经验。
3. 学前儿童早期阅读教育活动的内容有哪些？
4. 结合所学知识和你所了解的社会现实，说一说应如何正确认识学前儿童早期阅读活动。
5. 作为幼儿园教师，如何做才能使学前儿童早期阅读教育的指导既合乎幼儿学习的基本规律，又能针对不同的幼儿、不同的活动采用不同的模式和方法？

项目七 学前儿童文学活动

项目概述

学前儿童对童话、故事、儿歌等文学作品有浓厚的兴趣。具有鲜明生动的形象、简单有趣的情节和浅显易懂的语言的文学作品已经成为学前儿童语言教育中必不可少的内容。儿童文学作品包括童话、幼儿生活故事和自然故事、儿童诗歌、散文、谜语、绕口令等,它们深受儿童喜爱。围绕文学作品组织的文学活动也已经成为幼儿园语言教育活动的重要组织形式之一。本项目将从学前儿童文学活动的概念、特征、主要类型等方面进行阐述,并着重探讨3~6岁儿童文学作品教育活动的主要设计与组织策略及应该注意的问题。

学习目标

◆学前儿童文学作品的选择原则;
◆学前儿童文学活动的特征;
◆学前儿童文学活动的主要类型;
◆学前儿童文学活动设计与实施原则;
◆学前儿童文学活动的实施策略。

任务一 认识学前儿童文学活动

一、学前儿童文学活动与文学作品概述

(一)学前儿童文学活动的概念

学前儿童文学活动的开展对于学前儿童身心发展具有重要意义。学前儿童文学作品由于兼具教育性和趣味性,因此深受教师、家长的关注和幼儿的喜爱。

学前儿童文学活动是指将文学作品作为基本教育内容，面向0~6岁儿童，围绕文学作品进行组织、设计的语言教育活动类型。学前儿童的文学活动为学前儿童提供了学习运用叙事性语言的情境和一系列相关活动，可帮助学前儿童体会语言艺术的美。

（二）学前儿童文学作品的概念及幼儿文学作品的功能

学前儿童文学作品是指那些与0~6岁儿童心理发展水平及接受能力和阅读能力相适应的各类文学作品的总称。它通过典型的形象、有趣的故事情节、丰富的文学内容来反映现实生活，围绕儿童的生活经验，潜移默化地影响儿童。它包括寓言、童话、儿童故事、儿歌、儿童诗、谜语诗、绕口令、儿童散文、儿童小说、儿童科学文艺等多种体裁。学前儿童文学作品包括婴儿文学作品和幼儿文学作品。幼儿文学作品是以3~6岁儿童为主要对象，为促进他们的健康成长而创作或改编的，适应他们的年龄特点和审美需求的文学形式。

学前儿童文学作品是语言艺术的结晶体，其中幼儿文学作品融教育性、知识性、趣味性为一体，每一首具体的儿歌或每个故事都含有丰富而独特的语言信息。优秀的幼儿文学作品中丰富的人文内涵、审美价值和社会文化意义对幼儿多方面的成长发展具有积极的推动作用。另外，幼儿文学作品是人类文学作品的重要组成部分，不仅拥有文学作品特有的艺术性，而且蕴含着丰富的自然、社会科学知识以及语言知识，兼具认知性、社会性、审美性等方面的教育功能。幼儿文学作品的功能具体可以分为以下3个方面。

1. 幼儿文学作品可以增长知识，激发幼儿的求知欲和学习兴趣

阅读文学作品是幼儿获取知识的重要渠道。学前儿童文学活动往往从文学作品教学出发，利用文学作品中所反映的自然与社会常识，整合其他领域的活动，使得幼儿有更多的机会认识某个文学作品中表现的社会与自然生活内容，促进他们对作品的感知理解。文学作品同时又是社会知识、认知知识和语言知识的结合物。在幼儿园的语言教育过程中，教师在设计组织文学活动时，根据具体的文学作品整合相关学习内容，就为幼儿提供了扩充经验、开阔眼界的机会。例如，儿童故事《小蝌蚪找妈妈》，通过生动有趣的情节、浅显的文字，生动地描写了小蝌蚪找妈妈的故事，帮助幼儿初步了解了小蝌蚪变成青蛙的有趣过程。同时小蝌蚪找妈妈的故事通过生动有趣的形式，既增长了幼儿的知识、扩大其视野，也培养了幼儿的求知兴趣。

2. 幼儿文学作品可以促进幼儿社会性的发展

首先，幼儿文学作品可以丰富幼儿的社会认知。社会认知在社会性发展中起到基础作用，社会情感、社会行为技能只有在社会认知的基础上，才会具有稳定性和自觉性。社会认知包括幼儿对自身、他人、社会行为规范以及社会文化的认知。幼儿文学作品能够丰富幼儿的认知水平，为更好地激发幼儿的社会情感，形成良好的社会行为奠定基础。例如，儿童故事《兔子先生去散步》，该作品描述了兔子先生外出散步时因为不理解公共标志的意义而做出了一系列滑稽可笑的事情。幼儿通过听故事，轻松认识了注意火车、禁止鸣笛、禁止吸烟等一系列标志，明确了不遵守规则的危险后果。

其次，幼儿文学作品可以激发幼儿积极的社会情感。积极的社会情感主要是指幼儿在社会活动中表现出来的依恋感、自尊感、同情心、羞愧感、是非感、爱憎感等。优秀的幼儿文学作品，能帮助幼儿调控情绪与行为，自我激励，锻造健康的人格。例如，儿童故事《猜猜我有多爱你》，讲述了小兔子和大兔子比较谁更爱对方，小兔子对大兔子说"我好爱你"，而大兔子回应小兔子说"我更爱你"。整个故事充满了温馨，让幼儿感受爱的情感，并记住爱的表达方式，幼儿正是在这种积

极主动的、无条件的爱的感染下，将爱的情感转化为一种实践的行为。同时，幼儿文学作品能够帮助幼儿体验不同的情感，形成正确的是非观念。例如，童话故事《白雪公主和七个小矮人》中，幼儿体验到了白雪公主失去母亲的伤心难过、邪恶皇后的凶狠残酷以及白雪公主和七个小矮人在一起生活的开心快乐等。幼儿能通过文学作品感受到故事中人物的喜、怒、哀、乐等丰富的情感体验，辨别是非曲直。另外，具有幽默感、滑稽感的幼儿文学作品，如《颠倒歌》《我给小鸡起名字》等有助于幼儿形成开朗活泼的性格。

再次，幼儿文学作品有助于幼儿习得社会性行为技能。社会性行为技能主要指交往、分享、合作、谦让、助人等方面的技能。例如，儿童故事《小蝌蚪找妈妈》，描述了小蝌蚪团结起来找妈妈的过程，即使在没找到妈妈、遭遇挫折时，它们也不退却。不仅让幼儿获得了与青蛙成长有关的科学知识，而且告诉幼儿应该学会团结合作，并且在遇到自己无法解决的困难时，就应主动而且很有礼貌地去寻求别人的帮助。又如，童话故事《彩虹色的花》教育幼儿怎样做个乐于助人的人，《懂礼貌的小白兔》教给幼儿如何文明交往，《我不想生气》教给幼儿调节自身不良情绪的方法等。这些幼儿文学作品，能够丰富幼儿与同伴交往的经验，使幼儿在交往中学会构建良好的同伴关系，为今后建立和谐的人际关系奠定基础。

3. 幼儿文学作品可以培养幼儿的美感，发展幼儿的审美能力

幼儿文学作品的审美价值较高，具有语言美、形象美、心灵美、意境美。不仅能增强幼儿的道德感，丰富幼儿的语言，还可以让幼儿在欣赏过程中获得美的享受，既培养了幼儿感受美的能力，又能够满足幼儿表现和创造美的需要，提升幼儿的想象力，丰富幼儿的情感体验，让幼儿充分享受文学作品带来的愉悦。例如，常见的幼儿文学作品类型——诗歌，情感洋溢，想象丰富，语言含蓄而凝练，富有节奏感、韵律感、音乐性、形象性，同时具有对称、均衡或错落有致的整体结构，集中体现了文学语言的形象美和形式美。比如诗歌《春天是一本书》：春天是一本彩色的书——黄的迎春花，红的桃花，绿的柳叶，白的梨花。春天是一本会笑的书——小池塘笑了，酒窝圆又大；小朋友笑了，咧开小嘴巴。春天是一本会唱歌的书——春雷轰隆隆，春雨滴滴答，燕子唧唧唧，青蛙呱呱呱。幼儿在诗歌的引领下，走进了春天的美景中，感受到自然界的美景和春天的美好生活。

二、学前儿童文学活动的教育目标

学前儿童文学活动的教育目标，体现在我国各时期的语言学科目标或语言领域目标中。1981年推行的《幼儿园教育纲要（试行草案）》指出，应初步培养幼儿对文学作品的兴趣，并且详细规定了小班、中班、大班的相关教育目标。

小班：喜欢听老师讲述故事和朗诵儿歌，初步懂得作品的主要内容，记住八至十首儿歌。在老师的帮助下，学习复述一、二个简短的故事。

中班：理解故事、诗歌的内容，记住作品的主要情节，会朗诵八至十首诗歌，复述三、四个简短的故事。喜欢看图书和听儿童广播节目。

大班：比较有表情地朗诵八至十首诗歌，复述三、四个故事。学习评价别人的讲述。培养幼儿喜爱看和讲述图书，听儿童广播和讲述某些内容。

《幼儿园教育纲要（试行草案）》中将文学作品看作理解与识记的对象，强调"懂得、理解、记住、朗诵、复述"，强调认知性。从教育目标的词语表述里可以看出以文学活动形式开展的语言教育的辅助性。

2001年推行的《幼儿园教育指导纲要（试行）》，在语言教育领域的目标中要求幼儿喜欢听故

事、看图书。在教育内容与要求中指出,引导幼儿接触优秀的儿童文学作品,使之感受语言的丰富和优美并通过多种活动帮助幼儿加深对作品的体验和理解。利用图书、绘画和其他多种方式,引发幼儿对书籍、阅读和书写的兴趣,培养前阅读和前书写技能。

《幼儿园教育指导纲要(试行)》中关于文学活动的教育目标主要强调幼儿的兴趣、感受,关注幼儿的文学学习态度,本着自觉自愿的原则,注重培养幼儿对文学作品的热爱。另外提倡幼儿"感受"与"体验"文学作品,这对于改变以往灌输式的教育方法,注重幼儿在文学活动中的主体地位具有重要意义。

2012年颁布的《3~6岁儿童学习与发展指南》中,语言领域"阅读与书写准备"的目标1为"喜欢听故事,看图书",具体如下。

(1)3~4岁:主动要求成人讲故事、读图书;喜欢跟读韵律感强的儿歌、童谣;爱护图书,不乱撕、乱扔。

(2)4~5岁:反复看自己喜欢的图书;喜欢把听过的故事或看过的图书讲给别人听;对生活中常见的标识、符号感兴趣,知道它们表示一定的意义。

(3)5~6岁:专注地阅读图书;喜欢与他人一起谈论图书和故事的有关内容;对图书和生活情境中的文字符号感兴趣,知道文字表示一定的意义。

在教育建议中,《3~6岁儿童学习与发展指南》强调:①为幼儿提供良好的阅读环境和条件。如提供一定数量、符合幼儿年龄特点、富有童趣的图画书。提供相对安静的地方,尽量减少干扰,保证幼儿自主阅读。②激发幼儿的阅读兴趣,培养阅读习惯。如经常抽时间与幼儿一起看图书、讲故事。提供童谣、故事和诗歌等不同体裁的儿童文学作品,让幼儿自主选择和阅读。当幼儿遇到感兴趣的事物或问题时,和他一起查阅图书资料,让他感受图书的作用,体会通过阅读获取信息的乐趣。③引导幼儿体会标识、文字符号的用途。如向幼儿介绍医院、公用电话等生活中的常见标识,让他知道标识可以代表具体事物。结合生活实际,帮助幼儿体会文字的用途。当有新玩具时,把说明书上的文字念给幼儿听,了解玩具的玩法。

《3~6岁儿童学习与发展指南》在该部分的目标2为"具有初步的阅读理解能力",具体如下。

(1)3~4岁:能听懂短小的儿歌或故事;会看画面,能根据画面说出图中有什么,发生了什么事等;能理解图书上的文字是和画面对应的,是用来表达画面意义的。

(2)4~5岁:能大体讲出所听故事的主要内容;能根据连续画面提供的信息,大致说出故事的情节;能随着作品的展开产生喜悦、担忧等相应的情绪反应,体会作品所表达的情绪情感。

(3)5~6岁:能说出所阅读的幼儿文学作品的主要内容;能根据故事的部分情节或图书画面的线索猜想故事情节的发展,或续编、创编故事;对看过的图书、听过的故事能说出自己的看法;能初步感受文学语言的美。

在教育建议中,《3~6岁儿童学习与发展指南》指出:①经常和幼儿一起阅读,引导他以自己的经验为基础理解图书的内容。如引导幼儿仔细观察画面,结合画面讨论故事内容,学习建立画面与故事内容的联系。和幼儿一起讨论或回忆书中的故事情节,引导他有条理地说出故事的大致内容。在给幼儿读书或讲故事时,可先不告诉名字,让幼儿听完后自己命名,并说出这样命名的理由。鼓励幼儿自主阅读,并与他人讨论自己在阅读中的发现、体会和想法。②在阅读中发展幼儿的想象和创造能力。如鼓励幼儿依据画面线索讲述故事,大胆推测、想象故事情节的发展,改编故事部分情节或续编故事结尾。鼓励幼儿用故事表演、绘画等不同的方式表达自己对图书和故事的理解。鼓励和支持幼儿自编故事,并为自编的故事配上图画,制成图画书。③引导幼儿感受文学作品的美。如有意识地引导幼儿欣赏或模仿文学作品的语言节奏和韵律。给幼儿读书时，通过表情、动作和抑扬顿挫的声音传达书中的情绪情感，让幼儿体会作品的感染力和表现力。

这一时期的幼儿文学活动教育目标不仅仅关注文学的教育和认识功能，而且更加重视文学作品的审美和娱乐功能，体现了学前儿童文学活动注重幼儿体验、感知和审美的精神。

三、学前儿童文学作品的选择

学前儿童文学作品的选择应该符合学前儿童的年龄特点，尊重儿童的兴趣和需要，同时能够将文学作品蕴含的丰富信息通过直观形象的方式传递给儿童。学前儿童文学作品的选择应该遵循以下原则。

（一）选择的作品主题应具有教育意义

文学作品的主题应具有教育意义，注重对儿童进行知识的传授、思想的感化和情感的陶冶，促进幼儿的全面和谐发展。

首先，优秀的儿童文学作品人物特点突出，形象生动，具有艺术性。不论是人物还是小动物，学前儿童文学作品所塑造的形象要活灵活现，都要抓住其外部特征，写出其神态和动作。比如《小白兔》："小白兔，白又白，两只耳朵竖起来，爱吃萝卜爱吃菜，蹦蹦跳跳真可爱！"前两句主要写了小白兔的神态和外部特征，后两句重点描述了小白兔的动态和习性。这些生动形象的描写增强了作品的艺术感染力和表现力，也深受儿童的喜爱，具有教育意义。

其次，文学作品应该能够帮助幼儿在成长过程中养成良好的行为，感受丰富的情感，获得丰富的知识，培养浓厚的兴趣。比如诗歌《雪花》：

雪花，雪花，你有几片小花瓣？
我用手心接住你，让我数数看：
一、二、三、四、五、六，
咦，刚数完，雪花怎么不见了？
只留下一个圆圆的亮亮的小水点。

朗朗上口的歌谣，浅显易懂的语言，不仅能让幼儿感知冬天的季节特征，而且将美好的意象传递给了儿童。类似的文学作品如童话故事《拔萝卜》，能够教育幼儿团结友爱，互相帮助；《小猫钓鱼》，教育儿童做事不能三心二意。

再次，文学作品要有利于发展学前儿童的创造性思维，留给学前儿童想象的空间以及仿编或者表演的机会。比如儿童诗歌《梦》：

小草爱做梦，梦是绿绿的；
小花爱做梦，梦是红红的；
露珠爱做梦，梦是圆圆的；
小朋友爱做梦，梦是甜甜的。

诗歌将小草、小花、露珠拟人化，激发幼儿的想象力和创造力，通过教师的引导，小朋友可以自己创编，太阳、月亮、星星、小熊、小鸟、小树……它们的梦都是什么样的？给幼儿提供自由创编的机会。

（二）选择的作品题材应该围绕儿童的生活经验，内容为儿童所熟悉

题材是作家从客观生活中选择出来，经过集中、提炼而成为文学作品的一组生活现象。学前儿

童正处在认识世界的初级阶段，其生活经验有限，对生活的认知和成人相比存在着明显差异，因此对题材的选择也要尊重幼儿的年龄特征，不能脱离学前儿童的生活。例如，《吃饭不掉一粒米》《雪花》《小熊过桥》《三只小猪》《孔融让梨》等这些优秀的文学作品从儿童的日常生活、喜欢的动物或是道德教育入手选择题材，能引起儿童多方面经验的回忆，促进儿童的发展。

（三）选择的作品内容应该尊重儿童的年龄特点、兴趣和需要

选择作品内容既要考虑作品的教育功能，又要考虑学前儿童的欣赏能力和欣赏兴趣。生活故事、童话、寓言、民间传说、儿歌、儿童诗歌、抒情散文以及童话剧，无论哪种文学作品，都要选择符合儿童年龄特点、为儿童所熟悉的。学前儿童以具体形象思维为主，难以理解抽象的词汇和复杂的句式。文学作品的内容应该浅显易懂，情节要简单，语言要形象化、口语化、浅显化和多重复。

首先，作品结构要简单，情节要单纯而有趣。由于儿童对事物相互关系的理解往往比较简单，且停留于表面，因此，给儿童讲的故事情节不要太复杂。

其次，作品的语言浅显易懂、具体生动。根据理解词义的发展特点，儿童还不能准确地理解抽象的词汇，比较容易理解一些反映事物具体特征的词汇。因此，文学作品中不应出现过深过难的词语，应使用儿童能理解的词汇，句子要尽量口语化，多用简单句、主动句、短句，少用复杂句、被动句或长句。例如，儿歌《我给小鸡起名字》：

一、二、三、四、五、六、七

妈妈买了七只鸡。

我给小鸡起名字：

小一，小二，小三，小四，小五，小六，小七。

小鸡一下都走散，一只东来一只西，

这下再也认不出谁是

小七，小六，小五，小四，小三，小二，小一。

这篇作品情节简单，其中"小一、小二、小三……"几次重复，浅显易懂，极具趣味性，不仅加深了幼儿对数字的理解和记忆，同时朗朗上口，容易引起儿童对文学活动的学习兴趣。

任务二　学前儿童文学活动的特征

学前儿童文学活动可为儿童提供多种与文学作品交互作用的途径，帮助学前儿童通过动手、动口、动脑、动眼、动耳等多种感官参与到活动中，感受和理解文学作品所展示的丰富而有趣的内容，体会文学作品的语言美、内容美和情感美。因此，学前儿童文学活动区别于其他的语言教育形式，其基本特征包括以下几个方面。

一、从文学作品入手，开展语言教育活动

文学活动的开展首先要选择文学作品，如要教育儿童互相帮助，可以选择《小公鸡和小鸭子》的故事；教育儿童注意公共卫生，可以选择《瓜瓜吃瓜》的故事……学前儿童文学教育活动的一个

突出特征就是从文学作品入手，围绕作品教学开展相关活动。在文学活动中，儿童审美能力和文学理解能力、想象力方面的培养需要以文学作品为基础。因此，学前儿童文学活动要培养儿童理解美、欣赏美、表现美的能力，需要从文学作品入手，围绕文学作品组织教学及开展一系列多层次的活动，这样才能体现出文学作品的教育功能，才能帮助儿童提升对作品主题的理解、品味作品的深刻内涵和无穷趣味，达到文学教育的目的。

首先，文学作品具有自身的特点，它决定了学前儿童文学活动的开展必须从阅读文学作品入手。文学作品是语言艺术的结晶，每一首具体的儿歌或每个故事都含有丰富而独特的语言信息。任何一项文学活动都必须从文学作品阅读入手，围绕一件具体的作品开展活动，帮助幼儿理解文学作品，感受其丰富而有趣的信息。学前儿童文学作品包括韵律清晰、情感丰富的诗歌，用凝练、生动、优美的文学语言写成的儿童散文，还包括带有幻想色彩，通过夸张、象征、拟人的语言表现方式去塑造形象、表现生活的童话，以及围绕儿童经验、取材于现实生活的生活故事等，为儿童提供了丰富而独特的语言信息。

其次，学前儿童作为文学活动的主体，决定了文学活动必须围绕文学作品来开展。学前儿童对童话、故事和儿歌等文学作品的形式充满浓厚的兴趣。另外，学前儿童必须通过聆听、诵读、阅读、观看等方式获取信息，文学作品以书面语言的形式结构储存语言信息，为儿童通过多种感官理解文学作品所传递出的信息提供了阅读机会。

二、整合相关领域的内容

学前儿童文学活动从文学作品教学出发，常常整合其相关领域的内容。自 20 世纪 80 年代以来，国内外学前教育界逐步认识到"整合（知识）"对儿童学习的重要意义。我国 2001 年颁布的《幼儿园教育指导纲要（试行）》和 2012 年颁布的《3~6 岁儿童学习与发展指南》以及 2022 年颁布的《幼儿园保育教育质量评估指南》中，都提供了关注幼儿学习与发展的整体性，重视幼儿园教育内容的"全面性""启蒙性"和各方面教育内容的"相互渗透"的教育理念。可见，"整合（知识）"已经成了学前教育课程发展的大势所趋。在语言教育领域，文学活动所围绕的文学作品包含了丰富的语言信息，是社会知识、认知知识和语言知识的结合物，在设计组织文学活动时，根据具体的文学作品整合相关学习内容，就为幼儿提供了在这三方面协调扩大知识面的机会，帮助幼儿完成整个的语言学习。文学活动从文学作品出发，往往整合社会、科学、艺术领域等的内容，开展多种形式的系列主题活动，使幼儿获得全面和谐发展的机会。

例如，幼儿园大班故事《小水滴旅行记》，讲述的是小水滴从水到水蒸气再到水的变化过程。该语言教育活动既可以激发幼儿的想象力和语言表达能力，又能够激发孩子们探索大自然的兴趣。故事将小水滴拟人化，通俗易懂，讲述水的形态变化过程，整合了科学领域的内容。在组织教学的时候，教师可以引导幼儿用语言或绘画的形式来表现小水滴旅行的过程，既使抽象的道理变得形象化，又整合了艺术领域的内容。

【案例 7-1】

童话故事——《小水滴旅行记》活动案例

一、活动目标

1. 欣赏科学童话《小水滴旅行记》，理解故事内容，了解水的变化过程。

2. 根据故事内容，尝试用简单的图形表现出小水滴旅行的过程。
3. 乐意参与小水滴游戏活动。

二、活动准备

水滴的不同形态变换图片，实物展示仪一台，酒精炉，透明玻璃水壶，火柴，大块玻璃，画笔，白纸等。

三、活动过程

1. 通过出示谜语引出小水滴。

谜面：小溪里散步，池塘里睡觉，江河里奔跑，海洋里舞蹈。

谜底：水滴。

2. 欣赏科学童话《小水滴旅行记》，初步了解故事内容。

（1）你们知道小水滴是从哪里来，要到哪里去吗？

（2）教师讲述故事，提问：请你说说，故事里说了些什么？

3. 教师引导幼儿边看书，边听教师讲故事。通过以下提问，使幼儿进一步了解故事内容。

（1）这是一篇科学童话故事，请你说说故事里都有谁。

（2）小朋友喜欢旅行吗？都去过哪些地方？

（3）小水滴又是在谁的帮助下去旅行的？

（4）小水滴从哪里来？流到哪些地方？后来又到哪里去了？

（5）小水滴在大海里高兴吗？后来小水滴变成了什么？

然后，组织幼儿讨论：你喜欢《小水滴旅行记》这个故事吗？听了这个故事后，你知道了什么？

最后，幼儿自主阅读童话故事《小水滴旅行记》。

4. 直观展示小水滴的变化过程。

（1）在旅行的途中，小水滴有哪些变化？（变成水蒸气、白云、雨水、雪花，回到大海变回水滴。）

（2）教师用小炉子和透明的玻璃水壶，让孩子直观地看到水变成水蒸气，然后又由水蒸气变成水的变化过程。

5. 启发幼儿用绘画的形式记录小水滴旅行的过程。

（1）教师：小水滴从天上落下来，经过很多地方，最后到达大海，变成水蒸气飞向天空。你能用画把它记录下来吗？然后再告诉大家具体的旅行过程，好吗？

（2）幼儿在纸上进行绘画，记录小水滴旅行的过程。教师个别指导。

（3）展示幼儿的记录材料，放在实物展示仪上，让大家互相交流，讲述小水滴旅行的过程。

6. 游戏活动：太阳和小水滴。

附童话故事：

小水滴旅行记

我是快乐的小水滴，我在一条小溪中，我和许多小水滴姐妹顺着水流跑呀跑呀，汇成一条大河。

突然，我们一起从山上向下跌落，像一个大大的水帘挂在山崖上，太阳照在我们身上，画出了美丽的颜色，我变得漂亮了。

我跌到山下的湖里，太阳照得我非常暖和，我觉得身体变轻了，变成水蒸气，不停地上升，上升……我升得很高很高，和许多小水滴姐妹碰到一起，连成一片，地上的孩子说：快看，天空中有一朵朵云彩！

天空中很冷很冷，我们相互抱在一起，变成一个大水滴，从天空掉了下来。地上的孩子喊：下雨了，下雨了！我和朋友们落到山下，落在田野里，落在江河中，小树苗被洗得干干净净，庄稼喝足了水，伸直了腰，小河高兴地唱着歌，大家都欢迎我！

我在小河里，和远方流来的河水朋友拉着手，我们穿上带着香味的花瓣衣服，一同欢乐地奔向大海。

我们又被太阳公公晒着，我们还会变成水蒸气升到空中，变成云彩，冷风吹到身上，我们还会变成雨点，或许变成冰雹、雪花向大地降落，我们又回到了小溪中。

三、利用文学作品促进学前儿童语言能力的发展

学前儿童通过自身的视觉、听觉、触觉等多种感觉通道感知外界环境，并通过操作与体验感受活动与环境的相互作用，进而不断建构知识大厦，获得发展。学前儿童文学活动为儿童提供了动手、动口、动脑、动眼、动耳的机会，促进了学前儿童听、说、读、写4种语言能力的协调发展。

例如，儿童诗歌《小熊过桥》：

小竹桥，摇摇摇，
有只小熊来过桥。
走不稳，站不牢，
走到桥上心乱跳。
头上乌鸦哇哇叫，
桥下流水哗哗笑，
"妈妈，妈妈，快来呀！
快把小熊抱过桥！"
河里鲤鱼跳出水，
对着小熊大声叫：
"小熊，小熊，不要怕，
眼睛向着前面瞧！"
一二三，向前跑，
小熊过桥回头笑，
鲤鱼乐得尾巴摇。

在《小熊过桥》的文学活动设计中，教师可以选择多种方式引导幼儿体验和表现文学作品。例如，为幼儿安排体验和表达的机会，给幼儿提供画有小桥的纸和小熊、乌鸦、流水等形象图，然后让幼儿贴在相应的位置，形成小熊过桥图。教师还可以让幼儿说一说、画一画，鼓励幼儿动手、动脑。

任务三　学前儿童文学活动的主要类型

一、诗歌

（一）儿歌

1. 儿歌的概念和特点

儿歌是适合婴幼儿听赏念唱且形体短小的歌谣，是婴幼儿最早接触、最容易接受的一种文学样式，是由听觉感知的语言艺术。儿歌既有传统儿歌，又有现代儿歌。传统儿歌是学前儿童喜闻乐见的一种文学形式，是流传下来的民间儿童歌谣。现代儿歌是现代作家根据幼儿心理特点和理解能力，用简洁的韵语写成的儿歌形式。

儿歌在我国古代称为"童谣""童子谣""孺子歌""小儿语"。明代吕坤编著的《演小儿语》是目前已发现的我国最早的儿歌集。清代《天籁集》称儿歌为"天地之妙文"。1918年，北京大学成立了歌谣征集处，把征集的歌谣中的儿童歌谣冠以"儿歌"的名称在《歌谣》周刊上发表。从此，"儿歌"作为儿童文学的体裁名称沿用至今。

与其他形式的文学作品相比，儿歌具有自身的特点。

（1）篇幅短小精巧，易于口耳相传。常见儿歌以四句、六句、八句居多，易学易唱。

（2）语言活泼、节奏明快。儿歌具有鲜明的音乐性和节奏感，合辙押韵、语言活泼。

（3）儿歌还具有优美的旋律、和谐的音韵和真挚的情感。

2. 儿歌的分类

（1）摇篮曲。摇篮曲又叫催眠曲，内容简单，词句简短，语言柔美，是成人吟唱给婴幼儿听，帮助婴幼儿情绪稳定地进入睡眠状态的儿歌形式。摇篮曲极富音乐性，韵律感强，节奏舒缓，能够营造宁静安定的气氛。例如，儿歌《摇篮》：

蓝天是摇篮，摇着星宝宝，白云轻轻飘，星宝宝睡着了。

大海是摇篮，摇着鱼宝宝，浪花轻轻飘，鱼宝宝睡着了。

花园是摇篮，摇着花宝宝，风儿轻轻吹，花宝宝睡着了。

妈妈的手是摇篮，摇着小宝宝，歌儿轻轻唱，宝宝睡着了。

《摇篮》是一首典型的催眠曲，既是歌，也是诗。它展现了"蓝天""大海""花园"以及"妈妈的手"等意象，运用拟人、比喻等艺术手法将它们和谐地联结在一起，形成一个温馨、宁谧的环境，可以使孩子陶醉在这种优美的意境中安然入睡。

再如，我国著名的儿童文学作家陈伯吹先生创作的《摇篮曲》：

风不吹，浪不高，小小船儿轻轻摇，小宝宝啊要睡觉。

风不吹，树不摇，小鸟不飞也不叫，小宝宝啊快睡觉。

风不吹，云不飘，蓝色的天空静悄悄，小宝宝啊好好睡一觉。

歌词中营造了一种非常安静、祥和的意境：风越来越轻柔，四周越来越静谧，摇篮中的孩子正在悄然睡去……整首摇篮曲洋溢着温馨的母爱，渲染了一种静谧的氛围。

(2) 游戏歌。游戏歌，是配合婴幼儿进行游戏活动的儿歌形式。与一般的儿歌不同的是，游戏歌一般伴随儿童游戏而创作，相当于游戏活动中的一个口令，有组织游戏的明显作用，用于指挥游戏动作或统一节奏。游戏歌有助于儿童熟记游戏动作，提示儿童按照内容和节拍做出动作，歌曲与游戏相得益彰，带给孩子极大的愉悦。

例如，幼儿园广泛流行的《拍手歌》："你拍一，我拍一，一只孔雀穿花衣；你拍二，我拍二，两只小鸭上河沿；你拍三，我拍三，三只大雁飞上天；你拍四，我拍四，四只熊猫吃竹子……"《拍手歌》有多种版本，如"你拍一，我拍一，一个小孩坐飞机；你拍二，我拍二，两个小孩骑马儿；你拍三，我拍三，三个小孩爬高山；你拍四，我拍四，四个小孩写大字；你拍五，我拍五，五个小孩在跳舞；你拍六，我拍六，六个小孩滚雪球……"这种拍手歌，由两个小朋友相对而坐，互相伸出双手左右击掌对拍，边拍手边念儿歌，让幼儿在拍手对数的过程中加深对事物或现象的认识并分享游戏的快乐。再如，幼儿园游戏歌《踢毽歌》："小鸡毛，真美丽，扎个毽子大家踢。左脚踢，右脚踢，踢个花样比一比。一会儿高，一会儿低，像只小鸟飞呀飞，你踢八十七，我踢一百一。"幼儿可以边唱歌，边玩踢毽子游戏，极富趣味性。

游戏歌在幼儿园儿歌中占较大的比重，常见的游戏歌如《找朋友》《丢手绢》《跳绳歌》等，不仅可以统一游戏动作，而且也强化了游戏本身的娱乐性。

(3) 数数歌。数数歌是指将数字和具体形象相结合，通过吟唱式的数数方法，帮助儿童认识数的儿歌。这是一种按照数序，结合具体事物组合成句子的儿歌。数数歌是将数字与文学巧妙结合的歌谣，富于知识性、教育性。例如，传统儿歌《数蛤蟆》：

一只蛤蟆一张嘴，两只眼睛四条腿，扑通扑通跳下水。

两只蛤蟆两张嘴，四只眼睛八条腿，扑通扑通跳下水。

……

在这首儿歌中，除了蛤蟆的嘴，蛤蟆眼睛和腿的数目是随着蛤蟆数目的增加而成倍增长的，因此，不仅可以训练儿童的初步运算能力，而且能够训练儿童的思维和语言表达能力。

幼儿园常见的两首数数歌：

五指歌

一二三四五，上山打老虎；

老虎打不到，打到小松鼠；

松鼠有几只，让我数一数；

数来又数去，一二三四五。

七个阿姨来摘果

一二三四五六七，

七六五四三二一，

七个阿姨来摘果，

七只花篮手中提，

七个果子摆七样：

苹果、桃子、石榴、柿子、李子、栗子、梨。

(4) 问答歌。问答歌是通过一问一答或连问连答的方式向儿童描述可感知的事物，启发儿童的想象与思维的儿歌形式，有利于培养儿童比较、鉴别事物的能力。因此，问答歌又叫"对歌"或"盘歌"，在儿歌中它自始至终都采用问答方式来表达作品的内容。例如，中班儿歌《谁会爬》：

谁会爬？
虫会爬。
虫儿怎样爬？
许多脚儿向前爬。

这首儿歌结构简单，一问一答的方式既有趣又富有教育意义，能够启迪儿童的心智，唤起儿童对各种事物的注意，帮助儿童认识理解周围的世界。幼儿可以在教师的指导下进行改编，如《谁会游》《谁会跑》《谁会飞》等。

幼儿园常见的三首有趣的问答歌：

什么弯弯

什么弯弯在天边？
什么弯弯在眼前？
什么弯弯头上过？
什么弯弯在水边？
月亮弯弯在天边，
眉毛弯弯在眼前，
梳子弯弯头上过，
船儿弯弯在水边。

花儿问答歌

什么开花节节高？
什么开花像双刀？
什么开花在水里？
什么开花怕火烤？
什么开花不结果？
什么开花满山爬？
什么开花满身刺？
什么开花吹喇叭？
什么开花不长叶？
什么长叶不开花？
芝麻开花节节高，
扁豆开花像双刀，
菱角开花在水里，
冰凌开花怕火烤，
杨树开花不结果，
葛子藤开花满山爬，
黄瓜开花满身刺，
牵牛花开花吹喇叭，
映山红开花不长叶，
冬青长叶不开花。

谁的耳朵长

谁的耳朵长?
谁的耳朵短?
谁的耳朵遮着脸?
驴的耳朵长,
马的耳朵短,
象的耳朵遮着脸。
谁的耳朵尖?
谁的耳朵圆?
谁的耳朵听得远?
猫的耳朵尖,
猴的耳朵圆,
狗的耳朵听得远。

(5)绕口令。绕口令又叫拗口令、急口令,是利用一些读音相近的字词所组成语音拗口的传统儿歌形式,同时是一种深受儿童喜爱的口头文学文字游戏。绕口令在形式上常常使用双声、叠韵的手法,其中含有大量发音相同、相近的字词。其内容富于幽默韵味,有助于帮助孩子训练口齿、活跃思维,使幼儿在唱诵中获得游戏的快乐。我国传统的绕口令内容丰富、种类繁多,各地流行的绕口令是各族人民在长期的生产生活中创造出来的一种口头文学,生活气息浓郁。例如,绕口令《夸骆驼》:

骆驼驮着货,货用骆驼驮。
伯伯牵骆驼,一个跟一个。
穿过大沙漠,不怕渴和热。
伯伯夸骆驼,干活真不错。

这首绕口令能够帮助儿童区别几个读音相似的字的读法,并且能够教育儿童学习骆驼吃苦耐劳的精神。

五首适合幼儿学习的绕口令:

醋和布

一位爷爷他姓顾,
上街打醋又买布。
买了布打了醋,
回头看见鹰抓兔。
放下布,搁下醋,
上前去追鹰和兔,
飞了鹰,跑了兔,
打翻醋,醋湿布。

小花猫

小花猫爱画画,
先画一朵蜡梅花,

又画一个小喇叭,
带着蜡梅花,吹着小喇叭,
回家去见妈妈,妈妈见了笑哈哈。

花和瓜

瓜藤开花像喇叭,
娃娃爱花不去掐。
瓜藤开花花结瓜,
没花就没瓜。
吃瓜要爱花,
娃娃爱花也爱瓜。

两只鹅

河边两只鹅,一同过了河;
白鹅去拾草,黑鹅来搭窝。
冬天北风刮,草窝真暖和,
住在草窝里,哦哦唱支歌。

天连水

天连水,水连天,水天无边波涟涟。
蓝蓝的天似绿水,绿绿的水似蓝天。
到底是天连水,还是水连天?

(6) 顶真歌。顶真歌又叫连锁词,它采用顶真的修辞手法,以上一句的末尾做下一句的开头,或者是上一节的末尾做下一句的开头,是一种具有特殊表现形式的儿歌。顶真歌从内容上来看,歌词往往不完整,没有明确的意思,但句式简短,连用谐音,节奏鲜明,韵律感极强,生动有趣,顺口易记。从形式上看,具有随韵接合、环环相扣、一气呵成的特点。此类儿歌具有训练幼儿学习语言、培养思维能力的功能。

三首典型的顶真歌:

孙悟空打妖怪

唐僧骑马咚那个咚,后面跟着个孙悟空。
孙悟空,跑得快,后面跟着个猪八戒。
猪八戒,鼻子长,后面跟着个沙和尚。
沙和尚,挑着箩,后面来个老妖婆。
老妖婆真正坏,骗过唐僧和八戒。
八戒唐僧真糊涂,是人是妖分不出。
分不出,上了当,多亏孙悟空眼睛亮。
眼睛亮,冒金光,高高举起金箍棒。
金箍棒,有力量,妖魔鬼怪消灭光。

小狗吓一跳

小狗蹦跶跶,它去找小鸭。
小鸭海里游,它去找小猴。

小猴练爬高，它去找小猫。

小猫逮老鼠，它去找老虎。

老虎嗷嗷叫，小狗吓一跳。

天大不算大

天大不算大，云彩来了遮住它。

云大不算大，狂风来了吹跑它。

狂风不算大，墙头来了挡住它。

墙大不算大，老鼠来了咬透它。

鼠大不算大，花猫来了吃了它。

猫大不算大，黄狗来了撵跑它。

黄狗不算大，要饭的来了戳它牙。

(7) 谜语歌。谜语歌又叫儿歌谜，是以歌谣形式做谜面的谜语。例如："麻屋子，红帐子，里面睡个白胖子。"谜底是"花生"。"南极有群小姑娘，白裙白帽黑衣裳，身长翅膀不会飞，水里游泳是内行。"谜底是"企鹅"。再如："一张笑脸庞，总是朝太阳，生的儿女多，谁吃都说香。"谜底是"向日葵"。应当注意的是，为学前儿童提供的谜语歌，不能过于复杂，应尊重其认识能力和理解水平，否则会使儿童丧失信心而失去兴趣。例如，适合幼儿的以"雪"为谜底的谜语歌：

普天之下是一家，家家户户种棉花。

今年种棉没留种，明年冬日又开花。

谜语当中抓住了"雪"和"棉花"的共同特点：洁白、柔软，并且幼儿可以根据谜语歌中"冬日"的线索猜测出谜底。既需要幼儿动脑思考，又不复杂，并且朗朗上口，适合唱诵。

(8) 字头歌。字头歌是一种特殊而古老的儿歌形式，每句最后一字几乎完全相同，一韵到底。这类儿歌语言亲切、风趣，韵律感强，因此深受婴幼儿喜爱。字头歌多以"子""头""儿"作为每句结尾，如字头歌《秋天果子多》：

秋天像只大盘子，盛满各种甜果子。

绿苹果、红柿子，黄澄澄的大梨子。

串串葡萄赛珠子，秋天是只果盘子。

这首字头歌每句都以"子"字结尾，结构完整，更集中了数字、量词、颜色多种知识，具有丰富的认知内涵。

(9) 颠倒歌。颠倒歌是一种使用夸张、颠倒的手法来描述大自然和社会生活中某些事物和现象，达到以表面的荒诞揭示事物本相和实质目的的传统儿歌形式。颠倒歌又叫"错了歌""古怪歌""滑稽歌"，这类儿歌中，有意把事物的真相颠倒过来，说得跟实际相反，这就产生了离奇、诙谐的效果，荒唐可笑，使孩子们觉得很开心，如颠倒歌《小槐树》：

小槐树，结樱桃，杨柳树上结辣椒。

吹着鼓，打着号，抬着大车拉着轿。

蚊子踢死驴，蚂蚁踩塌桥。

木头沉了底，石头水上漂。

小鸡叼个饿老雕，小老鼠拉个大狸猫，你说好笑不好笑。

这首颠倒歌既让孩子们在快乐的笑声中培养了丰富的想象力和幽默感，又增强了孩子们的识别能力，锻炼了他们从反面来联系和思考问题的逆向思维能力。

几首传统的颠倒歌：

颠倒歌一

咬牛奶，喝面包，夹起火车上皮包，
东西街，南北走，出门看见人咬狗，
拿起狗来打砖头，又怕砖头咬我手。

颠倒歌二

姐姐十五我十六，妈生姐姐我煮粥，
爸爸睡在摇篮里，没有奶吃向我哭。

颠倒歌三

一个老头七十七，娶个老婆八十一，
生个儿子九十九，得个孙子一百一。

颠倒歌四

稀奇稀奇真稀奇，麻雀踩死老母鸡，
蚂蚁身长三尺六，八十岁的老翁睡在摇篮里。

颠倒歌五

太阳出西落在了东，萝卜发芽长成了葱。
天上无云下大雨，树梢不动刮大风。
滚油锅里鱼打浪，高山顶上把船撑。
东洋大海失了火，烧毁了龙王的水晶宫。
一只蚂蚱咬死驴，小麻雀啄食大老鹰，
会飞的兔子咬死鹰，老鼠拉猫钻窟窿。
窝里的公鸡下了蛋，蛋中长根骨头钉，
小鸡吃了黄鼠狼，青蛙吃了长蛇精，
老太太见了心害怕，胡子吓得直扑棱。

（二）幼儿诗

1. 幼儿诗的概念和特点

幼儿诗，是以幼儿为阅读主体，符合幼儿的心理和审美特点并适合幼儿听、赏、吟、诵的诗歌形式。幼儿诗有利于培养幼儿良好的道德品质、思想情操，能够激发幼儿丰富的想象力、思维能力，培养儿童健康的审美意识和艺术鉴赏力。必须注意的是，幼儿诗是诗的一个分支，它受到幼儿心理特征的制约，因此诗的内容、构思、语言等都必须符合幼儿的年龄特征，它所反映的生活必须是幼儿喜闻乐见的，它的语言和艺术形式必须是幼儿易于接受的。

幼儿诗的特点可以通过与儿歌特点的比较进行分析。相比较而言，二者既有共同点，又有不同点。首先，幼儿诗与儿歌都有丰富的情感、鲜明的形象、优美的意境、富于情趣的构思、极具童趣的语言和自然明快的节奏。其次，相对于儿歌，幼儿诗在思想内容上较为含蓄，结构形式上相对复杂。

2. 幼儿诗的分类

幼儿诗的分类可以从多种角度入手：从结构特点方面划分，可以分为幼儿韵律体诗和幼儿散文体诗两大类；从文学创作的手法方面划分，分为幼儿叙事诗、幼儿童话诗、幼儿抒情诗、幼儿讽喻诗、幼儿散文诗。

（1）幼儿叙事诗。幼儿叙事诗是运用诗歌的语言，通过某一特定的生活场景表现人物或事件的相互联系，创造优美的意境，真实地表现情感的一种幼儿诗形式。幼儿叙事诗，既要有巧妙的情节安排，又要有精妙的语言、生动的形象和优美的意境，还要有饱满的情感和盎然的情趣。例如，幼儿叙事诗《小弟和小猫》：

我家有个小弟弟，
聪明又淘气，
每天爬高又爬低，
满头满脸都是泥。
妈妈叫他来洗澡，
装没听见他就跑；
爸爸拿镜子把他照，
他闭上眼睛咯咯地笑。
姐姐抱来个小花猫，
拍拍爪子舔舔毛，
两眼一眯，"妙，妙，妙，
谁跟我玩，谁把我抱？"
弟弟伸出小黑手，
小猫连忙往后跳，
胡子一撅头一摇，
"不妙不妙！太脏太脏我不要！"
姐姐听见哈哈笑，
爸爸妈妈皱眉毛，
小弟听了真害臊：
"妈！妈！快来给我洗个澡！"

（2）幼儿童话诗。幼儿童话诗是童话故事与诗歌形式的结合，属于叙事诗的一支，有完整的童话故事情节。幼儿童话诗以诗的形式叙说富于幻想、夸张色彩的童话故事，将童话的故事性和诗的节奏性结合起来。国内著名的幼儿童话诗如鲁兵的《小猪奴尼》《雪狮子》《虎娃》，国外的如普希金的《渔夫和金鱼的故事》、马尔夏克的《笨耗子的故事》等。下面我们以《小猪奴尼》为例分析童话诗的特点。

有只小猪，叫作奴尼。

妈妈说："奴尼，奴尼，你多脏呀！快来洗一洗。"

奴尼说："妈妈，妈妈，我不洗，我不要洗。"

妈妈挺生气，来追奴尼。

奴尼真顽皮，逃东又逃西，扑通——掉进泥坑里。

泥坑里面，尽是烂泥。

奴尼又翻跟头又打滚，玩了半天才爬起，一摇一摆回家里。

吓得妈妈打了个大喷嚏。"呵——欠，你是谁？我不认得你。"

"妈妈，妈妈，我是奴尼，奴尼。"

"不是，不是，你不是奴尼。"

"是的，是的，我真的是奴尼。"

"出去，出去！"妈妈发了脾气，"你再不出去，我可不饶你。扫把扫你，畚箕畚你，当作垃圾倒了你。"

奴尼逃呀，逃呀，逃出两里地。

路上碰见羊姐姐，织的毛衣真美丽。"走开，走开！别碰脏我的新毛衣。"

路上碰见猫阿姨，带着孩子在游戏。"走开，走开！别吓坏我的小猫咪。"

最后碰见牛婶婶，在吊井水洗大衣。"哎呀，哎呀！哪来这么个脏东西？快来，快来！给你冲一冲，洗一洗。"

冲呀冲，洗呀洗……井水用了百桶，肥皂泡泡满天飞。洗掉烂泥，是个奴尼。

奴尼回家去，妈妈真欢喜。"奴尼，奴尼，你几时学会了自己洗？"

奴尼，奴尼，鼻子翘翘，眼睛挤挤，"妈妈，妈妈，明天我要学会自己洗。"

这是我国著名幼儿文学家鲁兵的代表作，这篇童话诗用诗的形式讲了一个短小的童话故事，是诗与童话的巧妙结合。作品中，赋予小猪奴尼以拟人化形象，情节有趣。面对脏兮兮的奴尼，妈妈吓得打喷嚏，要把脏奴尼当垃圾倒掉；牛婶婶竟然用了一百桶水来为奴尼洗澡……这种富于戏剧性同时又不失生活化的夸张情节，将小猪变脏后的遭遇描绘得异常生动、有趣，容易引起幼儿的共鸣。此外，作品语言凝练，并且极富音韵美，句句押韵，朗朗上口，就像一首跳动着快乐音符的歌曲。

（3）幼儿抒情诗。幼儿抒情诗是指侧重直接抒发内心情感的幼儿诗，一般不凭借人物行动或故事抒发感情，也没有完整的人物形象刻画，而是直接抒发对某种生活现象的感受，或者是抒发由某一自然景物引发的情感和联想。例如，幼儿抒情诗《欢迎小雨点》：

来一点

不要太多。

来一点，

不要太少。

来一点，

泥土裂开了嘴巴等。

来一点，

小菌们撑着小伞等。

来一点，

小荷叶站出水面来等。

小水塘笑了，

一点一个笑窝。

小野菊笑了，

一点一个敬礼。

《欢迎小雨点》是我国儿童文学家圣野的一篇佳作，是一首表现万物盼着雨点滋润的幼儿抒情诗，"来一点，不要太多。来一点，不要太少。来一点，泥土裂开嘴巴等。来一点，小菌们撑着小伞等……"浅显易懂，读起来朗朗上口，充满了童趣和天真的想象，帮助孩子们感受身边的美。类似的幼儿抒情诗如《小草》《春天》等。

幼儿抒情诗中，有一种根据图画或摄影作品画面创作的幼儿诗，称为"题画诗"。题画诗在我国的发展可谓源远流长，中国书画艺术素来讲究诗中有画，画中有诗，诗画结合，所以画中配诗是十分常见的。近年来，题画诗逐渐在幼儿诗中兴起，与儿童画搭配，但又不为画面所拘束，往往是将诗情与画意有机结合，表达幼儿所能理解并易于产生共鸣的思想情感。幼儿在看画的同时，伴以节奏美的诗句，丰富了幼儿的想象力和审美情趣。

（4）幼儿讽喻诗。幼儿讽喻诗又叫幼儿讽刺诗，用比喻和夸张等手法对幼儿生活中某些不良现象进行提醒和批评，以引导幼儿对照自省，具有较为明显的批评、规劝意味。它们往往写得幽默风趣，让幼儿愉快地接受善意的批评和劝告。例如，《强强穿衣裳》：

早晨七点多钟，强强起了床，
看了半天的书，他才穿衣裳。
穿上一只袖子，他就去洗脸，
再穿一条裤腿，他去吃早点。
扣上两颗纽子，他去玩邮票，
再扣两颗纽子，中饭时间到。
穿上一条裤腿，他去踢球玩，
再穿一条裤腿，已经吃晚饭。
穿上一只袜子，他听收音机，
听完收音机，都快闭上眼。
他再拿两只袜子，刚刚要穿上，
可是妈妈说道："脱掉衣裳，快上床！"

这是我国著名儿童文学作家、翻译家任溶溶的一首幼儿诗。作品画面感极强，通过浅显又充满童趣的口语、节奏错落的韵律，将儿童生活场面定格、放大、渲染，从而表现出童年独特的生活情趣。他的童诗轻松自在，同时以极度的夸张，描绘了强强穿衣服动作之慢：早上起床穿衣服，一直穿到晚上，讽刺了某些儿童做事不专心、拖沓的坏习惯。

（5）幼儿散文诗。幼儿散文诗是一种介于诗歌和散文之间的儿童文学样式，具有诗的意境和散文的形式。它是用散文形式写的抒情诗，讲求营造优美的意境，有着明快的节奏、和谐的韵律，读来朗朗上口。和一般的抒情诗相比，幼儿散文诗在内容上更加自由灵活；在语言形式上，重节奏、轻韵律，分段不分行。例如，冯幽君的幼儿散文诗《春雨沙沙》：

春雨沙沙，春雨沙沙，
沙沙的春雨，像千万条丝线飘下。
穿梭的燕子衔着雨丝，织出一幅美丽的春天图画：
绿的，是柳叶；红的，是桃花。
还织出一条清亮的小河，河里的鱼儿欢快地摇动着尾巴。
河的对岸，一座小山。
山坡下，有播种的农民；山坡上，有植树的娃娃。
啊，多美的图画！

诗中描绘了一幅春天美丽的图画：春雨沙沙、燕子翻飞、绿的柳叶、红的桃花、山坡下播种的农民、山坡上植树的娃娃……语言简练、生动，长短句交错，富有动感，适合幼儿朗读；另外明丽的色彩渲染和拟声词的运用以及句末的押韵赋予了作品音乐美,加之对初春的美好形象的描写,更能激起幼儿对美好的春天和勤劳的人民的热爱之情。

二、故事

(一) 童话故事

1. 童话故事的概念

童话故事是学前儿童文学活动的特有形式,是一种符合儿童心理发展特点且具有浓郁幻想色彩的虚构故事。童话故事起源于神话传说,富有浪漫主义色彩,既有现实性较强的故事,也有幻想性较强的故事。"童话"这一名称,最早出现在我国清代末年。五四新文化运动以后,童话逐渐成为儿童文学作品的重要形式。

2. 童话故事的特点和类型

童话故事具有幻想性,是一种非写实性文学形式,往往运用夸张、象征、拟人、神化、变形、怪诞等艺术手法反映生活,同时又创造了一个不同于现实生活的虚幻境界。童话故事离不开对形象的描写,童话故事中的形象有常见的拟人形象,也有具有超人的神奇能力、能创造自然奇迹的超人形象,还有以人的本来面目出现于童话中的常人形象。

从时代发展的角度来分类,童话故事可以分为传统童话和现代童话两类。传统童话一般具有简单明快的叙述模式、鲜明的主题和类型化的人物性格;而现代童话则多表现纯真的儿童世界,表达渴望成人的童年梦想,文本结构呈现多样化和个性化特征。

从作者的角度分,童话有民间童话和创作童话两类。民间童话是由人民群众集体创作,具有民间文学的集体性、口头性、变异性、传承性等基本特征,人物往往类型化,结构、语言也有定型化的特点,并且具有明显的地方色彩和民族色彩。而创作童话是由作家个人创作,或取材于民间童话,融汇了作家本人的审美理想;或取材于现实生活,具有创作风格和创作方法的独特性。

除此之外,童话故事的分类方法还有以下几种:从体裁的角度分,有童话故事、童话诗、童话剧等;从篇幅长短的角度分,有长篇童话、中篇童话、短篇童话等;从内容角度分,有文学童话和科学童话(知识童话);从童话创作的美学特征角度分,有拟人童话、神奇童话、传奇童话、诙谐童话等。

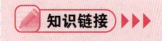

中国童话故事的产生与发展

中国童话故事源自神话、传说、民间故事等,其产生和发展经历了多个阶段,第一阶段为口头流传阶段,之后逐渐演变为一种以儿童为对象的独特的民间口头文学。第二阶段为搜集整理阶段。随着人们对童话进行搜集整理、记载、加工程度的加深,童话开始以文字形式存在并传播。第三阶段为仿写及创作阶段,作家们通过对民间童话的改写和仿作,掌握了童话的体裁特征,进而发挥个人的创作才能为儿童创作童话作品,童话就成为一种专门的儿童文学样式。

我国古代文学典籍中，就收录着许多优秀的童话故事，如《诗经》中的《鸱鸮》就是一首动物拟人化的童话诗。晋代的志怪小说集《搜神后记》中的《白水素女》就是民间流传的"田螺姑娘"故事的原型。而南朝宋东阳无疑《齐谐记》中《董昭之》蚁王托梦的故事，就是一篇完整的童话故事。

中国古代没有真正意义上专为儿童创作的童话。直到五四新文化运动时期，我国的文学童话创作才正式诞生。现代文学巨匠茅盾为《童话》丛书撰写了28篇童话，其中1918年写的《寻快乐》，是我国现代创作的第一篇文学童话。

1923年，叶圣陶出版的《稻草人》是我国现代创作的第一部童话集。这部童话集寻求"中国式"的童话模式，显现出鲜明的时代特色与民族风格。

1954—1957年，童话故事的发展进入黄金时代，涌现了一批优秀的童话故事，如张天翼的《宝葫芦的秘密》、严文井的《小溪流的歌》、陈伯吹的《一只想飞的猫》、金近的《小鲤鱼跳龙门》、洪汛涛的《神笔马良》等。

1966—1976年，是中国童话的"空白期"。1976年春天开始，中国童话经历了一个由恢复逐步走向兴旺的时期，一大批童话新作喷涌而出，如贺宜的《像蜜蜂那样的苍蝇》、任溶溶的《奶奶的怪耳朵》等等。

与此同时，一批青年童话作家涌现出来。从此童话创作与童话理论创作进入了一个空前繁荣的时期。

如今，我国的童话创作逐渐走向成熟，已破除传统的儿童文学观念的束缚，树立了新的童话观念，不仅强调童话的文学性，更加重视童话的美感熏陶作用。

（二）生活故事

1. 生活故事的概念

生活故事，是指多选择发生在家庭、幼儿园或校外生活中的事件，将其巧妙编织构成有趣味的故事。学前儿童生活故事有很强的现实针对性，同时具备单纯而又曲折的故事情节和浓郁的婴幼儿生活情趣，具有教育功能和愉悦功能。

2. 生活故事的特点

生活故事的主人公大多为幼儿，故事的主旨在于对幼儿进行教育，引导他们向上，追求美好的东西；或委婉地批评他们身上的缺点和错误，启发他们加以克服改正。生活故事的特点主要有以下几个方面。

（1）从题材上看，儿童故事具有现实性。生活故事是以学前儿童为主要人物，以他们的日常生活、活动为题材，是表现儿童自己的生活，是儿童生活的真实写照。对儿童而言，生活故事有一种真实感和亲切感，能够比较直接地引导儿童对照自己的思想行为，认识和思考自己的生活是否合乎社会规范。

（2）从教育意义上来讲，生活故事具有针对性。如针对儿童的毛病和不良习性，采用幽默、富于戏剧性的方式对儿童进行教育，引导他们向上，其主题往往是从儿童生活、成长和教育中需要解决的问题来考虑和确定，有明显的针对性。例如，杨福庆的《谁勇敢》，选取了捅马蜂窝这样一个幼儿日常生活中碰到的事例来写。全篇故事只有400多字，却通过直观的对比，形象地告诉孩子什么是莽撞逞能，什么是真正的勇敢，引导幼儿分辨是非，领悟正确的思想认识和行为，帮助幼儿健康成长。

（3）从情节上来讲，儿童故事具有趣味性。有趣味是儿童故事的基础，对儿童来说，他们听故事仅仅是为了得到快乐，因此，一个好的幼儿生活故事，应当让小朋友听了（或读了）以后，发出愉悦的笑声，感到身心愉快。幼儿生活故事的趣味性来自幼儿那充满情趣的生活，来自对充满幼儿情趣的生活细节的逼真描写，来自幽默风趣的叙述语言。

我国儿童作家马光复的《瓜瓜吃瓜》、黄云生的《咳嗽》、朱庆坪的《张老师的脸肿了》、任霞苓的《一亮一暗的灯》、李少白的《多多没吃巧克力》、冰子的《小手印》、任哥舒的《珍珍唱歌》、安伟邦的《圈儿圈儿圈儿》，国外作家苏霍姆林斯基的《为什么要说"谢谢"》、格里费什的《听鱼说话》、奥谢叶娃的《三个伙伴》和《错在哪里》等都是著名的幼儿生活故事。我们以奥谢叶娃的《三个伙伴》来进行分析。

魏佳的点心丢了。上午休息的时候，小朋友们都去吃早点了，只有魏佳站在一旁。

郭良问她："你怎么不吃呢？"

"我的点心丢了……"

"真糟糕！"郭良一边吃一大块白面包，一边说，"到吃午饭还有好长一段时间呢！"

米沙问："你把点心丢在哪儿了？"

"我不知道。"魏佳小声地说，把脸转了过去。

米沙说："你大概放在口袋里，不小心丢的。往后得放在书包里。"

可是沃罗佳什么也没问，他走到魏佳跟前，把一块抹着奶油的面包掰成两半，拉着这个伙伴说："你拿着吃吧！"

《三个伙伴》是苏联著名儿童文学作家奥谢叶娃写的儿童生活故事，立意新颖，构思巧妙，情节简单，篇幅简短，语言简洁，特色鲜明。这篇儿童生活故事共170多字，十分简练，从儿童身边的日常生活中取材，朴实、动人。首先，从题材上来看，故事描写了生活中的一件小事：一个同伴丢了点心，没有吃的，引来3个伙伴不同方式的关心。其次，从教育意义上来看，故事中面对魏佳的尴尬，前两个伙伴只限于口头关心，没帮助对方解决问题，沃罗佳分面包的行为最切合实际。内容很浅显，却能让幼儿思考真正的伙伴是谁，怎样关心同伴。另外，从情节来看，故事将儿童平凡的生活通过平铺直叙的手法来描写，但内容丰富，情节有趣，故事非常注重人物形象的描写，其中所用语言多为容易理解的名词和动词，简练而朴实地刻画出人物个性。如郭良边"吃"边"说"，魏佳"转"脸，沃罗佳"走""掰""拉"等，都给读者留下鲜明的印象，增强了作品的感染力。

三、散文

（一）散文和幼儿散文

1. 散文和幼儿散文的概念

散文指不讲究韵律的文章；也指除诗歌、戏剧、小说外的文学作品，包括杂文、随笔、特写等。它特别强调个性化和个体情感的抒发，同时，在写作上又相当自由灵活，选材极为广泛，具有自由疏散的笔法、集中的主题、严谨的章法和清楚的脉络，首尾连贯。

幼儿散文是以幼儿为接受主体，传达幼儿生活情趣及心灵感受，符合幼儿审美需求和体现其欣赏水平，提升幼儿文学素养、语言能力的散文样式。我们所说的幼儿散文是散文的一部分，它具有散文的一般特点，适于幼儿阅读，言语凝练、生动、优美，多是叙事、记人、状物或写景作品。

2. 幼儿散文的特点

幼儿散文作为儿童文学作品的重要形式，具有鲜明的特征，可以归结为以下几点。

（1）幼儿散文富于童真、童趣。

幼儿具有特殊的心理、情绪、思维方式和情感指向，幼儿散文从幼儿的视角入手，作品表现的是幼儿独有的情感，既不同于幼儿童话的故事性，也没有特别鲜明的人物形象，而是以童真、童趣取胜，反映幼儿的好奇与思考、情感与追求。

（2）幼儿散文充满想象，情节生动，灵活。

幼儿散文中的形象都生动活泼，具体逼真，同时这些生动、活泼的形象能够激发幼儿的想象力。例如，鲁兵的《春娃》：

春天是个娃娃，喜欢图画，又喜欢音乐。

他走过树林，给树林涂上嫩绿色；走过小溪，教会小河唱歌。

今年，春娃来了，看见我们，高兴极了。他说："你们都长高了。"

我们问："是吗？"

他说："真的，真的。你们比去年高多了！明年我来的时候，你们一定长得更高了。哎呀，十年以后，你们都是小伙子、大姑娘了。可是我，还是个娃娃。"

这篇幼儿散文中描绘了春天的美丽景象，塑造了"春娃"这个活泼有趣的艺术形象，生动而灵活。在写景、状物的过程中穿插了关于大自然的常识，不仅丰富了文学作品的知识性，而且帮助幼儿丰富了想象力。

（3）幼儿散文语言浅显易懂，营造优美的意境。

幼儿的理解力和欣赏水平有限，因此幼儿散文往往通过浅显易懂又不失清新的语言来营造优美的意境。作品多运用拟人、比喻等手法赋予大自然中的草、木、鸟、虫以人的语言、行为、感情乃至生命。如果幼儿散文的语言过于艰涩难懂，就会让幼儿难以接受。

马及时的《林中雨》是一篇优美的幼儿散文：

"扑，扑，扑……"小松鼠最先听见这声音，它像降落伞一样跳下树，边跑边喊："下雨了！大家快躲雨！"

森林里到处都是奔跑声。

雨珠儿一串串跳下来，跳到树叶上，像敲打着千千万万翡翠的小瓶儿，叮叮当当的声音真好听。

遍地的草籽和树种张开了小嘴巴。

蘑菇撑开了小彩伞。

灰蒙蒙的大森林哟！晶晶亮的雨珠儿牵着绿叶的手跳舞、唱歌……大森林一片欢乐。

谁在大笑："下雨啦，大家快洗澡呀！"

连胆小的小灰鼠也伸出了头。

连云里的太阳也听见了，钻出云峰大声问摇曳的柳树："喂，雨呢？"

青青的柳树默默摇着头，望着天空急红了脸的太阳，柳树什么也没说。

风轻轻地吹着。风轻轻地吹着。

这篇散文的语言浅显而凝练，"一串串""叮叮当当""灰蒙蒙""晶晶亮""风轻轻地吹着"，类似叠音词和叠音句的使用，增加了语言的音乐美，而且散文中情景交融，塑造了优美的意境。

（二）幼儿散文的类型

参照散文的分类方法，按照内容的侧重点和表现手法的不同，以下介绍 5 种常见的幼儿散文类型。

1. 幼儿抒情散文

幼儿抒情散文是重在抒发幼儿对生活中人、事、景、物纯真美好感情的散文类型。从抒情方式来看，既有直接抒情，又有间接抒情；从形式上看，篇幅短小；从内容上看，融情于景。例如，韦苇的《太阳，你好》：

太阳在天上行走，他看见的东西最多了，他听说的故事最多了，他知道的事情最多了。

他知道小朋友们喜欢到河边游玩，就发出光，送来温暖，把山巅的积雪融化，让清亮亮的水在河里哗哗流淌。

他知道小朋友们喜欢到树林里游玩，就发出光，送来温暖，叫草木苏醒、发芽，让大地铺满了绿，活跃起新的生命。

他知道小朋友们爱吃水果，就发出光，送来温暖，叫瓜田长出了蜜，果林挂满了甜。

他知道小朋友们喜欢花儿，就发出光，送来温暖，叫花儿开放，让大地处处飘着清香。

他知道小朋友们喜欢鸟儿，就发出光，送来温暖，当阳光和温暖滋润了鸟儿的歌喉，鸟儿就把自己满心的爱，都注入赞美大自然的歌唱。

太阳最爱小朋友们。他爱白皮肤的小朋友，也爱黄皮肤的小朋友，爱黑皮肤的小朋友，也爱棕色皮肤的小朋友。因为他知道，小朋友身上，可以寄托人类的理想和希望。

"太阳，你好！"白皮肤的小朋友向太阳问候；

"太阳，你好！"黄皮肤的小朋友向太阳问候；

"太阳，你好！"黑皮肤的小朋友向太阳问候；

"太阳，你好！"棕色皮肤的小朋友向太阳问候；

"孩子们，你们好！"——小朋友们，你们听见太阳的声音了吗？你们听见太阳在向你们问好吗？

太阳微笑着，行走在天上。

作品将太阳拟人化，太阳成了看得见、听得见、知识丰富的人，它喜欢所有的小朋友，知道小朋友在想些什么……这样的情节能够激发幼儿对太阳和大自然的热爱，并且有利于引导幼儿观察周围的事物，发现大自然的真善美。此外，张秋生的《妈妈睡了》、金波的《我心中的秋天》、班马的《大皮靴》等都是优美的幼儿抒情散文。例如，班马的《大皮靴》：

我埋怨我那双小皮鞋，为什么就发不出那种一走路就嘎吱、嘎吱的响声？

我多想有一双真正的大皮靴！

嘿，嘎吱、嘎吱的——

踩在荒原的白雪上，

踩在林中小屋的木头地板上，

踩在花的草原上……

我常偷偷套上爸爸那双长筒雨靴，在太阳底下走来走去。可惜，它不是嘎吱、嘎吱的，而是扑通、扑通的。

2. 幼儿叙事散文

幼儿叙事散文是用散文笔调向幼儿描述生活中的一些人物、事件等的一种散文类型。从选材上看，题材十分广泛，任何生活场景皆可入题；从情节上看，既可以是完整的情节，也可以是某个片段。例如，适合大班幼儿阅读的散文《谁会脸红》：

猫会脸红么？它东跳西跳，撞坏了一只花瓶。明明是它不好，做错事，却不认错。好像花瓶"乒"一声吓到了它，"喵呜"一叫，溜掉了。

猫呀猫，没点儿责任心。

狗会脸红么？黑狗黄狗追追打打，撞倒了一桶水。明明是它俩不好，做错事，却不认错。好像这桶水是冲着它俩泼的，"汪汪"一叫，不高兴地摇摇尾巴，都溜了。

狗呀狗，没点儿责任心。

小孩会脸红么？迎面走来一个男孩，一个女孩，急匆匆，在门口相撞，各自摔坏了一只茶杯。他俩顿时红了脸，脸蛋红得像快落山的太阳。两人抢着说："怪我不好，请原谅！"

一转身，男孩拿来了扫帚，女孩拿来了畚箕，把茶杯碎片扫得干干净净。男孩女孩相对一笑，脸更红了，红得像初升的太阳。

这篇散文内容丰富，主题鲜明，成功地运用对比手法生动地塑造了三组形象：不认错的猫、迁怒于水桶的黑狗和黄狗、争相赔礼打扫的男孩和女孩。作品以"脸红"为题，爱憎分明，主题鲜明，不仅给孩子以艺术享受，而且教育幼儿要学会明辨是非。此外，望安的《小太阳》、滕毓旭的《一朵会说会笑的山菊花》、郑春华的《出来玩》等都是优美的幼儿叙事散文。例如，郑春华的《出来玩》：

"嘭嘭嘭！"谁敲门？灵灵打开门，没见人，只见一道亮闪闪的光。灵灵把门关上了。

"嘭嘭嘭！"又是谁敲门？灵灵再打开门，亮闪闪的光进屋来了。它走上地板，一直爬到灵灵身上、脸上。灵灵一抬头，眼睛也睁不开了。

"您是谁呀？"灵灵急忙问。

"我是太阳公公。"那声音是从天上传来的。灵灵又问："您想进屋来玩儿吗？"太阳公公说："不，我想叫你出来玩儿。"

灵灵想了想，就从屋里跑出去。外面亮亮的、暖暖的。"真暖和！真暖和！"灵灵叫着。她一扭头，看见许多扇门正在打开，太阳公公把小朋友们都喊出来玩啦！哇！和太阳公公一起玩，多快活！

3. 幼儿写景散文

幼儿写景散文指以描写景、物为主，幼儿能从中接受美感熏陶的散文类型。幼儿写景散文在幼儿园的教育教学中并不常见，其特点主要体现在内容的选取上，多以少量的、深浅适度的景物描写为主，如风光、游记、乡土、民俗等。例如，望安的《夏天》：

夏天的雨是金色的。不信，你看：

场院里，脱粒机扬洒着麦粒，千颗，万颗，连成金色的雨。

夏天的风是喷香的。不信，你闻：

村子里，家家户户磨了面，在蒸甜糕，飘出一阵阵香味。

夏天的路爱唱歌。不信，你听：

小路"吐吐吐"，大路"嘀嘀嘀"，拖拉机、大卡车，一辆接一辆，忙着去卖粮。

4. 幼儿知识散文

幼儿知识散文是以介绍知识为主要目的的散文类型。从篇幅来看，一般比较短小；从语言特点来看，浅显易懂；从内容来看，主要介绍幼儿身边熟悉的事物，新奇有趣。例如，方轶群的《冬爷爷的图画》：

火炉上，水壶嗞嗞地冒着气，屋子里暖融融的。窗外，北风呼呼地吼叫着，大柳树被吹得摆来摆去。

"冬爷爷要画画儿了！"爸爸告诉方方。

"冬爷爷也会画画儿吗？"方方问。

"那当然了，它要把画儿画在玻璃窗上。等明天天一亮，你就看见了。"

方方多想看看冬爷爷画的画儿啊！睡觉的时候，他躺在床上，盼着天快点亮。他使劲地盯着窗户，不知不觉就睡着了。

呼呼呼，冬爷爷让北风使劲地吹着窗户，把玻璃吹得冰冷冰冷的。屋子里的水蒸气跑到窗前，撞到玻璃上，很快变成六角形的、漂亮的小冰花儿，一个挨一个，一层压一层，多得数也数不清。

第二天早晨，阳光透过窗帘，洒在方方的小床上。方方醒了，拉开窗帘。啊！窗玻璃上真的画满了画儿，一格窗框一幅画儿。

第一格上，画着一棵松树；

第二格上，画着一座大山；

第三格上，画着一枝兰花……

多漂亮的画儿呀，冬爷爷真是个大画家！

5. 幼儿童话散文

幼儿童话散文是一种融合了童话的幻想特征，表现幼儿日常生活的散文类型，幼儿童话散文通常用散文的形式去描写童话形象，兼有童话和散文的特点。

任务四　学前儿童文学活动的设计与实施

一、学前儿童文学活动设计与实施的基本结构

在学前儿童文学教育活动中，教师需要思考的问题包括如何贯彻文学教育的基本理念，以及如何组织好教育过程，其目的就是要引导幼儿积极主动地学习语言文学作品，感知语言文学作品的魅力，并能创造性地运用所学语言说话。总的来说，教师在文学作品教育活动中的主要任务包括以下四方面。

（一）向幼儿传授文学作品的相关知识

教师通过何种形式将文学作品传授给幼儿，这是设计文学教育活动的首要环节。教师需要充分考虑作品的难易程度、本班幼儿的实际水平以及活动环境与材料的利用，进而决定组织教学的具体形式。在此过程中，教师要避免过多地重复讲述作品内容，应该将学习的重点放在幼儿对文学作品的理解和保持幼儿对文学活动的兴趣上，而过度讲述容易降低文学作品的新奇感和趣味性。另外，

教师应避免将文学活动的目标设定为对文学作品内容的机械记忆，应该注重激发幼儿主动思考，并且应该给予幼儿表达和表现的机会。例如，在文学活动中组织幼儿讨论，帮助他们理解作品的情节、人物形象和主题风格，尤其是注意引导幼儿用已有的个人经验或假设性的问题进行深入思考和想象。

（二）帮助幼儿体验作品的情感美和意境美

文学作品的教育价值不仅仅体现在它所包含的丰富的科学知识、社会知识，还体现在它所具有的审美价值。文学作品的魅力在于其艺术感染力，如不仅能够反映现实生活的真情实感，而且能给人以潜移默化的影响和心灵震撼。因此教师应该帮助幼儿体验作品所蕴含的文学语言的美、人物形象的美、思想情感的美，并且通过创设情境、组织表演、谈话、体验等形式，加深幼儿对文学作品的理解。在学习作品内容的基础上，教师还有必要进一步引导幼儿去理解作品、体验作品的思想情感，尤其是让幼儿通过亲身感受去体验作品中所展示的人物的情感历程和心理世界。

（三）帮助幼儿迁移作品经验

文学作品向幼儿展示的是建立在幼儿生活经验基础上的间接经验。教师在帮助幼儿深入理解作品的基础上，还应该进一步引导幼儿迁移作品经验，帮助幼儿将间接经验变成生活中的实际行为，这样既可以使幼儿进一步加深对作品的理解和体验，又可以扩展幼儿的生活经验。教师可以通过开展操作、游戏、角色扮演等活动，为幼儿提供将文学作品经验迁移到生活中的机会，帮助幼儿将文学作品中的经验和生活中的体验结合起来，从而健康成长。例如，大班儿歌《我们是哥哥、姐姐》：

> 小妹妹，扣纽扣，
> 使劲扣也扣不上，
> 急得妹妹直跺脚。
> 小哥哥，看见了，
> 赶快上前来帮忙。
> 扣一扣，扣好了，
> 妹妹开心拍手笑。

在围绕这首儿歌组织的教育活动中，教师可以尝试打破年龄限制，采用混龄教育的方式，安排大班儿童和小班儿童结伴，哥哥姐姐带领弟弟妹妹做游戏，帮助大班幼儿将文学作品中的哥哥姐姐关爱弟弟妹妹的情感迁移到生活当中。

（四）指导幼儿进行创造性的想象和表达

教师应为幼儿创造性的学习提供条件，指导幼儿扩展自己的想象并创造性地运用语言来表达真情实感。教师可以立足于已学的文学作品，让幼儿学习续编故事，或者仿编诗歌，还可以让幼儿围绕文学作品内容进行想象和讲述。幼儿在活动中运用语言材料进行想象和创造，不仅培养了幼儿对语言艺术的敏感性，更提升了其创造性潜能。教师的指导策略主要有3种：文学作品再现、仿编和创编。其中文学作品再现的手段有复述、朗诵、表演，以及用音乐或美术手段再现其思想内涵和情感氛围等。文学作品的仿编是借用原作品的结构，通过换一个词或换几个词，甚至换几个句子的方式来完成作品的结构，需要在幼儿熟悉作品结构、理解作品内容的基础上才能进行。幼儿的文学作品创编往往需要加入图画及教师的指导，教师可以在必要的时候提供线索，帮助幼儿展开丰富的想象，从而继续编构，既可以让幼儿编出一句或一个段落，也可以指导幼儿编出完整的文学作品。

二、学前儿童文学活动设计与实施的原则

（一）正确认识文学活动的语言教育目标

正确认识并确定文学活动的语言教育目标是设计与实施文学教育活动的首要任务。学前儿童文学活动的语言教育目标包括以下方面。

（1）向幼儿展示成熟的语言，包括倾听各种语言句式、倾听形象化的语言、倾听不同风格特色的语言。

（2）扩展幼儿的词汇量，包括培养他们自觉获取语言材料的能力、在上下文中理解和学习新词、通过专门介绍概念的书籍来学习归类的词汇、在语言文学活动中掌握和运用新词。

（3）培养幼儿善于倾听的技能，包括培养有意识倾听的能力、培养辨析性倾听的能力、培养欣赏性倾听的能力。

（4）提高幼儿灵活而富有创造性地运用语言的能力。

（二）充分发掘文学作品的整合性功能

幼儿文学作品承载了丰富的内容，这为文学活动的多领域整合提供了前提条件。幼儿可以通过文学作品认识社会、适应社会，还可以通过文学活动感受自然的神奇和美丽，更能够激发幼儿的创造性思维。因此，学前儿童文学活动的设计应该发挥文学作品中人生启蒙、知识启蒙和智力启蒙的整合性功能。

（三）结合幼儿的一日生活开展文学教育活动

在幼儿的一日生活中，教师可以灵活运用幼儿睡觉前后、餐前餐后等时间灵活地开展讲故事、听儿歌等活动。另外，在幼儿园的环境布置中，也应该注意渗透文学教育的内容。例如，教师可以在墙饰布置中安排故事和诗歌，随时为幼儿提供听、看文学作品的机会，使文学作品与幼儿的日常生活联系紧密。

（四）注意文学作品的时代性，选择充满时代感和符合幼儿趣味的作品供幼儿阅读

幼儿园的语言教育既不同于小学语文教育，更不同于古代的蒙学教育。教师应该根据儿童的兴趣、需要、年龄特点去选择富有时代气息的文学作品，在尊重幼儿知识经验的基础上，提高幼儿学习文学作品的兴趣。

三、学前儿童文学活动的设计与实施

学前儿童文学活动主要包括文学欣赏活动和文学创造活动两种形式。

（一）学前儿童文学欣赏活动的设计与实施

学前儿童文学欣赏活动是开展文学创作活动的前提和基础，也是学前儿童文学活动的主要类型。学前儿童文学欣赏活动的设计与实施主要分为3个层次：文学作品的感知、文学作品的理解和文学作品的表达与体验。

1. 文学作品的感知

感知文学作品是文学欣赏活动的第一步。教师结合教具选用讲述、录音和录像播放等方式将作品呈现在幼儿面前，帮助幼儿培养集中注意力倾听文学作品的兴趣和习惯，帮助幼儿提高理解文学作品的能力。针对小班幼儿，教师可以采用能播放声音和画面的录音、录像设备将幼儿文学作品直观地呈现给幼儿。这种视、听相结合的文学作品形式有利于在幼儿头脑中形成知觉表象，唤起幼儿的情感体验和情感反应。对于中、大班幼儿，教师可以通过直接的讲述和朗诵，让幼儿感知文学作品的美。如果有些文学作品的内容知识性较强，幼儿在理解作品内容方面出现困难时，教师可以结合图书或者图片，为幼儿提供一些直观材料，增强幼儿对文学作品的感性认识，帮助幼儿更好地把握和理解作品内容。

2. 文学作品的理解

幼儿文学作品中不仅包含人物、环境、动物形象，还有丰富的情节和拟人、隐喻、象征等多种表现手法。教师应该通过形象解释和启发提问等方式帮助幼儿在感知的基础上理解文学作品的内容、思想情感。教师的语言解释应该生动而浅显，其提问应该注重启发性，引导幼儿积极主动地进行思考。提问的内容可包括作品的概况，如故事的题目是什么，刚才老师朗诵了一首什么诗，作品里面都有谁，谁对谁说了什么；也可以是关于作品情节的提问，如故事里都发生了什么事；或者是对作品主题的提问，如在这个故事里谁做得对，为什么，喜欢故事里面的谁，喜欢他什么；还可以是通过作品语词或句式来提问，如这个词是什么意思。需要注意的是，在提问时应该注意幼儿的年龄特点，提问不能过于抽象和难以回答。

3. 文学作品的表达与体验

在理解文学作品的基础上，教师应该组织幼儿进行表达与体验，引导幼儿感受文学作品中的人物情感和审美情趣。教师在组织散文、诗歌等文学活动时，可以结合音乐活动，播放与文学活动相关的音乐，营造氛围，加深幼儿的情感体验。例如，诗歌《摇篮》，教师可以选用摇篮曲或者恬静、优雅的音乐作为背景，帮助幼儿感受被摇篮摇动时的舒适和被妈妈呵护的幸福感。教师可以将文学活动和美术活动相结合，利用绘画、剪贴等美工形式，表现文学作品的内容，丰富幼儿对文学作品的体验。例如，幼儿散文《冬爷爷的图画》，教师可以引导幼儿运用美术的色彩、图形、符号来展现冬天的美丽景象。教师还可以将文学活动和游戏活动相结合，例如，大班故事《猴子学样》，故事中讲到小猴子们拿了老爷爷的草帽，并且模仿老爷爷晃拳头、跺脚、摇脑袋、扔帽子的动作，十分滑稽有趣，很适合组织表演游戏，以帮助幼儿通过表演来感受文学作品的艺术魅力。

（二）学前儿童文学创作活动的设计与实施

学前儿童文学创作活动是在文学欣赏活动的基础上，帮助幼儿对文学作品进行再加工的活动类型。学前儿童文学创作活动设计与实施的方法主要有以下几点。

1. 复述故事和朗诵诗歌

复述故事和朗诵诗歌是幼儿在感受体验的基础上，对文学作品进行言语再现的文学活动形式。

复述故事的形式有全文复述和部分复述两种。需要注意的是，用于全文复述的作品，篇幅不宜过长，结构要比较工整，语言优美，情节有适当反复，内容通俗易懂，形象富有童趣。部分复述适合难度较大、篇幅较长的作品，可以选择作品中描述性语言生动的部分或人物对话特别精彩动人的部分，让幼儿在欣赏的基础上进行复述。

到了星期三，三王子陪国王去游泳。"游泳好像很舒服嘛，你们游到天黑再回家吧。"国王坐在轿子里说。星期四，大臣们一起陪国王打棒球。国王又说了："这个游戏看起来挺有趣的。你们再玩一遍，再玩一遍。"到了星期五，大臣们陪国王去慢跑。大臣们跑了一圈又一圈。

星期六，轮到皇后亲自陪国王做体操了。皇后带着大臣们做了一遍又一遍。终于到了星期天，大家可以好好休息一天了！

就这样过了一个月，国王的身体没有好转，皇宫里的其他人却都病倒了。国王就问医生："怎么会这样呢？我天天都去运动啊！"医生听了哈哈大笑："哈哈！不对，国王您总是坐在轿子里，身体根本没有真的运动嘛！其他的人是运动太多，所以累病了！"于是，国王把轿子留在了皇宫，和大家一起去爬山、骑马、游泳。当然，他每天傍晚还和皇后一起去散步。

不久，国王的身体真的变好了，每天都能精力充沛地处理国家大事了。

【案例7-3】

小班儿歌活动：水果宝宝坐火车去旅行

一、选材分析

火车是幼儿感兴趣的事物，水果宝宝坐火车去旅行是一件充满童趣的事情。儿歌《水果宝宝坐火车去旅行》句式整齐，朗朗上口，将水果拟人化，再加上拟声词的运用，让儿歌充满童趣，贴近小班幼儿现实生活，适合小班幼儿学习。

二、活动目标

1. 乐意参与开火车的游戏，体验学习儿歌的乐趣。
2. 学习有节奏地朗诵儿歌，尝试仿编儿歌。
3. 理解儿歌内容，能根据水果特征猜出水果名称。

三、活动重点及难点

重点：学习有节奏地朗诵儿歌。

难点：尝试仿编儿歌。

评析：活动目标依据学前儿童语言学习的核心经验，注重幼儿对文学语言的欣赏理解与创造运用，从情感态度、能力、认知3个方面进行表述，目标指向具体，可行性强，符合小班幼儿的已有经验和发展需求，且活动重点与难点设计准确。

四、活动准备

1. 经验准备

幼儿熟悉西瓜、苹果、香蕉、葡萄、草莓、橘子、梨等多种水果，认识火车。

2. 材料准备

(1) 音乐：《开火车》。

(2) 乐器：单响筒一个。

(3) 图片：西瓜、苹果、香蕉、葡萄、草莓、橘子、梨图片若干，火车挂图一幅。

3. 环境创设

(1) 将火车挂图贴在黑板上，创设"开火车"的游戏情境。

(2) 将草莓、橘子、梨的图片分散贴在活动室内，创设仿编的游戏情境。

评析：活动中教师给幼儿提供了丰富的材料，创设了一个自由、宽松、有趣的语言交往环境。其中，《开火车》的音乐、火车挂图与水果图片给幼儿创设了一个生动逼真的游戏情境；单响筒的运用增加了儿歌的韵律感与活动的趣味性，同时还能帮助幼儿学习有节奏地朗诵儿歌。并且，活动中材料的投放，幼儿对材料的操作，教师也是别具匠心，充分发挥了材料的有效性。

五、活动过程

1. 播放音乐，创设"开火车"的游戏情境

教师：今天我们要开火车去旅行，这辆火车是什么样子的？旅行是干什么？

2. 操作图片，引导幼儿逐句学习儿歌

(1) 出示西瓜图片，引导幼儿学习"西瓜爷爷开火车，咔嚓咔嚓去旅行"。

教师：西瓜爷爷是火车司机，那司机要做什么？引导幼儿完整学说诗句。

(2) 出示苹果图片，引导幼儿学习"苹果苹果上火车，咔嚓咔嚓去旅行"。

教师：这位乘客红红的，像小姑娘的脸蛋，猜猜它是谁？引导幼儿说出苹果名称，并完整学说诗句。

(3) 出示香蕉图片，引导幼儿学习"香蕉香蕉上火车，咔嚓咔嚓去旅行"。

教师：这位乘客黄黄的，身体弯弯像小船，猜猜它是谁？引导幼儿说出香蕉名称，并完整学说诗句。

(4) 出示葡萄图片，引导幼儿学习"葡萄葡萄上火车，咔嚓咔嚓去旅行"。

教师：这位乘客是紫色的，形状是一串一串的，味道酸又甜，猜猜它是谁？引导幼儿说出葡萄名称，并完整学说诗句。

评析：这个我说你猜的环节，用有趣的描述性语言引导幼儿猜测说出水果名称，增加了活动的趣味性，有利于发展幼儿说明描述的语言能力。

3. 引导幼儿完整欣赏与朗诵儿歌

(1) 教师有节奏地完整朗诵儿歌。

(2) 教师击打乐器，引导幼儿做动作，并有节奏地朗诵儿歌。

(3) 幼儿扮演水果角色，玩游戏"水果宝宝坐火车去旅行"。

教师：我是西瓜爷爷，我会邀请水果宝宝排队上火车。当我说："苹果苹果上火车"，苹果宝宝就要说"咔嚓咔嚓去旅行"，说对了我才开门。其他的水果宝宝听到西瓜爷爷邀请你上火车时，也要说出"咔嚓咔嚓去旅行"，才能上车去旅行。

4. 引导幼儿在游戏情境中仿编儿歌

教师：这是什么水果？邀请他们上车应该说什么？引导幼儿仿编诗句"××××上火车，咔嚓咔嚓去旅行"。

5. 游戏结束，开火车带幼儿离开活动室

教师：我们的火车要出去旅行了，跟大家说再见吧。

评析：此活动过程真正体现了让幼儿"在游戏中学习语言"。无论是欣赏与理解儿歌，还是朗诵与仿编儿歌，都让幼儿在有趣的"开火车"游戏情境中进行，非常符合小班幼儿的学习特点。

六、延伸活动

1. 可以在一日生活环节，如餐前引导幼儿创造运用其他水果名称，丰富仿编儿歌的内容。
2. 将活动中所用图片投放到语言区角中，鼓励幼儿操作图片朗诵儿歌。

附儿歌：

水果宝宝坐火车去旅行

西瓜爷爷开火车，咔嚓咔嚓去旅行。
苹果苹果上火车，咔嚓咔嚓去旅行。
香蕉香蕉上火车，咔嚓咔嚓去旅行。
葡萄葡萄上火车，咔嚓咔嚓去旅行。
咔嚓咔嚓咔嚓咔嚓，水果宝宝去旅行。

【案例 7-4】

中班故事活动：胡萝卜先生的胡子

一、选材分析

故事改编自绘本《胡萝卜先生的胡子》，故事的主角胡萝卜先生有着一把神奇的长胡子，并且用他的胡子帮助了各种各样的人。故事的情节夸张有趣，且情节结构有着鲜明的特点。而中班的孩子语言能力水平较小班已经有了很大的提高，想象更富有创新性，这样的故事能够吸引孩子的兴趣，激发他们的想象力。

二、活动目标

1. 感受帮助别人和得到别人帮助的快乐，体会文学作品的语言美。
2. 理解故事内容，掌握"谁—遇见什么困难—怎样得到解决"的故事情节结构特点。
3. 能够用连贯的语言讲述故事内容并创编故事情节。

三、活动重点及难点

重点：在理解故事内容的基础上掌握故事的情节结构。
难点：自主创编故事情节，体会帮助他人带来的快乐。
评价：活动目标依据学前儿童语言学习核心经验，重点关注幼儿语言表达能力的提升和创造力的发展。目标从情感态度、能力、认知3个方面进行表述，目标指向具体，可行性强，符合中班幼儿的已有经验和发展需求，且活动重点与难点设计准确。

四、活动准备

1. 物质准备

图片教具，课件，操作卡。

2. 经验准备

幼儿已经对绳子的用途有了一定的了解。

评析：活动中教师准备了多种教具帮助幼儿进行理解学习，并给幼儿提供了丰富的可操作材料，创设了一个自由、宽松的语言交往环境。首先，教师讲故事的过程中出示了故事插图，有效帮助幼儿更好地理解故事内容。其次，通过精致的图谱引导幼儿梳理故事情节结构，直观清晰地呈现了故事的结构重点，可以看出教师的别具匠心。另外，投放若干幼儿可自主操作的故事卡片，鼓励幼儿大胆创编，满足了幼儿自主性的发展，且为活动增添了不少趣味。

五、活动过程

1. 出示课件，导入故事，激发幼儿兴趣

教师：今天老师要给你们讲一个有趣的故事，故事里有一个好心肠的先生。瞧！就是这位胡萝卜先生。我们一起和胡萝卜先生打个招呼吧。胡萝卜先生你好！

2. 引导幼儿倾听理解故事内容，掌握故事情节结构

（1）出示课件，完整讲述故事，引导幼儿感知和欣赏故事内容。

教师：最近胡萝卜先生身上发生了一件有意思的事情，我们一起来听一听到底发生了什么事情吧。

（2）教师提问，结合出示图谱引导幼儿理解故事内容，初步了解故事情节结构特点。

教师提问：胡萝卜先生的胡子为什么会变长？遇见了谁呀？他们碰上什么难题了？胡萝卜先生是怎样帮他们解决难题的？

教师小结，带领幼儿归纳故事内容，梳理故事情节结构特点。

3. 指导幼儿用连贯的语言讲述故事

（1）指导幼儿根据图谱讲述故事重点情节。

教师：现在老师要请你们来讲一讲这个故事了。请你们选择一个自己最喜欢的内容，按照图片的顺序，用好听的声音把它讲出来。

（2）指导幼儿与同伴讲述故事。

教师：请你和身边的小伙伴互相讲一讲这个故事吧。

4. 引导幼儿迁移经验，大胆想象，自主创编故事情节

（1）引导幼儿迁移经验，大胆想象。

教师提问：你们觉得胡萝卜先生的胡子还有什么神奇的作用？

（2）引导幼儿分小组操作材料，自主创编故事情节。

教师：今天老师这里还请来了一些需要帮助的小动物，请你们按照黑板上的方式，和好伙伴把喜欢的故事贴出来，然后把贴出来的故事讲给朋友听。

（3）请幼儿上台分享创编的故事。

教师：谁想来和我们大家分享一下你的故事？

5. 活动总结

教师：今天我们知道了胡萝卜先生长胡子的神奇故事，请小朋友们回家之后把这个有趣的故事也分享给爸爸妈妈，然后和爸爸妈妈一起想一想，还有哪些动物和植物能够用自己独特的地方帮助

到别人。

评析：首先，活动以欣赏故事、个人讲述故事、结伴讲述故事、小组创编故事等多种形式展开，形式丰富多样。其次，通过有层次、启发性、开放性地提问，引导幼儿理解故事内容，掌握故事的情节结构特点，能够连贯地讲述故事。提高幼儿的表达能力，帮助幼儿掌握讲述故事的方法。再次，幼儿分组创编故事的活动中，通过之前的铺垫，幼儿已经能够自主按照故事结构去创编故事，也可以大胆地与同伴分享自己创编的内容。进一步巩固了幼儿有条理讲述故事的能力，发展了幼儿的想象和创编能力，培养了幼儿分享合作的意识，符合中班幼儿的发展需求。

六、延伸活动

1. 区域活动：在阅读区角投放《胡萝卜先生的胡子》绘本，引导幼儿自由阅读。
2. 家园合作：建议家长与孩子一起交流不同动植物的身体特点和作用。

附故事：

胡萝卜先生的胡子

有一天，胡萝卜先生匆匆忙忙刮了胡子，一边吃着果酱面包一边上街去了。胡萝卜先生吃果酱面包的时候，胡子蘸到了甜甜的果酱，对一根胡子来说，果酱是多么好的营养啊！于是随着胡萝卜先生一步一步向前走的时候，这根胡子就在一点一点地变长，越长越长，长得都停不下来了。

在很远的街口，有一个正在放风筝的女孩，风筝的线实在太短了，她的风筝怎么也飞不过屋顶。胡萝卜先生的胡子刚好在风里飘动着。胡萝卜先生说："也许，我的胡子能帮上忙。"女孩剪了一段胡萝卜先生的胡子连在风筝线上，风筝一下就飞过了屋顶，女孩说："谢谢胡萝卜先生！"

胡萝卜先生继续往前走，当他走过鸟太太家的树底下时，鸟太太正发愁没地方晾鸟宝宝的尿布。胡萝卜先生的胡子刚好在风里飘动着。胡萝卜先生说："也许，我的胡子能帮上忙。"于是，鸟太太剪了长长的一段胡子，系在两根树枝的中间，晾起了一长串鸟宝宝的尿布，鸟太太说："谢谢胡萝卜先生！"

胡萝卜先生走到了马路上，鼹鼠老师带着学生过马路。可是小鼹鼠们太淘气了，总是不排好队，这可不安全。胡萝卜先生的胡子刚好在风里飘动着。胡萝卜先生说："也许，我的胡子能帮上忙。"鼹鼠老师剪下一段胡萝卜先生的长胡子，让每个小鼹鼠都拉住这根胡子，自己则牵着胡子走在最前面。这样，小鼹鼠们顺利地过了马路。鼹鼠老师说："谢谢胡萝卜先生。"

胡萝卜先生走回了家，他摸了摸自己的胡子说："我的胡子真是太棒啦！"是的，胡萝卜先生的胡子确实是太棒了，大家都这么说。

【案例7-5】

大班散文诗活动：我被亲了好几下

一、选材分析

尽管在生活中，人们经常会遇到不如意的事情，这时有的人闷闷不乐，有的人却会换一个角度思考，依然保持快乐的心情。这就是散文诗《我被亲了好几下》能带给孩子们的生活哲理。散文中优美的句子和有趣的情境都描写了孩子熟悉的生活，会让孩子们不自觉地开心大笑。此外，作品重复的句式易于幼儿仿编。

二、活动目标

1. 领会散文诗的幽默感，感受和体验"亲"和"被亲"的快乐，并愿意与他人分享爱的情感。
2. 理解散文诗内容，大胆表达自己的意见，学会朗读散文诗。
3. 熟悉散文诗的结构形式，尝试用"××亲××一下，××亲××好几下"的句式仿编散文诗。

三、活动重点及难点

重点：理解散文诗的内容，大胆表达自己的意见，学会朗读散文诗。

难点：熟悉散文诗的结构形式，尝试用"××亲××一下，××亲××好几下"的句式仿编散文诗。

评析：活动目标关注幼儿文学语言核心经验的学习，结合大班幼儿语言学习与发展的现有水平和发展要求，从情感态度、能力、认知3个方面确立目标，目标指向具体，可行性强，且活动重点与难点设计准确。

四、活动准备

1. 物质准备

自制课件《我被亲了好几下》，诗歌中的相关内容小图片4套，教学图谱1套，背景音乐2首。

2. 经验准备

对"亲"有初步的理解，能够说出被家人亲的感受。

评析：活动中教师给幼儿提供了丰富的材料，图片操作材料能有效帮助幼儿理解作品内容，教学图谱可辅助幼儿学习朗读作品，课件材料帮助幼儿感受与体验作品情感。总之，这些材料都是幼儿感兴趣的、便于幼儿操作的、支持幼儿学习的。特别是图谱的设计具有新意，是幼儿诗歌学习中非常有效的一种材料。

五、活动过程

1. 音乐律动导入

引导幼儿互动玩"亲一亲"的游戏，感受"亲一亲"的乐趣。

教师：你被亲过吗？你被谁亲过？你被亲亲的时候有什么样的感觉呢？

2. 教师朗读散文诗，引导幼儿理解作品内容

（1）教师朗读散文诗，引导幼儿初步了解作品内容。

教师：请你听一听，诗歌中有谁亲了谁呢？

（2）幼儿再次倾听散文诗，分组操作图片，尝试用"××亲了××"的句子完整表达。

教师：请你说一说，诗歌中谁亲了谁？他们亲了几下呢？

指导重点：引导幼儿感知散文诗中前三句是亲一下，后一句是亲了几下的规律。

3. 播放课件，让幼儿进一步理解感受诗歌内容与情感

教师：他们到底是怎样亲的呢？我们一起来看一看。遇到这些事情，你觉得这是怎样的一天？如果你遇到这些事，你会是什么样的心情呢？

4. 出示教学图谱，引导幼儿集体朗读散文诗

评析：图谱教学法能够帮助幼儿直观了解作品内容和结构特征，而且幼儿边看图谱边朗读散文诗，能降低幼儿记忆作品内容的负担，帮助幼儿学习朗读作品。

5. 引导幼儿迁移生活经验，仿编诗句

教师提问：还有谁会亲谁？是一下还是几下？试着用散文诗中一样好玩的话来说一说吧！

评析：仿编时，教师注重引导幼儿迁移生活经验，观察与想象事物之间的联系，将文学语言的创造运用与日常语言表达结合起来，这有利于幼儿的语言学习。此环节中，教师也可以提供一些图片材料，引导幼儿边操作图片边进行仿编。

六、延伸活动

1. 绘画活动：引导幼儿分组，用图文的形式将仿编的诗句画下来。
2. 家园合作：家长引导幼儿根据诗歌的句式仿编，并把幼儿仿编的散文诗记录下来，带到幼儿园和同伴一起交流。
3. 区域活动：将幼儿仿编的散文诗整理成图画书《我被亲了好几下》投放至阅读区，引导幼儿自由阅读和朗读诗歌。

附散文诗：

我被亲了好几下

鞋尖亲石头一下，
屁股亲地上一下，
鸟大便亲头一下，
声音亲我的耳朵好几下。

车子亲墙壁一下，
篮球亲天花板一下，
遥控器亲电视一下。
闪光灯亲我的脸好几下。

阳光亲日历一下，
白云亲大山一下，
水滴亲衣服一下，
风亲我的身体好几下。

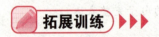

训练一：学前儿童文学活动观摩与评析

【实训目的】

通过现场或视频观摩优秀的学前儿童文学活动案例，进一步熟悉如何设计与实施学前儿童文学活动，并尝试评价学前儿童文学活动。

【实训要求】

1. 观察记录一个学前儿童文学活动的全部过程,包括活动材料的准备与运用、活动的组织过程与方式、教学方法的运用等。

2. 以研究学习小组为单位对活动进行评析。

3. 各研究学习小组派代表发言,师生集中研讨。

训练二:幼儿文学作品示范讲述。

【实训目的】

练习更生动地讲述故事、朗读诗歌或散文,提高示范讲述幼儿文学作品的能力。

【实训要求】

1. 每名学生选择一个幼儿文学作品,体裁不限。要求运用生动的语言、肢体动作、道具材料等练习示范讲述。

2. 以研究学习小组为单位,每名学生在组内进行示范展示,并集中进行评议。

训练三:学前儿童文学活动试教

【实训目的】

运用本项目学习内容,学会设计与组织学前儿童文学活动,并尝试进行活动反思与评价。

【实训要求】

1. 全班推选一名学生进行学前儿童文学活动集中试教与说课反思。

2. 师生围绕以下3个问题研讨试教课例。

(1) 学前儿童文学活动中如何引导幼儿感受与欣赏文学作品?

(2) 学前儿童文学活动中如何引导幼儿理解与体验文学作品?

(3) 学前儿童文学活动中如何引导幼儿创造与运用文学作品?

3. 分小组进行个别试教,每名学生展示自己设计的学前儿童文学活动,要求提交教案,制作教具或课件材料,完整进行模拟试教,试教后进行说课反思,组内进行活动评析。

4. 教师进行总结与提升。

训练四:学前儿童文学活动教研

【实训目的】

针对学生文学活动设计与实施的几个突出关键问题,模拟幼儿园文学活动教研的形式,组织专题教研,有针对性地解决学生在学前儿童文学活动实践中的问题,进一步提高学生设计、实施与评价学前儿童文学活动的能力。

【实训要求】

1. 教师根据学生实践中的具体情况即存在的突出问题,介绍学前儿童文学活动教研的任务与目的,抛出教研的核心问题。

2. 师生围绕教研问题开展研讨。

(1) 学生以研究学习小组为单位,任选一个核心问题进行研讨。

(2) 每组派代表发言。

(3) 师生围绕问题进行深入研讨。

3. 教师进行教研总结与提升。

学以致用 ▶▶▶

1. 简述选择学前儿童文学作品时应该遵循的原则。
2. 论述学前儿童文学活动的主要类型。
3. 学前儿童文学活动设计与实施的原则有哪些？
4. 举例说明如何设计一堂成功的学前儿童文学活动课。
5. 判断下面一个文学作品的类型，并设计一份教学活动方案。

葡萄架

葡萄架，高又高，
上边吊着紫葡萄。
紫葡萄，大又圆，
个顶个儿，香又甜。
狐狸看见往上跳，
跳了半天够不到。
够不到，心不甘，
不说自己笨，
倒说葡萄酸。

项目八 学前儿童日常生活中的语言教育

项目概述 ▶▶▶

日常生活中的交谈具有自发性和随机性,教师应该把握随机性谈话的契机,善于挖掘学前儿童感兴趣的话题,鼓励学前儿童主动进行相互间的交流,以形成积极的语言交往态度和良好的语言交流习惯,发挥出日常交谈的优势,在不同的情境中不断训练和提高学前儿童的语言能力。本项目对学前儿童日常生活中的语言教育进行了详细讲解。

学习目标 ▶▶▶

◆掌握日常交谈的表现形式;
◆掌握日常交谈中教师应该运用的指导策略;
◆了解图书角建设对学前儿童语言教育的作用;
◆了解家庭中学前儿童语言教育的优势。

任务一 日常交谈中的语言教育

一、日常交谈的特征

日常交谈是在日常生活情境下的口语交流。与独白体口语表达相比,日常生活中的交谈具有以下特点。

(一)语言的情境性

日常交谈是一种交际性口语,它的重要特点是具有特定的情境性,这种情境包括交际对象、时间、空间和具体的场景。在日常交谈中,学前儿童所处的场景会有所不同,角色也会不断地发生变化,这就要求学前儿童针对不同的对象和场景,针对自己承担的角色不断地调节自己的语音语调、说话的内容和方式等。

(二) 时间的不确定性

日常交谈具有很强的突发性和随机性，它往往是毫无准备的双方自然而然地发生口语交际。例如，两个学前儿童偶尔在某个地方相遇，便兴致勃勃地攀谈起来；某一事物同时吸引好几名学前儿童共同探究，从而引发他们的随机交谈；教师随机确定某个话题后向毫无准备的学前儿童提出问题，让学前儿童进行应答。

(三) 信息的多向性

日常交谈是一种多方位的语言交流。成人和众多学前儿童的参与不仅为个体带来了丰富多彩的生活经验与感受，使每个学前儿童获取到更多的语言信息量和更丰富的内容，而且使学前儿童表述这些经验和内容的语言形式变得更加丰富多样。同时，教师（家长）与学前儿童、学前儿童与教师（家长）、学前儿童与学前儿童之间的交谈，还大大丰富了他们语言交流的方式。

(四) 交谈氛围宽松、自由

交谈氛围的宽松、自由主要体现在两个方面：一是交谈中不要求学前儿童统一答案或有一致的思路，学前儿童可以根据自己的感受自由地发表见解，围绕话题说出自己想说的话；二是不强求学前儿童使用规范化的语言，成人在交谈活动中鼓励学前儿童积极说话，充分表达个人想法，但不要求学前儿童使用准确无误的句式和完整连贯的语段。

二、日常交谈的表现形式

成人与学前儿童交谈是长幼之间一种有效的言语沟通与交流方式，日常交谈包括集体交谈、个别交谈以及学前儿童之间的交谈 3 种方式。

(1) 集体交谈主要是指教师与全班或小组学前儿童围绕某个或某些话题而展开的语言交流。

(2) 个别交谈是教师或家长与个别学前儿童进行的一种有针对性或随机性的语言交流。

(3) 学前儿童之间的交谈是学前儿童与同伴之间围绕某一感兴趣的话题进行的一种语言沟通与交流。

三、在日常交谈中进行语言指导

日常交谈具有自发性、随机性和较强的针对性。要想发挥交谈在学前儿童语言发展过程中的独特优势，教师应该运用以下指导策略。

(一) 把握与创造机会

教师要把握好日常生活中的每一个随机性情境，把握与创造随机性交谈的机会。

1. 日常交往中的语言指导

在各类生活活动中，学前儿童总会自然地同教师、同伴进行语言交往。教师应不失时机地利用发生在每日生活中自然的交往情境，对学前儿童进行语言指导。

此外，教师还要随时发现日常生活中的教育契机，善于挖掘学前儿童感兴趣的热门话题。例如，请外出归来的学前儿童讲讲自己的见闻等。正是这些日常生活活动和有意挖掘的机会，给学前

项目八 学前儿童日常生活中的语言教育

儿童提供了语言情境,久而久之,学前儿童的语言能力便在这些情境中不断得到训练和提高。

2. 创造执行语言指令的机会

日常活动的组织离不开生活常规的建立,教师应在帮助学前儿童建立生活常规的过程中,提高学前儿童理解语言并按语言指令行动的能力。例如,在学前儿童入园后,要求学前儿童自己将小椅子抬到餐桌前,先如厕、洗手,再进餐。

在建立生活常规的开始阶段,学前儿童不一定能够理解这些指令,这时教师应该把这些指令与相应的行为训练结合起来。例如,教师发出"请小朋友们依次把手中的皮球放到筐子里"的指令后,就让学前儿童排成队,一个跟着一个往筐子里放球,以帮助学前儿童明白"依次"的含义。

(二) 创造情境

人际交往必然伴随着一定的情境和交际双方的互动,教师要因时、因人制宜,努力创设教师与学前儿童、学前儿童与学前儿童、学前儿童与群体之间互动的情境,以激发学前儿童交谈的欲望。

1. 教师与学前儿童之间的互动

要促进教师与学前儿童之间的有效交流,教师需要特别注意以下 4 点。

(1) 在平等的基础上与学前儿童进行交谈。教师与学前儿童之间的交流一定要建立在民主、平等的基础上,让学前儿童感到是在随意、自然地与教师聊天,不能形成"教师总是说,学前儿童总是听"的局面。

(2) 为学前儿童提供有效的语言示范。教师是学前儿童一日活动的组织者,教师言谈中的用语、语言习惯及体态语都是学前儿童模仿、学习的对象。教师应充分利用师幼间的交谈,有意识地为学前儿童提供良好的语言样板。

一方面,教师要加强自身的语言修养,对学前儿童的说话技巧产生潜移默化的影响;另一方面,教师要结合学前儿童在日常生活中接触的各种物品及时介绍相关知识,并向学前儿童展示相关的词汇和句式。

此外,教师还要通过交谈来调整学前儿童的语言表达方式,帮助学前儿童在交往中积累表达的经验,培养口语表达的良好习惯。

(3) 耐心倾听学前儿童谈话,及时给予鼓励和纠正。教师要以母亲般的爱心、耐心和细心倾听学前儿童说话,尤其是当学前儿童主动发起谈话时,教师更应倾注极大的热情倾听学前儿童的谈话,切不可以冷漠的态度对待学前儿童,破坏学前儿童的说话欲望。

(4) 努力提高与学前儿童言语沟通的技能。教师要掌握"关注学前儿童的兴趣并巧妙引入谈话,形成交谈热点"的技能;掌握运用提供信息、提问、评议等方式引导学前儿童持续谈话的技能;掌握适时地结束或转移话题,给学前儿童留下谈话余兴或引出新谈话热点的技能。

2. 学前儿童与学前儿童之间的互动

由于学前儿童之间年龄相仿,认知水平相近,他们交谈起来往往能特别投入。事实表明,学前儿童与邻座之间、玩伴之间、组内同伴之间,用说、问、评、议等方法相互交流,有利于学前儿童主动创造和调整自己的语言,促进语言的共同提高。在现实的教育实践中,要促进学前儿童之间语言的有效交流,教师需要特别注意图 8-1 中所示内容。

3. 促进群体之间的互动

群体之间的互动是指两个或多个学前儿童之间积极、主动地交流与沟通。这是一种层次更高的

给学前儿童尝试用语言解决问题的机会

学前儿童在交谈的过程中产生矛盾和争执是很正常的，这时教师不必因担心而自作主张地去解决，应该给学前儿童尝试运用一定的语言技巧来协调与解决实际问题的机会，帮助学前儿童在主动的协调中成为语言的建构者。

不要随意打断学前儿童之间的谈话

要使学前儿童说话文明、有礼貌，教师就要力求自己说话规范、内容健康；在对待学前儿童说话的态度上要和善、有耐心，不随意打断学前儿童的说话，特别是在个别学前儿童说话不清楚、抓不住重点、断断续续不连贯时，不要表现出不耐烦和不想听的态度，甚至打断其说话，这种消极、生硬的态度很有可能被学前儿童模仿而形成一种不礼貌的交际行为。

不要一味地强调活动室的安静来阻挠学前儿童交谈

教师应提倡学前儿童采取积极说话的态度，以促进同伴间的自发模仿和相互交谈，而不是给学前儿童过多的限制。教师还要充分利用一日活动的过渡环节，鼓励学前儿童三五成群，自由结伴，海阔天空地"聊"，或引导学前儿童就某一话题展开讨论，大胆地发表自己的见解，敢于提出质疑，充分感受交谈的乐趣。

图 8-1　学前儿童与学前儿童之间的互动

互动，因而对学前儿童的要求也更高，因为每个学前儿童都是群体中的一分子。群体之间的互动可以增强学前儿童的集体观念，培养学前儿童相互关心、相互帮助的品格，提高他们的参与意识、竞争意识和交往能力。群体之间的互动的形式主要有以下3种。

（1）在日常生活中，教师可以采取小组与小组互动的方式，组织学前儿童进行讨论、辩论等。

（2）教师可以组织学前儿童欣赏大学生唇枪舌剑、针锋相对的辩论场面，感受辩论场上的激烈气氛，懂得辩论不仅要善辩、巧辩，更要以理服人。

（3）在上述两点的基础上，寻找一些学前儿童喜欢并能发挥的题目，让学前儿童辩论。这时，为了小组的荣誉，学前儿童就会集中注意力倾听对方发言，快速讨论和组织反驳材料，及时应答，并依靠大家的智慧和行动获得胜利。

这种学前儿童群体之间的互动会对学前儿童提出更大的挑战，也会使学前儿童在交往语言的建构中更多地受益。

（三）观察分析

学前儿童语言学习和发展的过程是一个极具个性特征的过程。不同的学前儿童在语言学习的速度、效果及运用语言进行交际的积极性等方面都表现出不同的特点。为此，学前儿童语言教育必须在考虑同龄群体需要的同时，照顾个别学前儿童的发展特征。

在日常交往的自然情境中，学前儿童往往能真实地表现自己的语言交际水平，以及语言表达的态度和行为习惯。如果教师能够留心观察，就能动态地了解每个学前儿童的语言交往能力和交往态度，并根据不同情况因材施教，做好个别指导。

1. 对于语言表达能力较强的学前儿童

教师要向语言表达能力较强的学前儿童提出略高于其现有水平的要求，使其在语言发展上"更上一层楼"。例如，请他们给大家讲述故事和见闻，朗诵或表演儿歌；委托他们转达教师的意见和要求。当他们用词不当或说话不符合语法规范时，教师应当及时予以纠正，以便不断提高他们的口语水平。

2. 对于不爱说话、不善于语言表达的学前儿童

对于不爱说话、不善于语言表达的学前儿童，教师要主动亲近他们，有意识地与他们交谈，消除他们说话的顾虑，鼓励他们大胆说话，以增强他们谈话的兴趣和信心。

3. 对于语言发展中出现各种问题甚至产生语言障碍的学前儿童

对于这种学前儿童，教师既不可操之过急，也不能听之任之，而是要更加细心地去观察和了解他们语言发展中的实际情况，找出问题，分析原因，并为他们制定合适的语言辅导计划和方案，耐心、有针对性地进行个别指导，以免因错过关键期而造成学前儿童语言发展的终身问题。

任务二　活动区角中的语言教育

一、图书角

（一）图书角的建设

图书角是以阅读活动为中心而构思设计的活动天地。图书角的建设具有以下作用。

（1）通过对这个区域的空间和环境材料的设计，创设温馨的阅读环境，吸引学前儿童积极、主动地参加阅读活动，愉悦情感，开阔视野，让其对阅读产生浓厚的兴趣。

（2）根据学前儿童的心理特点选择阅读书目，满足他们自主阅读的需求。

（3）通过阅读区的师幼共读，培养学前儿童主动阅读的习惯和能力，使他们获得阅读的经验和体验，提高阅读的效益和乐趣。

（4）习得阅读的技巧和方法，培养学前儿童良好的阅读习惯。

教师在进行图书角的设计时，要考虑图 8-2 中所示内容。

 要依据幼儿园实际情况和班级特点，体现风格的多样化。

 要根据年龄特点为幼儿提供多种多样的图书资料，以及制作图书和修补图书的各种材料。

 图书的投放要以幼儿为本。

图 8-2　图书角的设计依据

其中，图书角的图书资料包括以下内容。

（1）内容多种多样的连环画、图卡、工具书等。

（2）形式多种多样的立体图书、墙面书（使用比较结实的材料，如无纺布、硬纸板等，做成书并粘贴在墙面上）、地面书（设计地面阅读材料，如"跳房子"，引导学前儿童有序地找到画面或文字，说出图片上的人和事物或编讲故事）、异形书。

(3) 能满足师幼共读的大书。

(4) 制作材料多种多样的自制布书、纸盒书等。

在选择图书资料时，小班学前儿童的图书应色彩鲜艳，画幅大，情节简单并贴近学前儿童的生活，注意书的纸质应比较结实，相同的图书要多；中、大班学前儿童可以考虑故事人物、情节复杂一些的图书，书的种类要多，注意投放学前儿童自制的图书。阅读材料要分类投放，分类的标志可以由学前儿童来设计。

在设计图书角时，教师要注意图8-3中所示内容。

要注意光线充足，空气清新，环境安静。

墙面和窗帘的色彩以淡蓝、淡绿为佳。墙面上可以张贴关于阅读的图文规则、要求等。

可以铺上地毯，投放一些软垫、软积木、小凳子、小桌子等。

图8-3　设计图书角的注意事项

（二）指导要点

1. 寻找阅读材料

教师要从生活中寻找阅读素材，如各种食品、玩具的说明书，服装上的标牌，广告，交通安全标志牌等，将这些素材放在阅读区便于学前儿童一一阅读、观察，并为他们提供一定的帮助。慢慢地，学前儿童不断积累，就能够逐渐将语言知识迁移、内化。

教师要根据不同年龄层次的学前儿童语言发展的需要，选择画面生动、色彩鲜艳、语言简单准确、内容短小有趣、贴近学前儿童生活的图书，投放在阅读区内。需要注意的是，基于学前儿童的动作发展特点，应当尽量提供一些不易撕破的图书。同时，要根据学前儿童语言发展的差异性选择多种多样的阅读材料，通过不同的阅读材料满足不同学前儿童的阅读需求。

2. 建立必要的阅读规则

图书角阅读规则的建立有利于学前儿童养成良好的阅读习惯，促进学前儿童阅读活动的顺利开展。图书角的阅读规则主要包括以下4个方面。

(1) 根据图书角范围的大小调控人数。

(2) 在图书角要走路轻，说话轻，轻拿轻放图书，保持安静的阅读环境。

(3) 两人同时选择一本书时，由两人协商解决，学习轮换阅读和分享阅读。

(4) 图书阅读后要放回原处。

建立图书角阅读规则的关键是教师要引导学前儿童理解规则，遵守规则。图书角阅读规则可以用图加文的方式张贴在图书角，并介绍给学前儿童。

3. 及时更换和增添图书

教师要及时观察、分析学前儿童的阅读情况，分析其阅读行为。根据学前儿童的实际情况引导

项目八 学前儿童日常生活中的语言教育

学前儿童发现图书的趣味，及时更换、增添图书，提高图书角对学前儿童的吸引力，如图8-4所示。

除了适当购买外，可以由幼儿定期从家里带图书到幼儿园，放到图书角与大家分享；可以与其他班交换图书；还可以由幼儿、家长、教师自制图书等，为幼儿提供丰富多彩的阅读材料。

投放的位置要醒目，易吸引幼儿主动阅读；利用图书室（角）的主题墙将新书的内容、特点展示出来，及时介绍，引起幼儿的注意，激发幼儿阅读的兴趣。

图8-4 及时更换和介绍新图书

4. 养成良好的阅读习惯

良好的阅读习惯如图8-5所示。

其中，幼儿阅读图书的基本方法有以下4点。

（1）要端端正正地把书放在桌上（正置书）。

（2）一页一页有序看书，避免无序翻看。

（3）两指捻翻书页，避免五指一把抓书页。

（4）阅读时要从左到右、从上到下。

教师应注意创造条件，引导幼儿热爱阅读活动，养成每天定时阅读的好习惯。

引导幼儿掌握阅读图书的基本方法。

培养幼儿养成爱护图书、轻拿轻放、阅读后放回原处的好习惯。

图8-5 良好的阅读习惯

5. 引导学前儿童表达和表现图书内容

引导学前儿童表达和表现图书内容主要有3种方式，如图8-6所示。

通过多种方式引导幼儿表达图书内容。例如，引导幼儿讲述故事；通过提问让幼儿理解和表达图书内容；运用讨论的方法引导幼儿体验图书中的人物情感，理解人与人之间的关系等。

给幼儿提供表现图书内容的条件，如提供头饰、面具、人偶、服装等，支持幼儿表演图书内容；提供可以自制服装道具的材料，幼儿可以自制服装道具来表演图书内容。

提供纸张、彩笔等多种材料，鼓励幼儿制作图书。

图8-6 引导学前儿童表达和表现图书内容的3种方式

6. 开展有趣的图书角活动

图书角活动主要有以下 5 种。

（1）分享阅读。学前儿童与学前儿童、学前儿童与教师、学前儿童与家长共同阅读。

（2）故事大王。开展故事会和故事比赛活动，让学前儿童主动阅读。

（3）图书制作。引导学前儿童自己画图书或手工粘贴图书，从学前儿童的实际生活出发，引导学前儿童运用心的体验和手的制作促进语言发展。

（4）图书展览会。可以由学前儿童、教师、家长等收集多种多样的图书，开办一个"图书展览会"，学前儿童可以向其他同伴介绍图书。

（5）"问题树"墙饰。教师收集学前儿童感兴趣的问题，可以让学前儿童直接提问题，也可以让学前儿童与家长将问题用图加文的方式写或画出来，引导和支持学前儿童自己去查阅图书来解决问题。

（三）实践练习

教师与学前儿童可以制作多种多样的图书，其材料与制作方法如图 8-7 所示。

材料与工具：多种多样的纸张（可以是废旧的）；废旧的纸袋（制作图书封面）；单个的花草树木、人物、动物图样，多种彩笔；浆糊（胶水、双面胶）等。

制作方法：长长的书：将纸裁剪成长条形，根据年龄班确定页数，用折扇子的方式来回折叠成书，拉开后变成长长的书；折叠书：将8开的纸放在桌上，先宽对宽对折，再宽对宽对折，第三次宽对宽对折；然后打开一次，再打开一次，用剪刀从纸的合口处剪到折痕的中点，翻折成书，可以在纸上写上幼儿喜欢的内容；异形书：根据书的内容剪成需要的形状。

图 8-7 图书自制的材料和制作方法

二、视听角

（一）视听角的建设

视听角是利用各种现代技术为学前儿童创设视听结合的、发展学前儿童语言能力的活动区角。视听角设施设备的投放应因地制宜，如图 8-8 所示。

有条件的幼儿园可以在视听角安置电视、电脑、投影仪等现代多媒体设备，播放适合幼儿欣赏的内容；还可以选择一些家庭录制的影像内容供幼儿欣赏。

可以投放一些幼儿喜欢的图书，并用与幼儿翻阅图书相配的速度将图书的内容录音，幼儿可以边听边翻阅图书；还可以为幼儿投放录音设备，幼儿可以为自己讲述的故事录音。

可以在地上铺上地毯，安放一些软垫、小凳子、小桌子等，方便幼儿自由安排活动。

图 8-8 视听角设施设备的投放

（二）指导要点

1. 选择和创编视听教材

由于现代化的视听设备，特别是电子媒体能给学前儿童带来多种多样的语言和知识信息，视听材料的质量和内容与学前儿童的成长密切相关，因此，教师应该精心筛选视听教材。视听教材的选择要求如下。

（1）提供画面优美、轻松活泼的美术片、动画片。
（2）选择主题鲜明、短小精悍的故事、诗歌、散文音频。
（3）选择欢快活泼、优美动听的音乐音频。
（4）选择生动有趣、奇妙动听的自然界或社会中的多种声响。
（5）教师、学前儿童、家长自制的视听材料。

2. 学前儿童学习操作视听设备的方法

学前儿童学习操作视听设备的方法有两种，如图8-9所示。

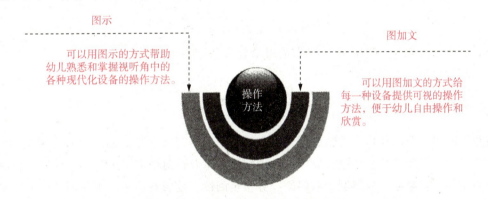

图8-9 学前儿童学习操作视听设备的方法

3. 支持和引导学前儿童主动积极地视听

观看和倾听视听材料不同于阅读图书，其画面和声音是流动的，往往一闪而过，学前儿童有时会忽略一些画面和声音的信息，影响对材料的感知和理解。因此，教师可以根据具体情况，运用以下方法来支持学前儿童的视听活动。

（1）连贯视听。连贯放映或播放整段或整部美术片、故事、诗歌、散文，使学前儿童完整观看、倾听，并获得完整印象。这种方法多用在视听活动的开始和结束阶段，帮助学前儿童获得作品的完整印象。使用连贯视听方法时要注意两点：一是作品的篇幅不宜过长，以免学前儿童疲劳；二是观看前可以提出观看要求和问题，观看过程中提醒学前儿童应该注意的重点，观看后引导学前儿童讨论和表达。

（2）重复视听。为了满足学前儿童的愿望，也为了学前儿童更好地欣赏连续变化的视听材料，加深学前儿童对作品的理解，可以用完整重现和部分重现的方法。教师要注意提出视听的要求，让学前儿童抓住作品中的动作、语言、表情等，清晰地感知视听材料的内容，以促进语言发展。

（3）定格观看。让屏幕上的某个画面暂时固定不动，学前儿童可以仔细观察画面，并理解内容。

（4）复述和朗诵。让学前儿童在反复倾听故事的基础上，尝试基本按照原文自然地讲述。

4. 开展生动有趣的视听角活动

视听角活动主要有如图 8-10 所示的类型。

复述是指幼儿在反复倾听故事的基础上，尝试基本按照原文自然地讲述故事的活动，复述故事可以全文复述，也可以分段复述；朗诵是指幼儿在反复欣赏或学习诗歌、散文后，尝试自己有感情地复述诗歌、散文。

幼儿在多次欣赏动画片等音像的同时，感受片中的形象、意境、音乐的美，特别是富有特色的语言，然后可关掉声音，让幼儿为画面配音；幼儿给画面即兴配音，还可以用纸盒制作"小小电视机"等。

向幼儿播放优美的旋律或自然界和社会中存在的声响，然后通过提问等方式引导幼儿展开想象，把自己对音乐和声响的感受整理成故事讲给大家听。

图 8-10　视听角活动类型

此外，还有录音游戏，教师或学前儿童用录音设备把自己讲的话录下来，放给其他学前儿童听，或开展新闻播报等专题活动。

三、表演角

表演角是学前儿童用动作、表情、语言来表现自己对语言文学作品的理解和再现文学作品内容的表演活动区角，学前儿童在这里可以用自己创编的故事及针对他们经历过的事件进行表演。

表演角主要包括哑剧、故事剧、木偶剧、分角色阅读、皮影戏、主题角色剧及故事表演等。

设计和布置表演角的积极意义主要有 3 点，如图 8-11 所示。

满足幼儿表现文学作品内容和自己创编故事，以及表现自己经历过的事件的需要。

幼儿能在表演活动中积极主动地运用语言和非语言材料，提高语言表达能力。同时，表演游戏可以激发幼儿丰富的学习潜能。

幼儿不仅可以学习语言，其学习范围还可以扩展到科学、数学、社会、艺术等多个领域。

图 8-11　设计和布置表演角的 3 点积极意义

（一）表演角的建设

表演角的建设主要包括根据幼儿园和本班的实际情况，教师可以设计固定式的表演角、小舞台；根据活动室的门厅、过道、走廊等具体位置和形式设计表演角和可移动的小舞台；投放服装道具、头饰、面具、人偶等表演材料，学前儿童可以自由地进行表演活动。

(二)指导要点

表演角的指导要点主要有以下6个方面。

1. 提供丰富的材料，营造表演的氛围

（1）支持学前儿童积极参与表演角环境的设计和布置，和其他学前儿童一起搭建小舞台，布置墙饰和背景。图8-12所示为学前儿童布置的表演角。

（2）根据语言文学作品活动和视听活动的内容制作道具、头饰、人偶等。图8-13所示为学前儿童因角色需要为自己制作的面具。

图8-12 学前儿童布置的表演角

图8-13 学前儿童为自己制作的面具

（3）提供适合作品角色的服装，引导学前儿童利用废旧物品制作服装道具。图8-14所示为学前儿童利用废旧纸壳为自己制作的服装道具。

图8-14 学前儿童利用废旧纸壳为自己制作的服装道具

2. 引导学前儿童感受和理解作品，把握角色特点

感受和理解作品是学前儿童表演的前提和基础。表演作为文学作品活动的延伸和拓展，要注意与文学作品活动结合。教师既要引导学前儿童理解故事、诗歌、散文、绕口令等作品的内容，又要帮助学前儿童学习运用声调、节奏、速度等来表现人物角色的性格特点，有感情地朗诵。

3. 鼓励幼儿按自己的意愿表演

学前儿童的表演不能停留在模仿上，教师应该给学前儿童留出创造空间，鼓励他们自己决定表演内容、自己分配角色，尊重学前儿童对作品的理解和演绎。

4. 表演活动生成环境，环境支持活动

为了支持和鼓励学前儿童的表演活动，教师可以将表演活动的构思设计过程用图画、实物、照片等记录在墙上，形成动态的活动墙饰，为师幼互动和家园互动提供媒介，并成为活动进一步发展的依据和线索。将活动与环境创设有机结合起来，形成"活动生成环境，环境支持活动"的良性循环。

5. 参与学前儿童的表演活动

教师除了通过提供材料来支持学前儿童的创造性表演活动外，还能以某一角色身份参与学前儿童的表演活动，间接地引导学前儿童运用语言、表情和动作来表现角色，创造性地再现作品内容。

6. 开展丰富多彩的表演角活动

幼儿园活动室的空间有限，在利用角落和区域时应该因地制宜。由于语言既是学前儿童学习的对象又是学前儿童交流的工具，因此教师要注意发挥其他活动区角的语言教育功能和作用。活动区角的创设形式是多种多样的，可以根据本班实际情况设置，如构建讲述角、悄悄话角、电话亭、图书"印刷厂"等。图 8-15 所示为幼儿园图书角。

图 8-15 幼儿园图书角

四、墙面阅读环境

幼儿园墙面阅读环境是幼儿园环境创设的重要内容，也是推动学前儿童语言发展的重要方式，一般分为幼儿园图书馆、故事墙与诗歌墙、亲子阅读墙。

（一）幼儿园图书馆

在幼儿园图书馆中，投放各种各样的儿童文学作品学前儿童将日常生活与幻想世界相结合，创造出一个纯真的神奇世界。学前儿童可以展开想象的翅膀，在浩瀚的文学世界里遨游。

（二）故事墙与诗歌墙

依据学前儿童的年龄特征和认知水平，在故事墙与诗歌墙上有选择地分阶段投放故事、诗歌和儿歌，并将教师、学前儿童或家长为故事、诗歌创作的图画展示出来，帮助学前儿童理解故事、诗歌。

（三）亲子阅读墙

在亲子阅读墙上，投放绘本故事等材料，亲子一起享受读书的乐。学前儿童的感觉是轻松、愉快的。在亲子阅读墙上分享阅读的快乐，可以为学前儿童日后的学习奠定健康的心理基础。

项目八　学前儿童日常生活中的语言教育

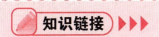

语言教育活动区角进区规则

先来后到原则

物归原处原则

轻拿轻放物品原则

安静阅读原则

轮换阅读与分享阅读原则

用眼卫生原则

爱惜自己和别人的作品原则

有事协商原则

谦让、轮流和等待原则

结束后快速整理物品、垃圾入箱原则

任务三　学前儿童语言教育需要家园配合

在家庭环境中，学前儿童与家人随时随地都在交流，家长对学前儿童语言教育的影响是巨大的。如果教师的学前儿童语言教育活动可以得到家长的支持，或家长与幼儿教师的语言教育目标能够达成一致，将会大大促进学前儿童语言能力的提高。因此，在教育活动中，教师要与家长保持充分的沟通与交流，共同促进学前儿童语言智能发展。

一、在家庭中进行学前儿童语言教育

《幼儿园教育指导纲要（试行）》强调：“家庭是幼儿园重要的合作伙伴。应本着尊重、平等、合作的原则，争取家长的理解、支持和主动参与，并积极支持、帮助家长提高教育能力。”家庭中蕴藏着丰富的教育资源，家庭教育多以非正式的、随机的、个别化的教育方式进行，在学前儿童语言教育方面独具优势。家庭中学前儿童语言教育的优势主要体现在以下4个方面。

（一）亲情关系

父母是孩子最早的启蒙老师，从咿呀学语到出口成章，父母的影响无处不在，孩子的成长倾注着他们的深情和爱意。因为有亲情，孩子就有安全感，这样有利于激发孩子对语言活动的兴趣；因为是个别教育，亲子之间容易产生双向互动，宽松和谐的心理氛围和及时的应答活动有利于学前儿童语言能力的全面发展。

（二）教育的个别化

由于孩子年龄小，口语表达能力在不断完善的过程中，因此容易出现错音、错词和语病等问题，父母会及时给予帮助，有利于孩子的模仿学习。在阅读图书的时候，父母可以与孩子进行分享式的阅读活动，与孩子一起阅读，一边看一边读，一边问一边讲。这种"一对一"的教育方式可以及时支持和帮助孩子，孩子易感受亲情，体验成功。

（三）语言与语境匹配

学前儿童的思维是以具体形象为主的，理解语言和表达交流都有赖于语言情境，在具体的语言情境中，他们能够较好地理解语义。父母与孩子的语言交谈，都有一个客观的语言环境，孩子可以自己发起和控制话题，这些话题是孩子感兴趣的，符合孩子的需要和语言发展水平，而且与当时的语境相匹配。

（四）随机灵活的语言教育

家庭中的语言教育没有固定的大纲和教材，内容、方法和时间都是随机的。在家庭环境中，亲子间随时随地都在交流，不受时间、地点和形式的限制，活动空间的流动使交流的内容也不断地发展和变化，有着宽松、自由的谈话氛围。孩子在与亲人的欢聚中同时发展了口语表达能力。

二、语言教育的家园配合

为了使家园配合更好地发挥作用，教师应引导家长明确以下学前儿童语言教育的意义。

（一）让家长明确学前儿童期是人类学习语言的关键期

学前儿童期是人一生中掌握语言最迅速的时期，也是最关键的时期。3岁是学习语音的关键期；3~6岁则是学习词汇和语法的关键期。因此，教师应该通过多种有效的途径，将幼儿园、家庭、社区教育结合起来，帮助家长把握好学前儿童学习语言的关键期，使幼儿园和家庭形成一股教育的合力，家园一致地促进学前儿童的语言发展。

（二）让家长明确学前儿童语言教育可以促进学前儿童全面发展

语言智力是用于听、说、读、写的交际和交流能力，也是个人在社会中赖以生存的一种重要能力，与学前儿童的全面发展息息相关。为了开发学前儿童的语言智力，心理学家和教育学家建议家长要密切关注学前儿童语言智力的发展。家长的重视和家园一致的创设，对开发学前儿童的语言智能会有很大的帮助。

（三）让家长明确家园配合共同教育的必要性

学前儿童的语言学习大多是在模仿中习得的，语言学习的特殊性要求家庭与幼儿园必须保持高度的连续性和一致性。家长的参与和支持是非常必要的。虽然幼儿园语言教育是全面教育，有专门的教师，有精心设计的活动，但还需家长积极参与，家园一致地将语言教育渗透到家庭中。家庭是语言教育活动延伸的重要场所。将语言教育延伸到家庭，让家长成为学前儿童语言学习的指导教师，使家庭教育成为幼儿园语言教育活动中的一个反复或"回放"，能够使学前儿童的学习得以巩固和发展。

教师应该让家长知道自己孩子班上的语言教育目标，家庭教育应当与幼儿园教育保持统一的目标。语言教育的目标在方向上应该与《幼儿园教育指导纲要（试行）》保持一致，重视学前儿童语言运用能力的发展，重视学前儿童早期阅读的发展，最终实现促进每一个学前儿童语言智能全面发

项目八 学前儿童日常生活中的语言教育

展的教育目标。

1. 简述日常交谈的特征。
2. 阐述语言区角的环境创设与指导要点。
3. 阐述家园配合开展语言教育活动的重要性。
4. 举例说明日常生活中的语言教育策略。
5. 收集家庭中语言教育的方法,并在班级内进行交流。

项目九　学前儿童语言教育的评价

项目概述 ▶▶▶

在幼儿园教育实践中,教师对自己及他人的教育活动进行评价,提出自己的看法,分析教育活动的优点与不足,不仅能让自己获得专业性的发展,而且能帮助执教教师从他人的视角来审视活动。因此,在学前儿童语言教育中,学会如何对自己及他人的教育活动进行评价既是幼儿园教师必备的专业技能之一,也是幼儿园教师专业发展的重要途径。本项目主要是学前儿童语言教育评价的概述,介绍学前儿童语言教育评价的原则、方法、途径等方面内容。

学习目标 ▶▶▶

◆了解学前儿童语言教育评价的作用;
◆掌握学前儿童语言教育主要的评价方法;
◆了解学前儿童语言教育评价需要遵循的原则;
◆掌握学前儿童语言教育评价的途径。

任务一　认识学前儿童语言教育评价

一、学前儿童语言教育评价的内涵

学前教育评价是在一定教育价值观的指导下,采取科学的方法对与学前教育活动有关的各个方面进行价值判断的过程。学前儿童语言教育评价是在遵循学前儿童教育规律的基础上,根据《幼儿园教育指导纲要(试行)》的要求,采用科学的方法,对学前儿童的语言教育活动情况进行量化与质化的价值判断,从而获得科学的数据。

改进学前儿童语言教育,提升学前儿童语言教育质量,应注重学前儿童语言教育评价的内涵,其主要分为以下 4 个方面,如图 9-1 所示。

项目九 学前儿童语言教育的评价

教师的"教"与幼儿的"学"的过程与结果

幼儿语言发展的状况

学前儿童语言教育评价的内涵

对语言教育本身的价值进行判断

对语言教育实体的各个部分进行分析，判断语言教育活动过程的实际运行状况

图 9-1 学前儿童语言教育评价的内涵

学前儿童语言教育评价是对学前儿童语言教育的价值做出判断的过程，是收集语言教育活动的设计、组织和实施过程中各方面的信息，依据一定的客观标准对教育活动及其效果做出客观衡量和科学判断的过程。

二、学前儿童语言教育评价的作用

学前儿童语言教育评价能够鉴定学前儿童语言发展状态与水平，同时为研究学前儿童语言教育活动提供有效的数据材料。学前儿童语言教育评价的作用如下。

（一）提高教育质量

评价是为了找出存在的问题，提高教育的质量。在收集资料、分析数据的过程中，能研究、检查学前儿童语言教育活动的有效性，改善学前儿童语言教育的实施方案，保障学前儿童语言教育的质量。学前儿童语言的发展，如果方法得当，措施得法，会有一个质的飞跃，同时也能为学前儿童将来的语言发展打下良好的基础。

在学前阶段，学前儿童语言在生理上和心理上都处于一种不断成熟的阶段，大脑思维在不断地发展，外界语言的刺激能对学前儿童大脑思维的完善起到促进作用。教育的本质是提高受教育者的能力，学前儿童语言教育是学前儿童认识世界的重要途径，也是提高学前儿童人际交往能力的重要方式。学前儿童语言教育评价在提高教育质量方面能起到重要的作用。

（二）反馈作用

评价作为一种"反馈—矫正"体系，可以反馈与确认教师教育和学前儿童学习的效果，即"激发动机效应"。教师对教育活动的设计与组织通过评价被确认存在缺陷和不足时，就具有激发教师改进和调整语言教育活动的作用；反之，良好的成果一经确认，将会激发教师在这一方面继续努力。

调整效应激发"成功强化效应"，强化教师所选择的成功、有效的教学内容和方法，弱化失败经验的效应，可以促使教师改正不适当的、经实践证明失败的内容和方法，从而提高教师自我教育评价和从事教育工作的能力。

（三）诊断作用

诊断学前儿童在语言教育活动前期、中期、后期的语言发展状况，主要是诊断语言教育内容与目标的适合程度、内容与学前儿童语言发展水平的适合程度、内容和方法与学前儿童兴趣点的适合程度，以便教师及时调整语言教育内容，改进语言教育方法，并因材施教，有的放矢地进行个别指导。

(四)增效作用

通过不断地总结、调整和改进,每次语言教育都能避免零作用或副作用,从而逐渐提高语言教育的教学质量。及时的评价可避免许多"无效劳动",及时改进、调整和完善语言教育活动,增进教育的实效性。这种评价还可以为学期或学年总评积累素材。在评价的过程中剖析语言教育实践,是形成语言教育整体结构和运行机制的一种手段,能够帮助教师改进薄弱环节和不足之处,发扬优点。

三、学前儿童语言教育评价的内容

学前儿童语言教育评价是由幼儿教师依托一定的语言教育活动对学前儿童实施的一种有目的、有计划、有组织的评价活动。学前儿童语言教育评价主要涉及教师和学前儿童两个主体及语言教育活动本身这一客体。因此,对学前儿童语言教育活动进行评价应包括以下3个方面的内容。

(一)对幼儿教师的评价

学前儿童语言教育评价的目的之一是促进教师教学行为的改变,所以对幼儿教师的评价是学前儿童语言教育评价的一个重要方面。

对幼儿教师的评价主要包括3个方面的内容,如图9-2所示。

图9-2 对幼儿教师的评价内容

1. 对幼儿教师教案的评价

教案是教师进行教学的一个重要物质载体。教师在进行教学前,必定会花一定的时间,参照相关的书籍、资料等编排教案。教案目标的表述是否全面,教案内容是否新颖,教案结构的设计是否合理等都在一定程度上反映出幼儿教师的教学观、教师观和儿童观。

2. 对幼儿教师教学态度和教学行为的评价

态度决定行为,幼儿教师在教学活动中采取什么样的态度,决定了教学活动中师幼互动的行为。在教学活动中,教师是否充分尊重学前儿童的主体地位,是否积极地对学前儿童进行语言教育等,都与教学活动中教师采取的态度密切相关,所以在进行教学评价时应关注幼儿教师的教学态度。

3. 对幼儿教师自身语言表达能力的评价

语言教育活动对教师本身的语言素质提出了较高的要求,特别是对于学前儿童来说,由于他们年龄小,身心发展不成熟,理解能力极其有限且易受到外界环境的影响,这就要求幼儿教师必须具备较强的语言表达能力。幼儿园的语言教育活动本身就在于给学前儿童创设一个"纯正"的语言环境,培养学前儿童良好的语言表达能力。

(二)对学前儿童的评价

在进行学前儿童语言教育评价时,对学前儿童的评价主要包括两个方面的内容。

1. 对学前儿童语言发展状况的评价

近年来,我国的教育目标从单一地强调知识与技能转变为"三维目标",即"知识与技能""过程与方法""情感态度与价值观"3个目标维度。在对学前儿童的语言发展状况进行评价时,必须结合学前儿童的年龄特点,考虑学前儿童语言目标的达成情况。

2. 对学前儿童参与语言教育活动情况的评价

在进行学前儿童语言教育评价时,学前儿童参与语言教育活动的状态是一个重要的评价指标。在学前儿童语言教育活动中,如果学前儿童注意力集中,表现积极活跃,具有强烈的参与意识,能主动地提出疑问,对教师发起的互动行为能给予积极的反馈,能主动地创编、改编诗歌或故事等,则说明学前儿童真正地投入到了活动中;反之,就说明学前儿童并未投入到活动中,这时就要求教师进行反思。

(三)对语言教育活动本身的评价

语言教育活动是幼儿教师对学前儿童实施语言教育的重要载体。对语言教育活动本身的评价主要从以下几个方面进行考虑。

1. 对活动目标的评价

"新课改"提出了"三维目标",根据布卢姆教育目标分类系统,可以将学前儿童语言教育的目标分为认知目标、情感目标和能力目标。所以在对活动目标进行评价时,必须结合学前儿童已有的知识经验及其年龄特点,从"知""情""能"3个方面着手。

2. 对活动内容的评价

语言教育活动是根据一定的目标、围绕一定的内容进行的,其内容可以是诗歌、故事、散文等。语言教育活动开展的形式也是多种多样的,可以是教师根据一定的教学内容进行引导,也可以是学前儿童自由地表达自己的观点和感受。在对活动内容进行评价时,需要结合学前儿童的实际情况、活动目标和活动形式等展开。

3. 对活动过程的评价

语言教育活动过程包含了多种多样的因素,主要是教师和学前儿童的互动情况。在教师和学前儿童互动的过程中,教师语言是否具有童真童趣,教师是否注意和每个学前儿童互动,教师在互动的过程中主要采取哪些互动方式等,都是对活动过程进行评价时必须考虑的因素。

4. 对活动环境的评价

《幼儿园教育指导纲要(试行)》明确指出:"环境是重要的教育资源,应通过环境的创设和利用,有效地促进幼儿的发展。"由此可见,环境对学前儿童的发展是非常重要的。在语言教育活动中,教师应为学前儿童创设一个宽松、自由的语言交往环境,鼓励学前儿童表达自己的观点,促进学前儿童的主动探索与学前儿童之间的交往。

四、学前儿童语言教育的主要评价方法

（一）自由叙述法

自由叙述法是将对教育活动的意见、判断、感想等自由地写下来或说出来，通过文字叙述或口头语言的形式对教育活动加以评价的方法。

这种评价方法适合自我评价和对他人评价，主要采用文字的形式对教育活动进行点评。常用的评价形式有3种，如图9-3所示。

图9-3　常用的评价形式

这种评价方式没有进行大量的数据分析，不需要专门的可测量工具和复杂的评价程序。这种评价方式有利于综合反映活动过程中的情况，可以对静态的，如目标、内容、方法、材料和环境布置等进行评价；也可以对动态的，如学前儿童在活动中的行为表现等因素进行语言上的描述与分析。

（二）观察评价法

学前儿童的活动是不断变化的，尤其是在语言发展阶段。在学前阶段，学前儿童的语言表达能力不断提高，表达方式发生变化，使用的词汇量不断增加。基于这种情形，我们可以通过对学前儿童行为表现的观察与了解来对整个教育活动的效果进行分析。

观察评价法包括分析活动目标的达成情况，活动内容和方法与学前儿童的适合程度，教育活动的运行状况；了解学前儿童活动后在语言方面产生的变化；等等。

观察评价法可使用的途径如图9-4所示。

图9-4　观察评价法可使用的途径

观察评价法优缺点如图9-5所示。

图9-5　观察评价法的优缺点

(三)综合等级评定法

综合等级评定法是从纵向、横向两个维度确定评价的指标，对活动的各种因素、状态进行分析和评价，从而得到综合的评价信息。

1. 纵向维度评价

纵向维度评价指对构成语言教育活动的各种因素，包括目标、内容、形式、学前儿童参与活动程度、材料利用情况、师幼互动等进行评价。

2. 横向维度评价

横向维度评价指对语言教育活动的各种因素在运行过程中的状态及其等级进行评价。

这种评价方法可采用表格的形式进行量化。其中，横向维度评价采用的表格形式如表 9-1 所示。

表 9-1 综合评价表

	目标	完全达到	基本达到	未达到
目标达成分析	目标 1			
	目标 2			
	目标 3			
适合程度分析	适合程度	完全适合	部分适合	不适合
	内容			
	形式			
活动因素分析	参与程度	主动积极	一般参与	未参与
	材料利用	充分利用	一般利用	未利用
	师幼关系	积极主动	一般配合	消极被动

(四)间接信息评价法

学前儿童语言教育除了在幼儿园活动中能体现外，在家庭中也能体现。因此，在对学前儿童语言教育进行评价时，还需要对其家庭教育进行评价。

这种评价法可以通过问卷调查的方式进行。

(1) 在问卷中涉及学前儿童在家庭中使用语言的情况与状态。

(2) 在问卷中涉及学前儿童家庭成员的文化程度，在家庭中使用语言的状态与情况。

现在的学前教育不仅是幼儿园的教育，还需要家长的配合，家园配合才能实现对学前儿童语言教育的全方位提升。

间接信息评价法的优缺点如图 9-6 所示。

图 9-6 间接信息评价法的优缺点

因此，间接收集的信息应尽量做到保持原貌，力求以最真实的状态呈现，使评价减少不必要的误差。

任务二 学前儿童语言教育评价的原则

学前儿童语言教育评价不仅能提高学前儿童语言教育的质量，还能提高学前儿童语言表达能力。进行学前儿童语言教育评价不能没有根据，它需要遵循一定的原则，这样才能对教育目标和教育内容进行有效的检验，从而发现优点并加以发扬，找出缺点并加以改进。

一、客观公正性原则

客观公正性原则是学前儿童语言教育评价的最基本原则。无论是语言教育评价机制的制定，还是语言教育评价的实施，都要遵循客观、公正的原则。只有采取公正、实事求是的态度，获取的信息才是真实的，才能对改进学前儿童语言教育起到指导作用，要避免主观臆断或掺杂任何个人感情色彩的评论与指责。

根据客观公正性原则，对学前儿童语言教育评价的要求主要有 3 点，如图 9-7 所示。

 采用客观、公正的评价方法和手段，根据由教育目标确定的评价标准来实施评价，不能随意更改。

 制定的标准应适合每一个评价对象，应事先考虑周全，减少误差，实施评价过程必须规范。

 以客观、公正的态度对待每一个评价对象，不因个人主观因素影响评价结果。

图 9-7 对学前儿童语言教育评价的 3 点要求

二、连续全面性原则

学前儿童语言教育评价的连续全面性原则指连续不断地对语言教育活动的组成部分和构成要素进行全面评价，以符合教育实践不断运动、全面发展的特点。遵循连续全面性原则需要完整地把握以下内容。

（1）学前儿童语言的发展情况、教师的教学情况。

（2）学前儿童语言教育的目标、内容和方法。

（3）教具、学具的选择和利用。
（4）教师与学前儿童之间的互动情况。
（5）静态活动要素和动态活动过程。

三、诊断有针对性原则

诊断有针对性原则主要包括 3 个层面内容，如图 9-8 所示。

学前儿童语言教育评价不能单纯地进行目测评估，对语言教育目标的达成既要有量的显示，也要有质的评定。将二者有机结合，从而提高学前儿童语言教育的质量。

有针对性的评价要重点考核设定的目标数量与程度是否达到要求，以及达到要求的具体情况。

在针对性评价原则的指导下，能够及时找出问题存在的原因，并采取有针对性的改进措施，能够对在学前儿童语言教育中出现的问题进行有的放矢的改进。

图 9-8　诊断有针对性原则 3 个层面内容

四、参照性原则

学前儿童语言教育评价不是凭空设定原则，而应有科学的依据并遵循一定的规律。学前儿童语言教育评价是为了提升学前儿童语言教育的质量而采用的一种评价方式。在评价内容的制定上要注意相应的要求，参照性原则要求如图 9-9 所示。只有这样，我们才能对学前儿童语言教育进行科学的评价。

图 9-9　参照性原则要求

五、实效性原则

学前儿童语言教育评价的实效性是指评价教育活动方案的设计、实施的可行性及其教育目的所达到的程度或结果。

实效性评价原则的内容如下。

（1）通过学前儿童语言教育活动的开展，评价学前儿童在倾听、表达、阅读、交流中表现出来的语音、词汇、句子、讲述、理解、语法和阅读等水平的提高程度。

（2）评价学前儿童对语言学习和运用语言进行交流的态度、行为习惯的改变程度等。

（3）通过这种评价能够真实地反映语言教育情况和效果，为语言教育质量的提高提供可行性指导。

实效性评价主要有两种类型，如图 9-10 所示。

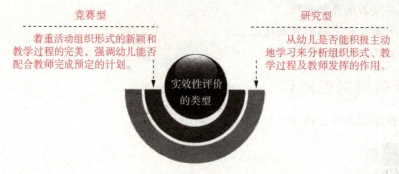

图 9-10　实效性评价的类型

考虑学前儿童对语言教育的目的、任务的看法，强调通过多方面教育促进学前儿童语言的发展，既要评价学前儿童语言发展水平，又要评价语言教育、教学过程；既要评价专门的语言教学中教师与学前儿童的相互作用，又要评价学前儿童在日常生活中运用语言的情况。

任务三　学前儿童语言教育评价的途径

学前儿童语言教育评价的途径不是单一的，幼儿园应注意通过不同的渠道对学前儿童语言教育活动进行评价，从多角度观察与分析学前儿童语言教育活动，不断完善学前儿童语言教育教学环节的内容和质量。

对学前儿童语言教育进行评价，一般有3种途径：一是自评途径，即幼儿园的自评；二是互评途径，即幼儿园之间的互评；三是他评途径，即第三方的评价，包括教育机构评价、社会评价及家长评价等。通过这3种途径，幼儿园能够全方位评价学前儿童语言教育的成效，找出其中存在的不足。

一、幼儿园自评

学前儿童语言教育质量的高低主要是通过幼儿园对本园教育理念、教师教学设计、教师基本功考核及教师日常教学的考核体现出来的。

幼儿园的日常考核、公开课考核、各种大型活动中对教师活动安排的考核，能够真实地反映出在学前儿童语言教育中存在的问题，同时能够做出具有针对性的改进。

幼儿园的自评不但能够提高幼儿园自身的办学水平，同时也是幼儿园自我生存的一个重要指标。

幼儿园对学前儿童语言教育的评价可以从日常生活和游戏中学前儿童之间的语言交流、学前儿童与教师的语言交流中进行。人的模仿能力在幼儿时期是最强的，尤其是对语言的学习，都是从模仿开始的，教师在对学前儿童进行语言教育时要体现出语言的规范性与准确性。

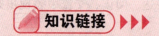 知识链接 ▶▶▶

幼儿园自评的优势

1. 反映问题

对学前儿童的语言教育评价体现在日常生活的各个环节，也体现在其他领域教育活动的随机渗透中，所以幼儿园自评更能反映存在的具体问题。

项目九 学前儿童语言教育的评价

2. 找到规律

幼儿园语言教育目标的制定必须以社会需要、幼儿发展的规律、语言的学科性质和幼儿语言学习的特点为依据，以便在幼儿的日常语言交流中找到幼儿语言发展规律。幼儿园自评能够帮助相关人员找到这种规律。

3. 与时俱进

语言学习是一个随着时代发展不断丰富的动态发展过程，人类接受新事物的能力在幼儿时期是很强的，所以幼儿园自评能够让学前儿童语言教育做到与时俱进，不断发现幼儿语言发展水平的有效规律。

二、同级机构互评与上级机构评价相结合

学前儿童语言教育是评价幼儿园教学质量的硬性指标之一，同级幼儿园之间的互评可以通过开展公开课或大型活动进行，一方面是给学前儿童提供展示自我的机会，另一方面也是对学前儿童教育的评价。

组织专门的语言教育活动对学前儿童进行语言教育评价，通过这种评价方式，幼儿园对学前儿童的语言教育能够达到一定的标准，这样幼儿园在日常的教学活动中就能做到有目的性、有针对性。

同级机构和上级机构的评价也是整合教育观的一个体现，学前儿童语言教育内容的整合主要是社会知识、认知知识和语言知识的有效结合。评价中如果发现存在共性问题，幼儿园可以根据同级机构和上级机构的评价提出一个针对共性问题的解决方案。

三、家长评价

在学前儿童进入幼儿园阶段后，能够发现学前儿童在语言的丰富性与规范性上发生变化的人，除了幼儿园的教师外，就是家长。家长在教育学前儿童时没有规范性，因此更能发现学前儿童在语言表达上的变化。在对学前儿童语言教育的评价中，应该将家长发现学前儿童语言变化的情况以问卷调查的方式进行数据收集。

家长的意见是真实反映教师教学质量的重要依据之一。渗透的语言教育充分利用学前儿童的各种生活和学习经验，在真实的生活情境中为学前儿童提供更加广泛的、多种多样的学习语言的机会，提供更好地运用语言获得新的生活经验和其他方面的学习经验的机会。现在很多幼儿园都建立了家园体系，设立了家委会，充分发挥家长对幼儿园教育的关注与参与作用，将这种渗透的语言教育向幼儿园外的家庭延伸，是全面提高学前儿童语言发展的途径。

学以致用

1. 简述学前儿童语言教育评价的内涵。
2. 简述学前儿童语言教育评价的作用。
3. 阐述学前儿童语言教育评价的途径。

4. 简述学前儿童语言教育的主要评价方法。

5. 根据学前儿童语言教育评价的原则，对自己见习或实习中的某个语言教育活动进行评价，并将自己的评价撰写成文。

参考文献

[1] 宋苗境. 学前儿童语言教育与活动指导［M］. 南京：南京大学出版社，2019.

[2] 高羽，周晴. 学前儿童语言教育与活动指导［M］. 北京：人民邮电出版社，2019.

[3] 韩映虹. 学前儿童语言教育与活动指导［M］. 3版. 长沙：湖南大学出版社，2020.

[4] 贾素宁，李广兴. 学前儿童语言教育活动设计与指导［M］. 青岛：中国海洋大学出版社，2019.

[5] 刘苗苗，高翔娟. 学前儿童语言教育与活动指导［M］. 北京：清华大学出版社，2018.

[6] 张莉娜. 学前儿童语言教育［M］. 北京：清华大学出版社，2019.

[7] 郭咏梅. 幼儿语言教育与活动指导［M］. 北京：高等教育出版社，2017.

[8] 周兢，陈杰琦. 学前儿童语言学习与发展核心经验［M］. 南京：南京师范大学出版社，2014.